U0601474

周易精讲

王振复——著

中華書局

图书在版编目(CIP)数据

周易精讲/王振复著. —北京:中华书局,2024.4(2025.2重印)
ISBN 978-7-101-16405-3

Ⅰ.周… Ⅱ.王… Ⅲ.《周易》-研究 Ⅳ.B221.5

中国国家版本馆CIP数据核字(2023)第207445号

书　　名　周易精讲
著　　者　王振复
责任编辑　黄飞立
责任印制　陈丽娜
出版发行　中华书局
　　　　　(北京市丰台区太平桥西里38号　100073)
　　　　　http://www.zhbc.com.cn
　　　　　E-mail:zhbc@zhbc.com.cn
印　　刷　河北新华第一印刷有限责任公司
版　　次　2024年4月第1版
　　　　　2025年2月第2次印刷
规　　格　开本/920×1250毫米　1/32
　　　　　印张15　插页2　字数340千字
印　　数　5001-8000册
国际书号　ISBN 978-7-101-16405-3
定　　价　88.00元

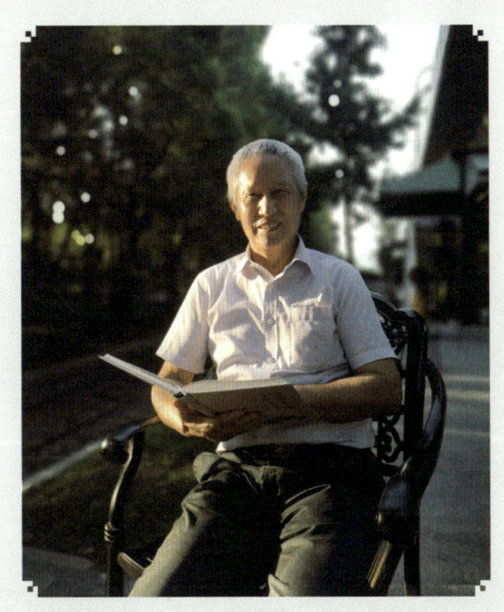

王振复

复旦大学中文系教授、博士生导师。长期从事易学、中国建筑文化、佛教美学和中国美学史等领域的教学与研究工作。

迄今在海内外出版专著40余种，多部著作获选中国图书奖、国家图书奖提名奖以及国家社科基金中华学术外译项目等。代表著作有：《巫术：〈周易〉的文化智慧》（1990，1999）、《周易的美学智慧》（1991）、《中国文化“原典”——〈周易〉》（1997）、《中国建筑艺术论》（2001）、《中国美学的文脉历程》（2002）、《中国美学范畴史》（主编兼第一卷第一作者，2006）、《大易之美——周易的美学智慧》（2006，2013韩文版）、《周易精读》（2008，2016）、《周知万物的智慧——〈周易〉文化百问》（2011，2012）、《汉魏两晋南北朝佛教美学史》（2018）、《中国巫文化人类学》（2020）、《中国巫性美学》（2021）、《建筑中国：半片砖瓦到十里楼台》（2021）、《〈周易〉通识》（2023）、《中国文化美学文集》（2024）、《周易百句》（2024）。

目　录

导　言 / 1

上经三十精讲　**循天道 首乾坤而至坎离** / 11

卦一 ䷀ 乾（乾下乾上） / 13

卦二 ䷁ 坤（坤下坤上） / 30

卦三 ䷂ 屯（震下坎上） / 43

卦四 ䷃ 蒙（坎下艮上） / 49

卦五 ䷄ 需（乾下坎上） / 54

卦六 ䷅ 讼（坎下乾上） / 60

卦七 ䷆ 师（坎下坤上） / 66

卦八 ䷇ 比（坤下坎上） / 71

卦九 ䷈ 小畜（乾下巽上） / 76

卦十 ䷉ 履（兑下乾上） / 82

卦十一 ䷊ 泰（乾下坤上）/ 87
卦十二 ䷋ 否（坤下乾上）/ 92
卦十三 ䷌ 同人（离下乾上）/ 98
卦十四 ䷍ 大有（乾下离上）/ 103
卦十五 ䷎ 谦（艮下坤上）/ 107
卦十六 ䷏ 豫（坤下震上）/ 112
卦十七 ䷐ 随（震下兑上）/ 117
卦十八 ䷑ 蛊（巽下艮上）/ 122
卦十九 ䷒ 临（兑下坤上）/ 126
卦二十 ䷓ 观（坤下巽上）/ 131
卦二十一 ䷔ 噬嗑（震下离上）/ 137
卦二十二 ䷕ 贲（离下艮上）/ 142
卦二十三 ䷖ 剥（坤下艮上）/ 147
卦二十四 ䷗ 复（震下坤上）/ 152
卦二十五 ䷘ 无妄（震下乾上）/ 157
卦二十六 ䷙ 大畜（乾下艮上）/ 161
卦二十七 ䷚ 颐（震下艮上）/ 166
卦二十八 ䷛ 大过（巽下兑上）/ 170
卦二十九 ䷜ 坎（坎下坎上）/ 174
卦三十 ䷝ 离（离下离上）/ 179

下经三十四精讲 **尽人事 首咸恒而至既济未济** / 185

卦三十一 ䷞ 咸（艮下兑上） / 187

卦三十二 ䷟ 恒（巽下震上） / 192

卦三十三 ䷠ 遁（艮下乾上） / 196

卦三十四 ䷡ 大壮（乾下震上） / 200

卦三十五 ䷢ 晋（坤下离上） / 205

卦三十六 ䷣ 明夷（离下坤上） / 209

卦三十七 ䷤ 家人（离下巽上） / 213

卦三十八 ䷥ 睽（兑下离上） / 217

卦三十九 ䷦ 蹇（艮下坎上） / 222

卦四十 ䷧ 解（坎下震上） / 226

卦四十一 ䷨ 损（兑下艮上） / 231

卦四十二 ䷩ 益（震下巽上） / 236

卦四十三 ䷪ 夬（乾下兑上） / 241

卦四十四 ䷫ 姤（巽下乾上） / 245

卦四十五 ䷬ 萃（坤下兑上） / 250

卦四十六 ䷭ 升（巽下坤上） / 254

卦四十七 ䷮ 困（坎下兑上） / 258

卦四十八 ䷯ 井（巽下坎上） / 263

卦四十九 ䷰ 革（离下兑上） / 268

卦五十 ䷱ 鼎（巽下离上） / 273

卦五十一 ䷲ 震（震下震上） / 278

卦五十二 ䷳ 艮（艮下艮上） / 283
卦五十三 ䷴ 渐（艮下巽上） / 288
卦五十四 ䷵ 归妹（兑下震上） / 293
卦五十五 ䷶ 丰（离下震上） / 298
卦五十六 ䷷ 旅（艮下离上） / 304
卦五十七 ䷸ 巽（巽下巽上） / 309
卦五十八 ䷹ 兑（兑下兑上） / 314
卦五十九 ䷺ 涣（坎下巽上） / 319
卦六十 ䷻ 节（兑下坎上） / 323
卦六十一 ䷼ 中孚（兑下巽上） / 327
卦六十二 ䷽ 小过（艮下震上） / 332
卦六十三 ䷾ 既济（离下坎上） / 338
卦六十四 ䷿ 未济（坎下离上） / 344

《系辞》上下精讲 / 351

《说卦》精讲 / 431

《序卦》精讲 / 449

《杂卦》精讲 / 465

主要参考文献 / 473

后　记 / 475

导　言

本书是今本《周易》的正读文本。通过对《周易》逐卦逐爻、每字每句的解读，希望为读者提供一个可靠的研习易文化的基础读本。

今本《周易》，亦称通行本《周易》，是两千余年间流传最广最久、影响最为深远的《周易》读本。《周易》亦称《易经》，为“群经之首”，包括本经、《易传》（又称《十翼》《易大传》）两部分。

本经，占筮之书。有六十四卦符、卦名、卦辞与三百八十四爻辞以及乾“用九”、坤“用六”（用，通之义）两条辞文，用于巫筮操作，大都为巫筮记录。

周代“凡国之大事，先筮而后卜”（《周礼·筮人》）。“原始易学是巫学”（拙著《周易的美学智慧》，湖南出版社，1991年），此之谓也。

《周易》分上经三十，首乾、坤而至坎、离；下经三十四，首咸、恒而至既济、未济——古称“二篇”。“先儒以乾至离为上经，天道也；咸至未济为下经，人事也。”（孔颖达《周易正义》引韩康伯注）此就《易传》而言，本经实专在于占筮。古代易学从巫易发明天理、数理、哲思与文蕴，故称上经之要义为“明天道”，下经之要义为“述人事”。循天道以尽人事，为古代易说基本人文主题之一。

本经卦序，遵循“二二相耦，非覆即变”（孔颖达《周易正义》）之则。六十四卦体，从乾坤至既济未济，皆“二二相耦”，凡三十二对。每一对之相邻两卦，或覆或变，或覆变相兼。

覆，指相邻对应之两卦各上下颠倒，遂成对方之卦体，如屯䷂、蒙䷃然。六十四卦中具覆之关系者，凡二十八对，涉五十六卦。

变，指相邻对应之两卦六个爻位之爻的爻性皆反，如乾䷀、坤䷁然。六十四卦中凡四对，涉八个卦，为乾、坤，颐、大过，坎、离，中孚、小过。

三十二对卦中，泰、否，随、蛊，渐、归妹与既济、未济四对，为既覆又变的关系。

古时易学，又将三十二对卦体归类为“错综”。六爻爻性皆反的变卦，称“错”，如乾、坤二卦相错；全卦颠倒而成对方之卦体的覆卦，为“综”，如屯、蒙二卦相综——此所谓“错综其义”（孔颖达《周易正义》引韩康伯注）。

可将全部六十四卦归为错卦、综卦与错综卦三类。除错卦与综卦外，覆变相兼的错综卦凡四对，已如前述。

来知德《周易集注》云："六十四卦，其中有错有综，以明阴阳变化之理。错者，交错对待之名……综者，高低织综之名。"又称："六十四卦，除乾、坤，坎、离，大过、颐，小过、中孚八个卦相错，其余五十六卦皆相综。"而否、泰，既济、未济四卦与归妹、渐，随、蛊四卦"可错可综"。此是。

《易传》是易学史上第一部易学通论。包括七种十篇大文，分别是《彖辞》上下、《象辞》上下、《系辞》上下、《文言》、《说卦》、《序卦》、《杂卦》。

《彖辞》上下，凡六十四条释文，逐卦解说六十四卦名、卦辞意义。

《象辞》上下，即"大象""小象"，共四百五十条释文，包括释卦名、卦辞凡六十四，释爻辞凡三百八十四，释"用九""用六"之义二。

《系辞》上下，共二十四章（上十二、下十二），阐发《周易》本经的哲学、仁学等意义，论述八卦起源与古筮法等，解析爻辞之义凡十九条。

《文言》，分乾、坤两部分，为乾、坤二卦人文意义之专论。

《说卦》，前半为《周易》本经的总体诠释与发挥，后半记述八卦所喻事理及意义。

《序卦》，说明本经六十四卦序列的逻辑联系及其意蕴。

《杂卦》，将六十四卦每卦的人文意蕴，以意义相反的两卦为一对，不依本经六十四卦序列，错杂而谈，要言不烦。

《易传》作为第一部易学通论，奠定了易学的基石。其内容主要为儒家人文之思，集中于仁学，以及"一阴一阳之谓道"的哲学、古筮法遗存、无处不在的用于解易的象数之学。

关于今本《周易》的成书，班固云："人更三圣，世历三古。"(《汉书·艺文志》)此指，上古伏羲[①]"仰观""俯察"，"于是始作八卦"(《系辞下》)；中古文王重卦六十四[②]；下古孔子撰《易传》大部分篇章，司马迁云："孔子晚而喜《易》，序《彖》《系》《象》《说卦》《文言》。读《易》，韦编三绝。"(《史记·孔子世家》)

凡此，皆值得略加辨析。

其一，始创八卦的，应是殷周善于卜筮的巫师、术士。其间，必有原始酋长、英雄人物与圣王等。伏羲作为中华"人文始祖"的一个共名，并非实有其人，如何"始作八卦"？

其二，文王重卦事，《系辞下》确有疑似记述，到底未敢断言。《史记》亦称，西伯"其囚羑里，盖（按：大概义）益《易》之八卦为六十四卦"(《周本纪》)，未作肯定。今人高亨说："重卦为何人所作，先秦古书均未道及。"(《周易古经通说》)所言有点绝对。应该说，关于文王重卦，先秦古籍尚未明确断定系文王所为。《易》之筮符的发明，始为"数卦"（数字卦），继而阴阳爻（九、六），再而八卦（乾、坤、震、巽、坎、离、艮、兑），终而六十四卦（重卦）系统，经历了漫长的历史、人文时期。数

---

① 神话传说中的伏羲时代，约在10万年前，正值中更新世末、晚更新世初（中国社会科学院历史研究所编制《中国历史年表》，中国社会科学出版社，2006年，第2页），属旧石器时代。

② 《系辞下》以疑似口吻记述文王重卦六十四之事。其文云："《易》之兴也，其于中古乎？作《易》者，其有忧患乎？""《易》之兴也，其当殷之末世、周之盛德邪？"此指殷末西伯姬昌（文王）被囚羑里、身处忧患而演《易》事。

卦，又可能始于更为古悠的数占，与历数相系。殷末西伯（文王）可能有贡献于演《易》六十四，却并非今本《周易》六十四卦的确切作者。

其三，孔子撰《易传》诸篇，恐亦为疑案。

首先，孔子是否《易传》诸篇的作者，《史记·孔子世家》《汉书·艺文志》与《易纬·乾坤凿度》等，都作了肯定性回答。孔颖达《周易正义序》云："其《彖》《象》等'十翼'之辞，以为孔子所作，先儒更无异论。"

然而孔子自称"信而好古"，"述而不作"，这在《论语》中白纸黑字，明明白白。倘孔子撰作《易传》，岂非与《论语》中夫子自道矛盾？

经笔者粗略统计，《易传》载孔子语录凡三十一条（《文言》八、《系辞》二十三），语前标以"子曰"二字，这一文本现象类于《论语》。《论语》体现了孔子的仁学之思，而非孔子所撰，故有诸多"子曰"之语，推而可知《易传》亦非孔子所作。欧阳修《易童子问》曾云："何谓'子曰'者？讲师之言也。"岂有自称"师言"的？欧阳修据此提出《易传》非孔子所撰，成为疑孔第一人。

迄今仍有学者认为，仅凭"子曰"有关语录，不足以推翻孔子撰《易传》这一先儒旧说。贾连翔《出土数字卦文献辑释》说"孔子作十翼称'子曰'，犹司马迁作《史记》称'太史公曰'，此古人著书通例"，且引李学勤所言"孔子不仅是《易》的读者，也是一定意义上的作者，这正是因为他作了《易传》"为其佐证。（中西书局，2020 年，第 2 页）

问题是，似不宜将"子曰"与"太史公曰"作简单类比。

《史记》凡一百三十卷，卷末一般有“太史公曰”一段文字，以作说明或全卷综论，可能是司马迁撰毕全书、逐卷通览时所增写。而《易传》三十一“子曰”之言，显然是作为先师孔子言述的引用而存在，以示尊显与重要。其实《易传》只是引用了孔子之言，而其另有作者，只是今人难以确考姓甚名谁罢了。

原始儒学为孔子的礼仁之学。子贡云：“夫子之言性与天道，不可得而闻也。”(《论语·公冶长》)可见，“子曰：‘朝闻道，夕死可矣’”(《论语·里仁》)的“道”，指礼仁意义之人道而非哲学意义之天道。而《易传》尤其是《系辞》与《文言》等篇，却多有思想意蕴深厚、关乎天道的哲学命题，如“一阴一阳之谓道”“生生之谓易”“天地之大（引者按：太之本字）德曰生”“形而上者谓之道”“夫大人者，与天地合其德”这种天人合一的哲学之思，其思性底蕴与致思方式，显然与孔子礼仁之学的总体人文特质不符。假设《易传》的作者确系孔子，则须承认历史上除了《论语》的孔子，似乎还有另一个《易传》的孔子，无疑，这是不可能的。

再如关于八卦起源，《易传》共存四说：“河出图，洛出书，圣人则之”；伏羲“近取诸身，远取诸物，于是始作八卦”；“观变于阴阳而立卦”；“是故易有太极，是生两仪，两仪生四象，四象生八卦”。凡此不一、抵牾之处，显然是《易传》非孔圣一人所为的又一证明。

《易传》的基本思想无疑是属儒的，但这不等于说孔子是《易传》的作者。《易传》诸篇，为儒门后学所撰，可以肯定作者并非一人。孔子生前“读《易》，韦编三绝”，必然对易学发表过诸多重要见解，“子曰”之辞，应为儒门后学记忆、传承中的孔子的话，一般难以排除后学对于先师之言的采辑与发挥。

其次，《易传》的成篇年代也是一个颇为烦难的问题。假如《易传》的作者确为孔子，孔子生当春秋末年，则《易传》成篇的年代清楚明白，无需稽考。然而由于《易传》并非孔子所作，所以关于这一问题的看法甚多。

仅就今人而言，李镜池认为，“《彖》《象》二传当著于战国末年至秦汉之间；至《系辞传》恐怕是从汉初直到西汉末”，“《系辞》(包括《文言》——原注）实是西汉时代一班易学家说《易》的遗著的汇录”。(《古史辨》第三册，1931年）

郭沫若称，“‘十翼’不作于孔子，是不待论的”，从《荀子·大略》“《易》之咸，见夫妇”与《彖辞下》“咸，感也”一语判断，《彖辞》作于战国末的荀子之后，《说卦传》以下的《说卦》《序卦》《杂卦》三篇，“出于汉宣帝时”。(《〈周易〉之制作时代》)

张岱年说，“《系辞》的基本部分是战国中期的作品”，“《彖传》应在荀子以前”，“《文言》与《系辞》相类，《象传》与《彖传》相类，应当是战国中后期的作品”。(《论〈易大传〉的著作年代与哲学思想》)

严灵峰指出，《象辞》文字简朴，“是解说爻辞的”，在《易传》诸篇中应为最早成篇，“《大象》(引者按：《象辞》有大、小二篇）多采《论语》《中庸》《大学》各书文字为之，疑系秦政焚书以后”。(《〈易经〉小象成立的年代及其内容》)

高亨说，“《易传》七种大都作于战国时代”，“《彖传》作于《象传》之前”，“《彖传》《象传》《文言》《系辞》当写于魏襄王（引者按：时在战国中期）之前，《说卦》《序卦》《杂卦》可能写

于魏襄王之后”。(《周易大传今注·卷首》，齐鲁书社，1979 年)

可谓众说纷纭，莫衷一是，种种见解，录以备考。有一点可以肯定，《易传》的成篇必经过数代儒生的构思、采辑、撰述、订正、增删与润色，历时颇久。

今本《周易》直接传自汉费直古文本。西汉今文《易》兴，“田何传之，讫于宣、元，有施、孟、梁丘、京氏，列于学官。而民间有费、高二家之说”(《汉书·艺文志》)。民间所传古《易》，居古文经之首，为费氏《易》。据《后汉书·儒林传》，陈元(东汉建武年间博士)与郑众(郑司农，郑兴之子，史称“先郑”)皆传费氏《易》，继而马融、郑玄(史称“后郑”)与荀爽亦为之传。由是，大兴费氏《易》，而京(房)氏《易》衰。今本《周易》体例，原本《易传》十篇附于本经之后，这一编制始于东汉郑玄(《三国志·魏书·高贵乡公髦纪》)。自魏王弼《周易注》始，将《彖辞》《象辞》有关文辞系于相应卦爻辞之后，将《文言》有关文辞系于相应的乾、坤二卦卦爻辞之后，将《系辞》上下、《说卦》、《序卦》与《杂卦》依然系于本经之后，这一体例迄今未变。

研习易学，应以通读今本《周易》入门，亦须掌握诸如“数卦”(数字卦)、战国楚竹书《周易》、帛书《周易》、王家台秦简《归藏》易与清华简《筮法》等相关文史、考古知识与易理，探赜索隐，钩深致远。

本书认为，今本《周易》作为一部典型的从原始巫筮向人文哲学提升的中国古代经典，从本经至《易传》，确是一个以原巫为历史人文之根因、根性而向“史”发展的“综合思想库”，可谓大哉《周易》，天下独步。作为中国文化“巫史传统”的代表作，不乏中华智慧的“现代性资源”，亦难免具有过时、迷信的文化糟粕。读《易》，尤需坚强而冷峻的理性批判。

梁启超《清代学术概论》曾提出“以复古为解放”这一著名的治学命题，即对于“清学”而言，“第一步，复宋之古，对于王学而得解放。第二步，复汉唐之古，对于程、朱而得解放。第三步，复西汉之古，对于许、郑而得解放。第四步，复先秦之古，对于一切传注而得解放”。研习《周易》，须先习象数（基本的，为爻位、爻时与变卦说等），以经解传而非以《易传》道德说教之类误读本经，尔后知《易传》哲学、仁学与美学之根由，识《易传》之重要，乃可谓“以复古为解放”。以习得象数之学为基础，努力运用文化人类学关于巫学的理念读《易》，汲取、引用古贤笺注、文字训诂的见解，同时纠正其可能的缺失之处，我愿称之为“正读”。

上经三十精讲

循天道　首乾坤而至坎离

卦一

䷀ **乾**（乾下乾上）

大哉乾元，天行健，君子以自强不息

乾：元亨，利贞。

【讲解】 这是《周易》六十四卦第一卦乾卦卦辞。六十四卦卦辞以及爻辞，大都是占筮记录。这一卦辞大意是说：筮遇乾卦，可以进行祖神祭祀，这是吉利的占问。元，原始，指祖神。“亨即享字，祭也。”（高亨《周易大传今注》）利，有利，吉利。贞，贞问，占问。《易传》也有“元亨利贞”一语，引自本经，而句读和意义与此不同，需要注意。帛书《周易》称乾为键。汉石经与今本同。

《彖》曰：**大哉乾元，万物资始，乃统天**。**云行雨施，品物流形**。**大明终始，六位时成，时乘六龙以御天**。**乾道变化，各正性命**。**保合大和，乃利贞**。**首出庶物，万国咸宁**。

【讲解】《彖辞》为《易传》之一种。《易传·系辞下》说：彖者，材也。材，通裁。彖有断定、裁决的意思。大，太的本字，引申为伟大。国，甲骨文写作[illegible]或[illegible]，原指持戈守卫的一个区域，此指由古代井田孕育而成的都邑。《周礼·考工记·匠人》

所言匠人营国的国与成语水乡泽国的国，皆指都邑、城市。《匠人》九分其国的国，亦此义。

《彖辞》说，多么伟大的乾阳元气，它是一切事物发生的本根，它统制神性之天、义理之天与自然之天。有了这乾阳之气，才得与坤阴结合，使云气流行，雨泽施播于大地，各种生命物类从而在大地上蓬勃生长而成形体。灿烂、辉煌的太阳永恒地东升西落，按时运行。这乾卦六个爻位所体现的，是时序的变化。这时序，即乾卦六爻自初、二、三、四、五到上，好比六条巨龙，统制着不断变化的天。乾道，即天道的运行、变化，各自决定与规范着人的天性、命运。乾坤即天地阳刚、阴柔之气的结合，是原始、根本的和谐，它使万物各具冲和元气，春华秋实，利和而无有偏枯，生气正固。乾阳之气作为生命之气，是万物发生的根元，好比人类社会的都邑之君王居于百姓之首，天下太平。

《象》曰：天行健，君子以自强不息。

【讲解】《象辞》为《易传》之一种，分大象、小象。《易传·系辞下》说："象也者，像此者也。"《象辞》所阐述的，是卦、爻之象的象征意义。唐孔颖达《周易正义》说："行者，运动之称。健者，强壮之名。"清陈梦雷《周易浅述》："行健者，在天之乾；不息者，在我之乾。"尚秉和《周易尚氏学》云："天行健，谓天道健也，与地势顺为对文。……言天道强健不息，君子法之也。"

《象辞》说，天道运行，乾阳之气刚健充沛，君子以天道为榜样，砥砺自强，奋斗不息。

乾卦卦辞原意指祖神祭祀之事。《彖辞》《象辞》从气及龙象角度，歌颂、肯定乾阳之气，以此象征伟大的君子人格，渗融以人文时间意识。《易传·系辞上》说："乾坤，其易之蕴邪?"《系辞下》说："乾坤，其易之门邪?"乾卦卦辞及《易传》关于乾卦卦辞的阐发，尤为重要。

初九：潜龙，勿用。

《象》曰："潜龙，勿用"，阳在下也。

【讲解】 筮遇初九，兆象为潜隐的龙，不宜妄动。《周易》六十四卦之每卦六爻，自下而上。最下面的第一爻，称为初爻。乾卦初爻为阳爻，称为初九。筮遇乾卦初九，阳爻居阳位，好比此时巨龙潜于水，这是不太吉利的占筮。《象辞》说，君子好比潜龙，时机未到，隐居不出，不可妄动，是犹如初阳在下、处境不利之故。

九二：见龙在田，利见大人。

《象》曰："见龙在田"，德施普也。

【讲解】 乾九二爻辞是说，筮遇此爻，得到龙在田野的好兆头，是天下出现大贤大德之人的吉利征兆。《象辞》说，君子好比龙出潜离隐①，现于田野，美德初现而泽被天下。

这一爻辞的见字，读xiàn。乾九二为阳爻居于阴位，不得位，但是处在乾卦下卦的中位，按象数学，比较吉利，所以《象辞》如此发挥爻义。

---

① 王弼《周易注》云："出潜离隐，故曰'见龙'；处于地上，故曰'在田'。"

九三：君子终日乾乾，夕惕若，厉无咎。

《象》曰："终日乾乾"，反复道也。

【讲解】 乾九三爻辞说，君子筮遇此爻，须一天到晚、每时每刻小心谨慎、勤勉警惕，即使处境危殆，也可保没有错失。《象辞》说，君子昼夜警励不惰，三省吾身，其行为的往来、进退、动止与反复，必合乎天则。

这里，乾乾，宋蔡渊《周易卦爻经传训解》说："行事不息也。下乾终而上乾继之，故曰乾乾。"下乾，指乾下卦，九三爻为乾下卦之终；上乾指乾上卦。高亨《周易大传今注》称，"乾乾，勤勉努力"，欠妥。若，助词。厉，危殆。

九四：或跃在渊，无咎。

《象》曰："或跃在渊"，进无咎也。

【讲解】 筮遇九四，龙象有时腾跃，有时在渊水之中，吉利而无错失。《象辞》说，君子的人生好比龙象，或跃起，或潜于渊水，进退自如，审时度势，没有错害。

九五：飞龙在天，利见大人。

《象》曰："飞龙在天"，大人造也。

【讲解】 筮遇九五，龙象腾飞在苍穹，这是天下出现明君的征兆，大吉大利。《象辞》说，飞龙在天吉利之象，象征大人大有可为。

孔颖达《周易正义》："造，为也。"朱熹《周易本义》："造，犹作也。"

阳爻居阳位，得位之爻，又处于乾上卦中位，得中之爻，大吉大利。中国古代称帝王为九五之尊，典出于此。

上九：亢龙，有悔。

《象》曰："亢龙，有悔"，盈不可久也。

【讲解】 筮遇上九，兆象为飞到极高处的龙，占筮结果必为错悔。《象辞》说，亢龙有悔这一爻象与占筮结果，象征帝王、君子、贤人的行为与一切事物到达极端、极点之时，必然不会持久，因穷极而走向反面。亢，极高、过甚、极度义。清姚配中《周易姚氏学》：盈，满也；久，长也。阳极而生阴，故盈不可久。乾上九龙象已居穷极之地，无可再高，必自高位跌落。此爻明满招损之理。高亨《周易大传今注》："亢读为沆，池也。沆龙，池中之龙。悔，较小之不幸。池中之龙实处困境，比喻人处困境，乃较小之不幸，故筮遇此爻有悔。"释亢为沆且引申为池，不妥。

用九：见群龙无首，吉。

《象》曰：用九，天德，不可为首也。

【讲解】 高亨《周易大传今注》据帛书《周易》用九作迥九，认为"按用当读为迵。迵，通也"。是。这一辞文很特别，唯乾、坤两卦有用九、用六之设，值得注意。据《周易》古筮法，大衍之数五十，其用四十有九，历三变而定一爻。得七八九六，六九变，七八不变（讲解详后）。九为老阳，六为老阴；七为少阳，八为少阴。乾卦六爻皆九，坤卦六爻皆六，各为纯阳、纯阴之卦。因而，乾卦六爻爻辞之后有用九（坤卦六爻爻辞之后有用六），而六九可以互变。乾卦上九之爻，阳刚之气已达穷极之时，以用九表示数九有待于变而为数六，即乾卦变为坤卦（坤卦变乾卦，坤用六，详后）。此辞文大意为，乾上九现乾阳变而为坤阴，吉利。尚秉和《周易尚氏学》云："'见群龙无首，吉'者，申遇九则变之义也。九何以必变？阳之数九为极多，故曰群；阳极反阴，乃天地自然之理。乾为首，以阳刚居物首，易招物忌；变坤则无首，无首则能以柔济刚，故吉。"此说可从。这里所谓群龙，即乾卦六爻自初至上为潜、见、惕、跃、飞、亢的六种龙象，发展到亢龙之时而必变为坤阴。宋项安世《周易玩辞》说："凡卦，以初为趾、为尾，终爻为首。形至首而终，故《易》中首字皆训终。"可备一说。"见群龙无首"，就是说乾卦老阳之变无有终时，变是必然而绝对的。《象辞》所谓天德，即乾德，即天道。天道的变化没有终了之时。

《文言》曰：元者，善之长也。亨者，嘉之会也。利者，义之和也。贞者，事之干也。君子体仁足以长人，嘉会足以合礼，利物足以和义，贞固足以干事。君子行此四德者，故曰乾：元，亨，利，贞。

【讲解】 这是《文言》关于乾之四德即元、亨、利、贞意义的解读与发挥。《文言》是《易传》中专门解说乾、坤两卦的文辞。①《文言》说，乾阳作为事物发生的元始，为一切善美之首。亨通，为乾阳、坤阴两美会通。利和，阴阳对立而调和，彼此适宜。正固，是道德人格的根本。君子人格以仁为道德本体，足以使崇高人格提升。阴阳交通足以合乎礼。以利他、利物之心与他人、他物相和相宜，足以合乎义。体现乾阳正固，足以堂堂正正地为人做事。君子践行四种美德，因此乾卦象征天德，象

① 孔颖达《周易正义》："以乾、坤德大，故特文饰以为《文言》。"

征君子人格的元美、亨通、和谐与坚贞。这里所谓善之长，先秦善美互训，长训为首。朱熹《周易本义》云：“元者，生物之始，天地之德莫先于此。”所谓嘉之会，《说文》：嘉，美也；会，合也。清连斗山《周易辨画》：“两美相合为嘉，众物相聚为会。”两美，专指乾阳、坤阴。所谓义之和，义通宜。荀爽《易》注：“阴阳相合各得其宜，然后利矣。”所谓事之干，清李道平《周易集解纂疏》：“《诗诂》云：‘木旁生者为枝，正出者为干。’是干有正义。”所谓体仁之体，以仁为体之义。故李道平同书引《礼记·礼运》：“仁者，义之本也，顺之体也，得之者尊。”

唐李鼎祚《周易集解》说：“元为善长，故能体仁，仁主春生，东方木也。亨为嘉会，足以合礼，礼主夏养，南方火也。利为物宜，足以和义，义主秋成，西方金也。贞为事干，以配于智，智主冬藏，北方水也。”这里，以仁义礼智配春夏秋冬、东南西北、木火金水、生养成藏来解说元亨利贞，可备一说。《周易尚氏学》说：“李氏此诂，最为透彻。与《太玄》‘罔直蒙酋冥’理合，识《周易》真谛。盖此八句，为最古之易说。”黄寿祺、张善文《周易译注》采此说解《易》，可资参阅。

初九曰“潜龙，勿用”，何谓也？子曰：“龙，德而隐者也，不易乎世，不成乎名；遁世无闷，不见是而无闷。乐则行之，忧则违之，确乎其不可拔，潜龙也。”

【讲解】 这是《文言》对乾卦初九爻辞的解读。初九爻辞说，龙潜在水中，不宜有所作为，这是什么意思呢？孔子说，龙的德性是因时而隐伏，好比君子，不因世浊而改变操行，不在于成就名利；从浊世隐遁，不感到孤独、苦恼，不被世俗所肯定，也不苦恼、烦闷。感到快乐，就去践行；遇到忧患，就去回避。

君子心志专一，坚定不移，这是像潜藏的龙一样的道德操守。

这一段比较易懂。“不见是而无闷”的“是”应予注意。是，一般为判断词。这里可转义为肯定，有是非之是的意思。李鼎祚《周易集解》引崔憬：“世人虽不已是，而已知不违道，故无闷。”这里所说的已是，以已为是的意思，是有肯定义。李鼎祚以契“道”说无闷。陈梦雷《周易浅述》对此作了发挥：“而道足自乐，故无闷。己不求名，不见是于人矣。而心可自信，故无闷。时当可乐，则不私其有，以同乎人。时当可忧，则不失吾己，违而去之。忧与闷不同。为一身起见，为闷；为天下起见，为忧。此六句，皆言龙德确乎其不可拔，隐也。”此言精彩。

九二曰“见龙在田，利见大人”，何谓也？子曰：“龙，德而正中者也。庸言之信，庸行之谨。闲邪存其诚，善世而不伐，德博而化。《易》曰‘见龙在田，利见大人’，君德也。”

【讲解】 这是关于乾卦九二爻辞的阐述。九二爻辞说，巨龙出现在田野，是贤德之人降世的好兆头，这是什么意思呢？孔子说，有贤德的人，具有龙一样的品德，人格中正而不偏。平常说话诚信，平时行为谨慎，都是人格中正的缘故。杜绝邪恶而内心诚实，为天下做善事而不自夸，使中正之德泽被于世，世人因此感化。《周易》说巨龙出现在田野，是贤德者降世的吉兆。此指大贤大德之人虽尚未处在君位，却已具备君主人格。这里有如下几点值得注意。正中一词，指九二爻处在乾卦下卦的中位。庸字有常义。正中与庸言、庸行的关系，是说因龙德为正中之道，故持正中之道的圣贤，平常的言行即能因讲求诚信而谨慎。君德，指乾九二居下卦之中，不得位而居中，不同于乾九五为得中、得正之爻，故君德非实指，而是指君德一般的贤德。

九三曰“君子终日乾乾，夕惕若，厉无咎”，何谓也？子曰：“君子进德修业，忠信所以进德也。修辞立其诚，所以居业也。知至至之，可与言几也。知终终之，可与存义也。是故居上位而不骄，在下位而不忧。故乾乾因其时而惕，虽危无咎矣。”

【讲解】 乾九三爻辞关于君子一天到晚小心谨慎，每日三省吾身，警惕危殆降临时也可保没有错失的话，是什么意思？孔子说，君子提升道德水平，修治事业，因为忠挚诚信，所以才能增进美德。说话、撰文只有内心诚实，才能使事业立于不败之地。知道要到哪里，就努力去到哪里。这样的智慧与境界，就可以和他讨论关于几，即事物变化细微征兆的道理。懂得事物变化已临极限则穷极危殆，就及时调整自己的行为，不要妄动，可以使自己与世界保持相宜、和谐的关系。因此，居在高位而不骄傲、骄横，居在低位而不忧愁、忧厉，时刻谨思慎行，健强不息，虽处境危险，也不会有什么错失。

这一段解读有几个关键处须注意。一是居业的居，元吴澄《易纂言》称“犹居货之居……藏积于此也”。尚秉和《周易尚氏学》：“居者，蓄也，积也，业以积而高大也。”二是关于知至至之、知终终之的说法，皆由乾九三处于乾下卦之终而起，可知孔子这里的义理发挥不离象数。三是关于几，《易传》有“知几其神”“几者，动之微，吉凶之先见者也”的说法（详后），几，机，征兆，事物变化的先兆。

九四曰“或跃在渊，无咎”，何谓也？子曰：“上下无常，非为邪也。进退无恒，非离群也。君子进德修业，欲及时也，故无咎。”

【讲解】 乾九四爻辞称筮遇龙有时飞腾，有时在渊水之中这一兆象，可保平安吉利而没有错失，这是什么意思？孔子说，君子上下、进退的行为并不是刻板、固定的，一切按时机、时势而定，这就不是不正当的。能进则进，须退则退，这就不是违背公理而陷入孤立的行为。君子提升道德人格的水准，成就他自己的事业，在于抓住时机、机缘，所以没有错失。

这里，“非为邪也”的邪，有人释为邪恶，似欠妥。邪，这里的意思是不正当。《尚书·大禹谟》所谓“任贤勿贰，去邪勿疑”之邪，与此同义。关于上下无常、进退无恒，有人认为是由乾九四爻发挥而来，九四上可及九五，下可应初九之类，所以孔子的解说不是没有任何象数根据的。笔者以为，乾卦六爻纯阳，六爻间无任何承应、亲比关系，孔子的这一解说实际是有些勉强的。清人张惠言《周易虞氏义》引述虞翻“上谓承五，下谓应初”，称九四上承九五，下应初九，有误。

九五曰“飞龙在天，利见大人”，何谓也？子曰：“同声相应，同气相求。水流湿，火就燥；云从龙，风从虎。圣人作而万物睹。本乎天者亲上，本乎地者亲下，则各从其类也。”

【讲解】 乾九五爻辞所谓巨龙高飞在苍穹，是天下出现明君的吉利征兆，是什么意思呢？孔子说，同类的声音互相应和，同类的生命之气彼此相求。水流向湿地，是湿上加湿；火烧向干柴，火势更旺。腾龙的地方必具云水，有虎啸处必生风。圣人治世，大有作为，而万物生辉。那些源自阳刚之气的，因天性而亲应在上；那些源自阴柔之气的，因地德而亲应于下——这是同类相互感应的缘故。

这里所谓同声、同气，渗融着阴阳观念，并非指绝对相同的声、气。徐志锐《周易大传新注》举例说，如“鸣鹤在阴，其子和之”，“山泽通气”。陈梦雷《周易浅述》云：“鹤鸣子和，雄鸣雌应，同声相应也；取火于日，取水于月，同气相求也。”陈氏又说：“下湿易润，水先趋之；干燥易焚，火先燃之。龙，阳物，薰蒸之气为云；虎，阴物，肃杀之气为风。凡此皆以类相感者也。”此说可参。《文言》解说此爻，在于阐发感的人文理念与易理。《周易》有咸卦，集中体现了感的思想（详后），可以注意。

上九曰“亢龙，有悔”，何谓也？子曰：“贵而无位，高而无民，贤人在下位而无辅，是以动而有悔也。”

【讲解】 乾上九爻辞关于飞到极高处的龙，是大凶之兆，占筮结果必有错悔的说法，是什么意思呢？孔子说，君王好比上九之乾阳，极端显贵而必走向反面，地位不稳。他高高在上，脱离民众，手下虽有贤德之人，但不予辅佐。因此，如果肆意妄为，必然遭来灾祸。

关于“贵而无位”，李鼎祚《周易集解》引述荀爽之言，有贴切的解读：“在上故贵，失正故无位。”这是以爻位说解《易》。上九为六爻之最上，居于乾卦上卦第三爻位，爻位不正，故称无位。有悔的悔，有人释为悔恨，欠妥。悔当为灾祸之义，古有灾悔、罪悔之说。《公羊传·襄公二十九年》“尚速有悔予身”的悔即此义。《文言》下文“‘亢龙，有悔’，穷之灾也”的灾，与悔对应，可证。

“潜龙，勿用”，下也。“见龙在田”，时舍也。“终日乾乾”，行事也。“或跃在渊”，自试也。“飞龙在天”，上治也。“亢龙，有悔”，穷之灾也。乾元用九，天下治也。

【讲解】 兆象是潜藏的巨龙，筮得此爻不宜有所作为，喻示人的地位低下微贱之时，不要妄动。巨龙出现在田野，象喻人所处的环境、时机开始好转、通达。所谓一天到晚谨思慎行，说明做事稳妥、健强。巨龙有时跃起，有时没在渊水之中，这是人检验自己的行为，知道有退有进、进退自如的道理。巨龙高飞在云天这一兆象，说明在中正之位，出现了最佳的政治、道德局面。兆象是飞到极高处的巨龙，筮得的结果必为错悔，象征人处在穷极之时有灾有难。乾用九辞文，象征乾德是元始之德，因九为老阳，又处于乾上九之后，必然导致从乾阳向坤阴的转化。这是象征天下大治久安。

这一段，《文言》将乾卦六爻与用九辞文放在一起解读，以发明循天道而“以人事明之”（王弼《周易注》）的道理。这里时舍的舍，项安世《周易玩辞》云：“古语舍训为置。苟置于此则舍于此，言时适在此，非其常也。”时舍义，因时而舍，作时而舍。可备一说。舍又可释为通。《周易正义》采王弼《周易注》“见而在田，必以时之通舍也”的见解，认为王注“以通解舍，舍是通义”，本书采王注。时舍者，时通也，因时依时而通。

“潜龙，勿用”，阳气潜藏。“见龙在田”，天下文明。“终日乾乾”，与时偕行。“或跃在渊”，乾道乃革。“飞龙在天”，乃位乎天德。“亢龙，有悔”，与时偕极。乾元用九，乃见天则。

【讲解】《文言》的这一段辞文，以气、时论释文义，尤具哲学意味。其大意为，潜藏于水中的龙，时机未到，不要轻举妄动，这是阳刚之气潜藏未现的时候。龙出现在田野，整个世界（指自然界与人类社会）从自然到人文辉煌灿烂。君子一天到晚谨言慎行、健强不息，与时间同时运化。龙有时跃起，有时没在渊水之中，象征阳气、天道发生转化与人事变革。腾飞的龙高在云天，处于得正、得中的中正之位，即正当天德、阳刚之气盛大而健强的君位。飞到极高处的龙象，象征有灾祸降临，这是与时间运化、时机处在穷极之时相关的。乾阳之气，元始之气，发展到极点，便必然向相反方向转化。所谓用九，指老阳转化为老阴，是天道法则的必然呈现。

这里最难解的，是“乾元用九，乃见天则”一句。古人认为，这里所谓阳气，专指潜藏的春气。王弼《周易注》说：“此一章全说‘天气’以明之也。”对阳气的解读，比较坐实。以“天气”解说用九，可以认为乾九之中有坤六因素潜在，因而乾至上九，无可再进，必转而为坤阴（反之亦然）。可备一说。古人解《易》，常有历法的理念在。所谓“乾元用九，乃见天则”，大致指从冬到春阴阳之气的转递消长，呈现为天气运行法则的意思。而“天下文明”一句，并非指自然宇宙，而是指社会人生。王弼说“此一章全说‘天气’”，可推敲。

乾元者，始而亨者也。利贞者，性情也。乾始能以美利利天下，不言所利，大矣哉！大哉乾乎！刚健中正，纯粹精也。六爻发挥，旁通情也。时乘六龙，以御天也。云行雨施，天下平也。

【讲解】 读这一段时，首先应明了，这里是再释乾卦卦辞即“乾：元亨，利贞”之言。“乾元者”，当读为“乾，元者”。黄寿祺、张善文《周易译注》引王念孙《读书杂志》，认为“元”下脱一“亨”字，原本当作“乾，元亨者”，才与下文“利贞者”相应。可从。陈梦雷《周易浅述》称此“又申《彖传》之意。承上言‘乾元用九’，又叹乾元之妙。前以元、亨、利、贞析为四德，至此又若以元亨与利贞分言之，而统归于一元”。这里值得注意的是一个“若”字，为疑似口吻，显然注意到这里缺一“亨”字，但陈氏最终还是认为这一段是“乾元”之论，因而有

"统归于一元"之说。笔者以为，既然这是释读乾卦卦辞，认为这里缺一"亨"字，还是妥当的。问题是，如果补一"亨"字，该段第一句则为"乾，元亨者，始而亨者也"，两个"亨"前后重复，并非古人行文习惯。因此，笔者仍以现存文本解说。

此段大意是说，乾元，是产生万物的本原，元始而亨通。利和、正固，是社会、人生、道德的品格与素质。乾元，自一开始就能以利他的美好本性与素质，普施利益于天下。乾元是一种沉默无言的存在，它不说天下因它而受惠，伟大啊！原始而伟大的，是乾元啊！阳刚之气充沛，动健正固，是纯粹的乾阳精华。乾卦六爻，纯阳之气，是万物发动的根因，成就了万物的情情实实。以乾六爻象征潜、见、惕、跃、飞、亢的六种巨龙情状，是依时而变的。时间的发展、运行，依龙的六种情状与时机来统领天的发展规律。乾阳率领坤阴，阴阳调和，好比云气生而雨泽下，风调雨顺，天下就太平了。

性情、旁通情的情，作事情、情况解。李鼎祚《周易集解》引干宝"以施化利万物之性，以纯一正万物之情"释性情的情，可参。"不言所利，大矣哉"，《论语》中孔子说："天何言哉，四时行焉，百物生焉。"天沉默无言，却运化于时间，使万事万物发生，本始而伟大。"旁通"，《周易本义》说"旁通犹言曲尽"，引申为成就、包罗万象。

君子以成德为行，日可见之行也。潜之为言也，隐而未见，行而未成，是以君子弗用也。

【讲解】 上一段说解乾卦卦辞，从这里以下共六段再申说乾卦六条爻辞的意义。大意是说，君子以成就美德为践行之心则。元人王申子《大易辑说》指出，蕴于身为德，见于事为行。德、行一在蕴，一在见（现）。所以说，可见的是行动。这里的日，疑为曰之讹。乾初九爻的潜，比喻君子本具才德，然隐隐然未曾呈现；君子的伟大践行，好比时位未能成其所行，所以，君子知时位未可，时机未到，不会妄为。

君子学以聚之，问以辩之，宽以居之，仁以行之。《易》曰“见龙在田，利见大人”，君德也。

【讲解】 君子好学，用以积聚知识；做学问须提问、争辩；胸怀宽仁，以仁心守持，让仁爱之心贯彻在行为之中。这一切皆以“德”为旨归。这便是《周易》所说的龙出现在田野的景象，是天下出现贤德之人的吉兆，造就了君子的美德。

九三重刚而不中，上不在天，下不在田，故乾乾因其时而惕，虽危无咎矣。

【讲解】 这是以爻位说解《易》。乾九三以阳爻居阳位，阳为刚，故称重刚。九三爻不居中位，故称不中。乾九五有飞龙在天之象，九三尚未达到九五天位。乾九二有见龙在田之象，九三爻又不在田的爻位。所以，要不断地谨言慎行，每日三省，顽健而振奋，虽处境危殆，也不会招致错失。

九四重刚而不中，上不在天，下不在田，中不在人，故或之。或之者，疑之也，故无咎。

【讲解】 九四爻位属阴，却居一阳爻，为九三、九五所包围，故曰重刚。还不到九五天的位置，离开了九二田的位置，又不在九三人的位置，所以强调“或”，说明时运变化多端。掌握了这一点，即能自觉地审时度势，步步为慎，可保没有错失。《系辞下》有“易有天道，有地道，有人道，兼三才而两之”之说（详后），三才即三材。古人解《易》，以初、二为地，三、四为人，五、上为天，一卦六爻，是一个天（地）人合一的思维结构，其理念源于此。九三、九四居在人位，九三近于地，九四近于天。《文言》以为，九四在人位却非正人之位。《周易尚氏学》说，“三兼四，人也”，“四是兼才，非正”。所以说，在天人合一结构中，九四虽处在中位，却不是正中而是兼中的人位。这里所谓或，《东坡易传》说“未必然之辞也”。所谓疑，慎的意思。《周易尚氏学》说：“疑则慎，慎故无咎。”

夫大人者，与天地合其德，与日月合其明，与四时合其序，与鬼神合其吉凶。先天而天弗违，后天而奉天时。天且弗违，而况于人乎？况于鬼神乎？

【讲解】 乾九五爻辞所谓大人（大贤大德之人），与天地同一德性，与日月同一光明，与春夏秋冬四时运行一样合乎时序，与鬼神一般知晓吉凶休咎而神妙难言。大人先于天的启告，有所作为却不违背天则；后于天的启发为人做事，又遵循天的时序与机运。就连天则都不去违背，更谈不上违背人与鬼神的旨意了。

在《文言》中，这是一段尤为重要而著名的话，是说大人人格是天人合一的楷模。《程氏易传》说：“天人本无二，不必言合。”大人有四合，与天地、日月、四时、鬼神皆合。正如《周易正义》所言：“此论大人之德无所不合，广言所合之事。”但关于“先天而天弗违”“天且弗违”的解说，有学者释为他先于天象行动而天不违背他。天尚且不违背他，似可商榷。天没有主体意识，谈不上违背人。

亢之为言也，知进而不知退，知存而不知亡，知得而不知丧，其唯圣人乎？知进退存亡而不失其正者，其唯圣人乎？

【讲解】 乾上九爻辞所谓亢，在于阐述人生进退存亡的道理。只知进取而不懂退却，只知生发却不懂危亡，只知获得又不懂丧失，便是“亢龙，有悔”这一爻辞所体现的意思。难道这是圣人的美德吗？知晓进退存亡的大道理，才能不丧失圣人的正大人格。在这一点上，只有圣人才能身体力行。

卦 二

䷁ 坤（坤下坤上）

至哉坤元，地势坤，君子以厚德载物

坤：元亨，利牝马之贞。君子有攸往，先迷后得主，利。西南得朋，东北丧朋。安贞吉。

【讲解】 这是坤卦卦辞。这里，元，元始，转义可释为祖神。亨，享祭的意思。解读此卦辞，最难解处为“西南得朋，东北丧朋”一句。《周易尚氏学》以十二消息卦说解读，可从。帛书《周易》，称坤为川（实为巛）。

十二消息卦，又称十二辟卦、十二月卦，以六十四卦中的十二辟卦代表一年四季十二月，其顺序表示阴阳二气在一年四季中的消长过程，象征二十四节气、七十二候的时序变化。

复卦	䷗	十一月中	老阴	冬	息卦	北	子
临卦	䷒	十二月中		冬	息卦		丑
泰卦	䷊	正月中		春	息卦		寅
大壮卦	䷡	二月中	少阳	春	息卦	东	卯
夬卦	䷪	三月中		春	息卦		辰

乾卦	䷀	四月中		夏	息卦		巳
姤卦	䷫	五月中	老阳	夏	消卦	南	午
遁卦	䷠	六月中		夏	消卦		未
否卦	䷋	七月中		秋	消卦		申
观卦	䷓	八月中	少阴	秋	消卦	西	酉
剥卦	䷖	九月中		秋	消卦		戌
坤卦	䷁	十月中		冬	消卦		亥

十二消息卦，从复一阳生、临二阳生、泰三阳生、大壮四阳生、夬五阳生到乾六阳生为息卦；从姤一阴消、遁二阴消、否三阴消、观四阴消、剥五阴消到坤六阴消，为消卦。其中，以乾、坤两卦为息、消之主。

尚秉和称，消息卦“乃自西而南，自东而北而逆行也”。此因运行方向之顺行者，应为自北而东、自南而西之故；以阴阳之气的运化分析，则为自老阴到少阳，自老阳到少阴。从老阴到少阳，气性已变（阴变阳）；自少阳到老阳，气性未变，仅气性的程度变；自老阳到少阴，气性已变（阳变阴）；自少阴到老阴，气性未变，仅气性的程度变。因此《周易尚氏学》说：“消息卦自西而南阳日增（引者按：西为少阴，南为老阳，故阳日增），故曰‘西南得朋’（阴遇阳为朋）。”“消息卦自东而北阳递减（东为少阳，北为老阴，故阳递减），故曰‘东北丧朋’（阳递减，故丧）。”

坤卦卦辞大意：筮遇坤卦，可以进行祖神祭祀。得雌马之象的占问，是吉利的，君子可以有所作为。坤象、雌马之象，都是柔顺、居后之象，顺从于乾阳之象，因而如果居先而不安于坤，那么便是迷失方向。如果随顺于乾之后，可得乾主之利，是吉利的。往西南方，可以得到朋友的帮助；向东北方，将失去朋友的帮助。安分守己，这是吉利的占问。

《彖》曰：**至哉坤元，万物资生，乃顺承天。坤厚载物，德合无疆。含弘光大，品物咸亨。牝马地类，行地无疆，柔顺利贞。君子攸行，先迷失道，后顺得常。西南得朋，乃与类行；东北丧朋，乃终有庆。安贞之吉，应地无疆。**

【讲解】《彖辞》说，至极无比的坤元之气，是天地万物得以资生的本原，顺从、禀承乾天阳刚之气。坤象征大地，大地广博深厚，普载万物。它的德性，就是与乾阳结合。它的功能、作用与意义，无边无际。它含育万类，光辉灿烂，各种事物都亨通、发达。好比母马的德性与大地同类。母马在大地奔驰，没有局限。它品格柔顺而温和，有利于守持正固。君子有所作为，而不要争先，争先会迷失正确的道路与方向。随从在后，是人生正途。向西南方向，可得友朋，可以和同道好友一同前行；向东北方向，失去友朋。虽然逆行到东北方丧失了阳气，然而按照阴阳消息的道理，只要含弘坤德，坚持正道，便会阴阳互转，丧尽得来，必有得朋的时候，仍有福庆之时。安于坤道正路，可获正固吉祥，这是顺应了大地坤阴宽广无比的品格。

《象》曰：**地势坤，君子以厚德载物。**

【讲解】《象辞》说，大地的形势宽厚广博，君子以大地为榜样，其品德好比大地一般承载一切，深厚而顺随，胸怀宽广。

势，可释为形势。释为气势亦可。李鼎祚《周易集解》引宋衷：“地有上下九等之差，故以形势言其性也。”《易传·说卦》有“坤，顺也”的解说，故“地势坤”的坤，实指地之性，主要是顺随乾阳的意思。《释名·释地》云:"坤,顺也,上顺乾也。"可从。

初六:履霜,坚冰至。

《象》曰:"履霜,坚冰",阴始凝也。驯致其道,至"坚冰"也。

【讲解】 坤初六爻辞:筮遇此爻,筮得脚踩霜地的兆象,就知道将有寒冬来临,坚冰出现。

《象辞》说,脚踩霜地,坚冰出现,这是说明阴气遇阳而阴气未盛,是阴气开始凝结之时。顺着这一时令的发展,一定会有寒冰出现的日子。

这里所谓"阴始凝",陈梦雷《周易浅述》云:"当其履霜,不过阴之始凝耳。"阴气自己不能"始凝",必有阳气与其结合,才能有所"凝"。驯,《周易集解》引述《九家易》云:"驯,犹顺也。"

六二:直方大,不习,无不利。

《象》曰:六二之动,直以方也;"不习,无不利",地道光也。

【讲解】 坤六二爻辞:筮遇此爻,得平直、方正、广大的大地之象,人不待修习,无不吉利。

《象辞》说,坤卦六二爻与乾阳交合而动,象喻大地平直、方正与广大的属性与品格。所谓不待修习,无不吉利,这是坤阴随顺乾阳而动,广生万物,大地阴柔之美德光辉灿烂。

坤六二爻,阴爻居于阴位,处坤卦下卦中位,得正、得中。朱熹说:"坤六爻中,只此一爻最重。六五虽居尊位,然却是以阴居阳。六二以阴居阴,而又居下卦,所以如此。"(《朱子语类》

卷六十九)。朱熹在《周易本义》中又说:“柔顺正固,坤之直也。赋形有定,坤之方也。德合无疆,坤之大也。六二柔顺而中正,又得坤道之纯者,故其德内直外方,而又盛大。”陈梦雷《周易浅述》云:“正则无私曲而内直,中则无偏党而外方。内直外方,其德自然盛大。不假修习,而自无不利也。不揉而直,不矩而方,不廓而大,故曰‘不习’。”这些古人的解读,都很精彩。高亨《周易大传今注》将“六二:直方大,不习,无不利”句读为“直方,大不习,无不利”,有误。并解为:“大字疑是衍文。直,读为《诗·宛丘》‘值其鹭羽’之值,持也。方,并船也。习,熟练也。爻辞言:‘人操方舟渡河,因方舟不易倾覆,虽不熟练于操舟之术,亦无不利。’”此说欠妥。又,所谓六二之动,坤本柔静,何以称动?这可以用《文言》的说法来解答:“坤至柔而动也刚,至静而德方。”

六三:含章,可贞。或从王事,无成有终。

《象》曰:“含章,可贞”,以时发也。“或从王事”,知光大也。

【讲解】 坤六三爻辞:筮遇此爻,得大地内含章美之兆,这是结果不算差的占问。有人辅佐帝王事业,没有大的成就但终有所成。

高亨释含章为克商之意,录此以备参阅。

《象辞》说,大地内含章美,可以守持正固,这是因时机而发生的意义。有人辅佐帝王事业,这是懂得含弘光大的道理。

徐志锐《周易大传新注》说:“六三处下体之终,终则有变,但又临上体之始,并非六爻之终极,这又不当变。”坤六三的象征意义为内有章美之德，但所处时机并不好，辅佐王事，知道不一定有大成功，但恪尽职守，懂得含弘光大的道理。无成，释为不以成功自居，亦可。

六四：括囊，无咎，无誉。

《象》曰：“括囊，无咎”，慎不害也。

【讲解】 坤六四爻辞：筮遇此爻，出现口袋扎紧这一兆象，筮得的结果是没有错害，没有什么可以夸耀的。

《象辞》说，扎紧口袋，没有错失这一兆象，说明人应谨慎从事才能不受伤害。

坤六四指阴虚能够受物，此即坤有囊象。而六四无应无比，其位并不理想，所以有扎紧口袋以自守自慎的意义。

六五：黄裳，元吉。

《象》曰：“黄裳，元吉”，文在中也。

【讲解】 坤六五爻辞：筮遇此爻，出现黄色裳服这一兆象，大吉大利。

《象辞》说，黄色裳服，大吉大利，象征人格美德在于内心，秀外而慧中。

黄居五色之中，象征中和之道。坤六五阴爻居阳位，且居于上卦中位，居中而不得中，是与乾九五不同的地方。而作为臣道的坤六五，毕竟处在尊位，“臣之极贵者也，能以中和通于物理”（孔颖达《周易正义》），已为吉利。古时有上衣下裳之别，皆为身之服饰。上衣深长，掩遮下裳。下裳在内，故称中。此爻取裳为兆象，以契文在中之易理。

上六：龙战于野，其血玄黄。

《象》曰：“龙战于野”，其道穷也。

【讲解】 坤上六爻辞：筮遇此爻，筮得的兆象是龙在野处交合，流出的血青黄混杂。

《象辞》说，龙在野处交合，象喻穷极之时。

解读这一爻辞，应注意以下几点。

其一，该爻辞仅记录占筮所得的兆而无判词如吉、凶、利、咎以及有攸往（指示人的行为之词）等占筮结果。这一文本现象，在《周易》六十四卦卦爻辞中颇为多见。

其二，坤六爻纯为阴爻，坤上六已处穷极之时，向前发展必走向反面，具备从坤阴向乾阳转化的条件。虽然这一爻辞未记录占筮结果，依这一兆象判定，结果为凶是可以肯定的。

其三，因为上六爻已处穷极之时，这里所谓野，以不释为田野、原野为妥。蔡渊《周易卦爻经传训解》说：“野者，极外之地。上居极外，故称野也。”可从。

其四，坤卦卦辞为牝马之象，何以这里又称乾阳之龙象？坤虽为马象，但发展到上六，已在向乾阳转化之中，故此爻以龙象为言。《周易浅述》云：“阴宜从阳者也。纯阴在上，盛于阳矣，故与阳皆有龙象。”此言是。

其五，这里所言战，《说文》云：战，斗也。与接义近。接，交也。《荀子·礼论》说：“阴阳接而变化起。”《周易尚氏学》称：“合气即接。”战指阴阳、牝牡交合，指坤阴、乾阳即马、龙之象的交合。与此相关的，是一血字。《周易浅述》说：“气阳血阴，阳衰于阴（引者按：指坤上六阴盛而接阳），故与阴皆有血象。

象如此，不言凶而凶可知矣。”此说是。

用六，利永贞。

《象》曰：**用六“永贞”，以大终也。**

【讲解】 用六这一辞文，正如前述用九一样，出现在坤上六之后，其巫学理念，体现了《周易》占筮六九变，七八不变的筮法。即筮遇老阴（六）、老阳（九）为变爻，筮遇少阴（八）、少阳（七）为不变爻。用六的意思是说阴极而必变阳；利永贞的意思是说阴柔不能固守，阴而变阳，便是永远灵验的占问。

《象辞》说，从阴极而必变阳，即老阴而必变阳、永远灵验的占问引申，用六所说的永久守持正固，是指坤卦上六极阴穷时之变，必以变为乾阳（大）为必然。

古人云，乾为大，坤为小。坤之终见（现）乾而不见坤，故曰“以大终”也。笔者以为，既然坤之终见乾而不见坤，那么同样，乾之终见坤而不见乾。坤、乾互转互见，实乃无有所终。这便是所谓不易的意思，即变本身是不变的，变是永恒的，即此处所言“永贞”之义。易理的根本为变，变使易守持正固，这也便与易的根本命题“生生之谓易”相契。易永恒在变而见生生之理，因此这里的终，不宜解为终点、归宿。“以大终也”的大，太之本字，有原始、本原的意义，这里指乾阳。

《文言》曰：**坤至柔而动也刚，至静而德方，后得主而有常，含万物而化光，坤道其顺乎！承天而时行。**

【讲解】 从这里开始，是《文言》对坤卦的解说与发挥。《文言》说，大地（坤阴）极为柔顺之时，因动变而为阳刚。极为沉静之时，它的德性泽被四方。顺从于乾阳，让刚健者作主，这是坤阴应当固守的常道。坤阴含养万物，大地一片光辉灿烂，这是与乾阳之气化生的结果。坤阴的品性，在于它对乾阳的顺随。坤阴之气与乾阳所成就的大地，承奉天时即四时而运行。

“坤至柔而动也刚”，坤性本静，而蕴含动的因素。坤自初六至上六的发展，使自身的静德达于至柔，此时本蕴的动的因素不断积聚、化生而实现为动为刚，是动静与柔刚的消长。“至静而德方”的方，与坤六二爻辞“直方大”的方之义相通，以释为四方为宜。吴澄《易纂言》称坤体“至静，然其生物之德普遍四周，无处欠缺，故曰方”。

积善之家，必有余庆；积不善之家，必有余殃。臣弑其君，子弑其父，非一朝一夕之故，其所由来者渐矣，由辩之不早辩也。《易》曰“履霜，坚冰至”，盖言顺也。

【讲解】 这是关于坤初六爻辞的发挥。善行、善德逐渐积累，其家族必然有福庆；恶行、恶德不断积聚，其家族一定遭受祸殃。臣下杀了君王，儿子杀了父亲，原由不在一朝一夕（冰冻三尺，非一日之寒）。这种恶果，有一个渐变的过程。早就应该辨认清楚以便防微杜渐，却总是不早点辨认。《周易》说，脚踩霜地，便知道天寒地冻的日子就要到了，说的是由渐变到质变的道理。“盖言顺也”的顺，是领会这一段话的关键。正如前述，《说卦》说“坤，顺也”，是坤阴顺从乾阳的意思，一般从伦理角度理解，如臣顺君、子顺父、坤顺乾等。这里所谓顺，不仅具伦理学意义，而且有哲学意义。顺，可训为驯，“驯致其道，言因循以致之也”（陈梦雷《周易浅述》），顺，因循。此即《释名·释言语》所谓“循也，循其理也”的意思。《周易正义》训顺为慎，似不可取，这是哲理向的解读。顺者，循也，是说事物从量变到质变、从渐变到突变是必然的。辩，通辨，有别义。余庆、余殃二句，在积善与余庆、积不善与余殃间建构了一个必然性判断，是原始巫术因果律的体现。其实，积善未必有余庆，积不善也未必有余殃。

直其正也，方其义也。君子敬以直内，义以方外。敬义立而德不孤。“直方大，不习，无不利”，则不疑其所行也。

【**讲解**】 这是释坤六二爻辞的意义。直，指心术端正，本心无邪；方，指内心妙契而合乎规矩。君子庄敬自持，其内心一定正直无偏，他与人生、环境的关系，必合宜而不失于和谐，内直外方，人格磊落而光明。君子内心诚敬，外行和宜，其德性不会孤寡。大地平直、方正、广大，人不待修习，没有不吉利的意思，可引申为君子的人格像大地一样坦荡无私、坚定不移、公正无偏。

君子人格，直即不邪，正则谦恭；义即与物无竞，方则凝重不躁。亦即为人做事，不习，无不利，故所行无须疑虑。直言其正，方言其义。君子主敬以直其内，守义以方其外，敬立而内其直，义内圆而外方。

阴虽有美，含之以从王事，弗敢成也。地道也，妻道也，臣道也。地道无成而代有终也。

【**讲解**】 这一段解读坤六三爻辞。《周易集解》引荀爽曰：“六三阳位，下有伏阳。坤，阴卦也，虽有伏阳，含藏不显，以从王事，要待乾命，不敢自成也。”坤阴谦顺具有美德，含弘不显，以随从、辅佐乾阳的功德、事业，不敢将王事的成功占为已有。大地的德性，是顺从天时而运行；妻子的所谓妇道，是从一而终；臣子则忠诚于君主。这一段话，充满了崇阳抑阴、重君轻臣、以妻从夫的说教。而大地的常道，是不自居于成物之功，实际上大地生养万物、成就万物，是代替“天之未终而有终”（见徐志锐《周易大传新注》）。乾天者，大生；坤地者，广生。大生者，始生；广生者，成就万物。所以说乾天未终而坤地有终。坤地谦下，不敢专以成功自居，因此称“代有终”。代，代替之义。“阴虽有美”的美，可训为善。

天地变化，草木蕃。天地闭，贤人隐。《易》曰“括囊，无咎，无誉”，盖言谨也。

【讲解】 这一段解读坤六四爻辞，专说一个谨字。《说文》：蕃，草茂也。又通藩，屏障、藩篱之义，《诗经·大雅·崧高》云：“四国于蕃。”这里取藩义。尚秉和《周易尚氏学》说：“蕃与藩通，《诗·大雅》‘四国于蕃’是也。又《周礼·地官·大司徒》：‘九曰蕃乐。’注：杜子春读‘蕃乐’为‘藩乐’，谓‘闭藏乐器而不作’。贾疏：‘藩谓藩闭。’”蕃，一般作茂盛解，自汉之后，几乎“无不以蕃息为解”。然而尚秉和说：“若作蕃息，与‘括囊’何涉乎？”问得好。因此，“变化之征，在物则草木黄落，在天则阳气闭藏，在人则贤哲隐遁，谨慎也，释‘括囊’之故也”。这是中肯的见解。

乾天、坤地运行变化，也有草木由茂盛而零落的时候。天闭地塞，是社会昏暗的凶兆，故贤人隐退。《周易》说，扎紧口袋，没有错失，也不求夸耀，说的都是有关谨慎的道理。

君子黄中通理，正位居体，美在其中，而畅于四支，发于事业，美之至也。

【讲解】 坤卦六五，阴爻居于阳位，而居坤卦上卦的中位，还是吉利的。黄色，是大地、五色的正色，是中和之色，因此称为黄中。理，本义为治玉，《韩非子·和氏》云“王乃使玉人理其璞”，引申为玉石之纹理。《玉篇》：“理，文也。”“美在其中”的中，即黄中之中，不能释为心中的意思。支，通肢。

坤卦六五象征君子人格。君子具有黄色一般的正色，中直的品德，玉一样的素质，做事为人坐得正，立得直。君子的美德，在于中和立场，贯彻在其实践行为中，事业辉煌灿烂，美到极点。

阴疑于阳必战。为其嫌于无阳也，故称龙焉。犹未离其类也，故称血焉。夫玄黄者，天地之杂也，天玄而地黄。

【讲解】 坤卦上六阴气极盛，极盛而必转向反面，阴极返阳，是坤阴与乾阳交合的结果。坤卦六爻皆阴，而并非无阳的因素。这一爻以龙战为象，为的是勿让人认为坤卦纯阴而无阳（纯阴不等于无阳）。但是不能离开坤阴的本性来理解坤的易理，所以这里称血不称气。其血玄黄的意思，是说龙战使血成青黄相杂之色，天为青色而地为黄色。

朱熹《周易本义》：“疑，谓钧（均）敌而无小大之差也。”王引之《经义述闻》：“疑之言拟也。”高亨《周易大传今注》：“疑当读为拟，拟犹比也。”并由此发挥说：“（坤）上六居一卦之上位，乃象阴达于极盛之地位，与阳势均力敌，即阴拟于阳矣。”高亨此解，建立在将龙战的战解为斗争的前提下，而这里所谓战，为接，阴阳交合的意思。荀爽《易》注、虞翻《易》注、陆德明《经典释文》等，皆以疑为凝。《周易正义》：“阴凝阳，即阴牝阳。”

【小结】 乾、坤互为错卦。《系辞下》云："乾坤，其易之门邪?"乾、坤为天地卦、父母卦，是理解、领会易理大道的门径。乾居六十四卦之首，以龙为象，称龙卦，是以龙为喻，申说阳气资始宇宙万物的大道理。《易传》将巫性占筮意义的卦辞"元亨，利贞"，改造、发挥为哲思道性意义的乾天元（原始）、亨（亨通）、利（利和）、贞（正固）四德，肯定"天行健，君子以自强不息"的阳刚、进取精神。坤随于乾之后，其性阴柔，重要性不言而喻。坤以牝马为象，有守雌之义。《易传》对坤卦爻辞的改造、发挥，集中在两点：申说大地的宽广、深厚、坦荡与磅礴，此即"地势坤，君子以厚物载物"的伟大精神；强调坤阴、大地顺承天的品格，以体现坤乾、阴阳互对、互应与互转的辩证思想。"天行健，君子以自强不息"，"地势坤，君子以厚德载物"，便是中国文化、哲学的天地精神和中华民族的群体人格理想。大哉乾元，至哉坤元。

卦 三

䷂ 屯（震下坎上）

天造草昧，屯难之时

屯：元亨，利贞。勿用有攸往，利建侯。

【讲解】 屯，甲骨文作[illegible]（胡厚宣《战后京津新获甲骨集》二四九八）、[illegible]（董作宾《小屯·殷虚文字甲编》四七六）等，金文作[illegible]（克钟）等。许慎《说文》：“屯，难也，象草木之初生，屯然而难。”屯为象形字，象草木初生，初生者，必有艰难，引申为难之义。《序卦》：“屯者，物之始生也。”《彖辞》：“刚柔始交而难生。”

屯卦卦辞：筮遇此卦，可举行祖神祭祀，是吉利的占问。不必立“中”为占，可以有所作为，有利于建立诸侯国。

卦辞以“屯者，物之始生也”为主题，正与祖神对应。祖宗为人之始生，因而出现祭祀祖神之象，是不奇怪的。这里关键是一用字。其义，笔者在解说乾用九、坤用六时已详细分析，这里从略。“勿用有攸往”之用，有训为宜的，可备一说。但这里如作此解，则“勿用有攸往”的意思，为不宜有所作为，又与前文“元亨，利贞”、后文“利建侯”相矛盾。笔者认为可将“勿用”

释为无须立“中”以占。中，为上古测日、测风的装置，即晷。

《彖》曰：**屯，刚柔始交而难生。动乎险中，大亨贞。雷雨之动满盈，天造草昧，宜建侯而不宁。**

《象》曰：**云雷，屯。君子以经纶。**

【讲解】 这是《彖辞》《象辞》二篇对屯卦卦辞的解释与发挥。《彖辞》说，屯的意思，好比刚、柔开始交合，草木始生而艰难。从屯卦卦象看，它的下卦是震卦，震为雷，为动；它的上卦是坎卦，坎为水，为陷（险）。整个卦象象征雷在水下发动，因雷动而陷险。但古人认为对祖神的祭祀，可使命运、处境从根本上得以亨通与正固。屯卦象征自然宇宙、社会人生充满了震雷及骤雨般的初始发动，好比天造万物、鸿蒙开辟之时的艰险，宜于立邦兴国，但不会平安无事。

屯卦下卦震☳，是乾卦一阳爻来交于坤卦而成震，意味着乾坤、天地交合，因而称为“刚柔始交”；屯卦上卦坎☵，也是乾卦一阳爻来交于坤卦而成，但一阳陷于二阴之中，“象征天地交合之后于坤体之内有了怀育，有怀育而后必有产难之事，故言‘难生’”（徐志锐《周易大传新注》）。

《象辞》说，屯卦上坎下震，坎为水，水汽上升而为云，是水有云象，云水之谓也。震为雷，所以云雷之象，一阳伏于二阴之下，为震。而坎，一阳为上下二阴所困，有难之喻。君子观屯之象，知治理天下好比治乱丝而解其纷结，理出头绪。朱熹《周易本义》：“经纶，治丝之事。经引之，纶理之也。屯难之世，君子有为之时也。”

初九：磐桓，利居贞，利建侯。

《象》曰：**虽“磐桓”，志行正也。以贵下贱，大得民也。**

【讲解】 筮遇初九，有徘徊、回旋难进之兆象。这是有利于居住、建立诸侯国的占问。屯卦初九爻象，虽得位而六二反据在上；虽与六四构成应的关系，却是逆应。初九处于险陷之时，故有徘徊、彷徨之象。但初九毕竟是阳爻居于阳位，是得位之爻，因而筮遇此爻，得徘徊于居地之象，是吉利的占问，有利于建邦立国。

《象辞》说，虽然人当徘徊之时，回旋不进，然而人的志向、行为，正如初九为阳爻居阳位而得位，这是正道。好比阳爻本尊，却居于初位，是以贵体而屈居下位，但却是最得民心的。

磐桓，《经典释文》："磐，本亦作盘，又作槃。"汉代马融说："槃桓，旋也。"徘徊不进的样子。

六二：屯如，邅如。乘马班如，匪寇婚媾。女子贞，不字，十年乃字。

《象》曰：六二之难，乘刚也。"十年乃字"，反常也。

【讲解】 筮遇六二，出现马队徘徊不前、艰难行进，并非因为强盗而是娶亲队伍这一兆象。女子占问的结果，是不宜于出嫁，要等许多年后才得婚配。

《象辞》说，屯卦六二爻象征的之所以是险难，是六二乘初九，阴柔凌阳刚的缘故。女子之所以必须等待多年才能婚配，是因为违反了男健女顺的常道。

邅如，难行、回旋不进的样子。《离骚》有"邅吾道夫昆仑兮"之句，即此意。班如，遍及的样子。班，可引申为众多，《国语·晋语四》有"车班外内"之句。韦昭注："班，遍也。"班如，回旋不前的样子，班通般，盘旋之义。《周易正义》引马融："班，班旋不进也。"关于班如之班的这两种意义，六二爻辞是兼具的。字，《礼记·曲礼上》："女子许嫁笄而字。"笄，音jī，簪子，古时用以插挽头发或弁冕。《仪礼·士昏礼》:“女子许嫁,笄而醴之,称字。”插笄,表示女子成年。与此义相关,字或有怀孕义。虞翻注“女子贞,不字,十年乃字”云:“字,妊娠也。”

六三:即鹿无虞,惟入于林中。君子几不如舍,往吝。

《象》曰:“即鹿无虞”,以从禽也。君子舍之,“往吝”,穷也。

【讲解】 屯卦六三爻辞:筮遇此爻,从逐鹿没有虞人引路,只在莽原林野迷路的兆象,知道君子应该见机行事,此时不如放弃这次田猎活动。如果继续田猎,必令人遗憾、惋惜。

《象辞》说,追逐野鹿却没有虞人带路,说明做事好比跟在飞禽、走兽后面瞎跑,没有成效。君子应该舍弃那些暂时做不到的事。如果蛮干,一定是令人憾惜的,时机穷尽,没有办法。

蔡渊《周易卦爻经传训解》:“即鹿,逐鹿也。”即鹿的即,释为就。虞,助猎之人,田猎者行猎时,为其引路,驱出鸟兽。几,机。舍,弃。吝,《说文》:“恨惜也。”禽,《说文》:“走兽总名。”《白虎通》:“禽者何?鸟兽之总名。”以取后者释义为宜。

屯六三为阴爻居阳位而不中,无应无比,为无虞人之象,妄行而必穷。

六四:乘马班如,求婚媾。往吉,无不利。

《象》曰:求而往,明也。

【讲解】 筮遇六四,兆为娶亲的大批马队,筮得的结果是,只要去干,就吉祥,没有不吉利的。

《象辞》说,有追求,有行动,为明智之举。

六四以柔得位，承于九五，且与初九相应，正合于时宜。

九五：屯其膏。小，贞吉；大，贞凶。

《象》曰：“屯其膏”，施未光也。

【讲解】 筮遇九五，屯难在坎水，陷在险境，筮得的结果是：做小事，可获吉祥；做大事，凶险。

《象辞》说，屯难在坎水，陷在险境，说明屯九五爻虽有膏润之义，但难于施行。

九五以阳刚中正而居尊位，但上卦为坎，九五陷于二阴。尚秉和《周易尚氏学》说：“坎水故曰膏，坎陷故‘屯其膏’。盖五虽下履重阴，然坤民（引者按：指六二、六三、六四互体为坤卦）三分之二（指互体坤的两个阴爻，为原下卦震的六二、六三），为初所有。四又应初。五虽君位，实无一民。故膏泽无所施也。小谓二,五应二，阴得阳应故吉。大谓五,五虚拥尊位，威柄下移，孤露无辅，故大，贞凶。震为威，坤为柄也。贞，卜问也。诸家强以贞正说之，夫正而有大小，已不词矣。大正而凶，益悖理矣。”这一段阐述，杂以政治说教，即所谓君、民之言，然以象数之学解读，且与《象辞》意义相合，颇能服人。黄寿祺、张善文《周易译注》认为，九五爻辞为“克服初创艰难，而将广施膏泽。柔小者，守持正固可获吉祥；刚大者，守持正固以防凶险”之义。

上六：乘马班如，泣血涟如。

《象》曰：“泣血涟如”，何可长也?

【讲解】 筮遇上六，大批马队浩浩荡荡，极度伤心，眼泪汪汪。

《象辞》说，大批马队浩浩荡荡，极度伤心，眼泪汪汪这一兆象，说明屯难穷极之时，怎么可能长久的道理。上六据于九五，与六三不应，且为屯卦之极，但上六柔在阴位，穷极必变。《礼记·檀弓上》有“泣血三年”之说，郑玄注：“言泣无声，如血出。”《周易浅述》：“坎为血卦，又为水，有泣血涟如之象。阴柔无应，处屯之终，进无所之，唯有忧惧，遂至于泣血涟如也。”可参。

卦 四

䷃ 蒙（坎下艮上）

蒙以养正，以亨行时中

蒙：亨。匪我求童蒙，童蒙求我。初筮告，再三渎，渎则不告。利贞。

【讲解】 蒙卦卦辞：为祭祀而占问。占筮的目的，不是我（占筮者）去求问幼稚蒙昧的人，而是幼稚蒙昧的人来求问于我。虔诚地占筮一次，与神灵有感应，就会告诉你结果（吉或凶）。如果不相信第一次占筮的结果，多次重复为一件事进行占筮，是对神灵的亵渎。亵渎神灵，神灵就不会告诉你。虔诚占筮一次，是有利的。

《序卦》："蒙者，蒙也，物之稚也。"高亨《周易大传今注》说："'初筮告，再三渎，渎则不告'，亦筮人之辞，言童蒙以某事初来筮，则为之筮而告以吉凶；若不相信，以此事再三来筮，是轻侮筮人，则不为之筮。"此说可参。笔者以为，这里轻侮的，是神灵而不是筮人。

《彖》曰：蒙。山下有险，险而止，蒙。蒙，亨，以亨行时中也。"匪我求童蒙，童蒙求我"，志应也。"初筮告"，以刚中

也。**“再三渎，渎则不告”，渎蒙也，蒙以养正，圣功也**。

《**象**》**曰：山下出泉，蒙**。**君子以果行育德**。

【**讲解**】《彖辞》说，蒙卦说的是关于事物初生、心智蒙稚的道理。蒙卦卦象下卦为坎，坎为陷，上卦为艮，艮为山，构成山下有陷即山下有险的兆象。艮为止，不仅险陷，而且因遇险而举步维艰。这是象征蒙稚、蒙暗的道理。蒙稚，亨通，是因为正合时宜，所以亨通。不是我向童稚、蒙昧请教，而是童稚、蒙昧请教于我，这是蒙师、学生志趣相投。好比占筮，第一次占问就指示吉还是凶一样，学生第一次向导师求问，导师就指导他，这是导师健强不息，思行合宜于时机。导师反复多次讲同一个问题，学生没有听进去，这是对师教的亵渎。亵渎导师，施教就难以为继，这是亵渎教职。施以启蒙教育，为的是涵养中正人格，这是成就圣人的践行功夫。

《象辞》说，蒙卦上卦为艮，艮为山，下卦为坎，坎为水，山下流淌泉水，象征启蒙教育渐渐开始。君子果断践行，以此为榜样来蒙养美德。

李鼎祚《周易集解》引侯果：“艮为山，坎为险，是‘山下有险’。险被山止，止则未通，蒙昧之象也。”王弼《周易注》释“时中”义，称“时之所愿，惟愿亨也。以亨行之，得时中也”。但从蒙卦卦象分析，九二、六五处于中位，却是九二阳爻居阴、六五阴爻居阳，皆非得中之爻。不得中者，说明时机未宜。但《彖辞》却说亨行时中，可见爻位说并不能解说一切卦爻辞。志应，指九二应六五。渎蒙，不是亵渎蒙养，而是亵渎启蒙、发蒙的过程。

初六：发蒙，利用刑人，用说桎梏。以往吝。

《**象**》**曰：“利用刑人”，以正法也**。

【**讲解**】 筮遇初六，摆脱幼稚蒙昧，好比囚徒挣脱刑具束缚，而做事急于求成，必有遗憾、恨惜。

《象辞》说，所谓囚徒挣脱桎梏，是有利于从反面教育、启发人，拿这一典型说明养正的法则。初六以阴爻居下位，蒙稚、蒙暗好比囚徒戴上枷锁；发蒙好比囚徒脱枷锁而获解放。发，犹言去除。说，读为脱。桎，在足为桎；梏，在手为梏。

九二：包蒙，吉。纳妇，吉。子克家。

《象》曰："子克家"，刚柔接也。

【讲解】 筮遇九二,九二阳爻被初六、六三、六四、六五这四个阴爻包围，故有包蒙之象。筮得此爻，吉利。九二应六五，其中六三、六四、六五为互体坤，坤为妇，所以有纳妇之象，筮得此爻，吉利。五位尊，有君、父之象；二位卑，有臣、子之象。九二位卑，属子而性刚，故有儿子治家之象。

《象辞》说，九二象征儿子治家，这是说明九二应六五、刚爻与柔爻交合的道理。

这一爻具三象。包蒙，是就九二对上下四阴而言；纳妇，子克家，都是九二对六五来说的。《程氏易传》："以家言之，五，父也；二，子也。二能主蒙之功，乃人子克治其家也。"可供参考。当然，这里九二与六五之应，仅逆应而已，故虽吉而未为大吉也。

六三：勿用取女，见金夫，不有躬，无攸利。

《象》曰："勿用取女"，行不顺也。

【讲解】 筮遇六三，不宜迎娶此女为妻。此女眼中唯有刚夫美男，不顾自身身份而亲自去追求，所以娶她无吉利可言。

《象辞》说，勿娶此女为妻，说明此女行为不端，不合乎礼。

取，娶。躬，身体，引申为自身、亲自。金夫，《诗经·卫风·淇奥》云："有匪君子，如金如锡，如圭如璧。"金，铜，非指黄金。殷周之时，铜为珍奇、珍贵之物。九二阳刚，以九二喻金夫，又称刚夫。不有躬，王弼《周易注》："女之为体，正行以待命者也。见刚夫而求之，故曰'不有躬'也。"为什么说女见刚夫而求之？因六三（象女）乘凌九二（象夫）之故，即所谓女行不顺。行不顺，指行为不合礼则。

六四：困蒙，吝。

《象》曰：**困蒙之吝，独远实也**。

【讲解】 筮遇六四,兆象是人为蒙昧所困，这种蒙稚被困之象，遗憾而令人惋惜。

《象辞》说，被围困的六四爻象的意义，在于童蒙学子此时孤独地远离笃实、刚健的蒙师，令人遗憾。

六四无应而承、乘皆失当，困在六三、六五两阴之间。唯有阳实而阴虚、阳刚具实德才能发蒙，而六四阴虚，欲从九二却为六三所隔，欲从上九又隔六五，所以未离困境。

六五：童蒙，吉。

《象》曰：**童蒙之吉，顺以巽也**。

【讲解】 筮遇六五，童稚之智正逢启蒙之时，吉利。

《象辞》说，童稚之智正逢启蒙之时而吉利的缘故，是童稚学子在蒙师面前顺从而谦逊。

九二上应六五。六五，虽品质柔弱但居于尊位，有阳进求明之趋势。项安世《周易玩辞》说："凡自下而上为顺，自上而下为巽。"六五应于九二，为巽。《说卦》："巽，入也。"巽，音xùn，犹言谦逊。

上九：击蒙。不利为寇，利御寇。

《象》曰：利用御寇，上下顺也。

【讲解】 筮遇上九，以猛烈的方式治理蒙昧愚暗。筮得的结果，好比落草为寇而不吉利；防御贼寇，吉利。

《象辞》说，以防御贼寇的方法治理蒙暗，是有利的。这说的是上下应和而顺遂的道理。

蒙卦上卦为艮，艮为手，有击之象。上九阳刚，治蒙过甚，有击蒙之象。击，攻击的意思，引申为猛烈的治蒙方式。该爻喻义，在于暗示蒙师教诲学子上下应和，循循善诱而不宜过猛。《周易浅述》："治蒙过刚，有击蒙之象。艮止于上，不利为寇之象。应爻坎为盗贼，利御寇之象。"《周易本义》："以刚居上，治蒙过刚，故为击蒙之象。然取必太过，攻治太深，则必反为之害。惟捍其外诱，以全其真纯，则虽过于严密，乃为得宜，故戒占者如此。凡事皆然，不止为诲人也。"此说可从。

【小结】 屯、蒙互为综卦。屯卦象征事物初生而艰难，告诫人们在草创、屯难之时，尤须谨言慎行。卦义重在宣说草创维艰而趋正之道，前路大明。初九以居初缓进为时宜；六二尚在出难之前，宜似女子"守字闺中"；六三方向待明，亦须守险而当缓；六四下应初九而获吉；九五喻屯难虽去然妄行则"未光"；上六象屯难已值穷极，离险出难而有时。蒙卦象征蒙稚而施以启蒙之必要。六爻以阳喻师教，以柔喻童蒙。初六承九二，可行教化；九二以刚居中行"时中"之教；六三、六四喻不得师教而未能去蒙发智；六五居尊，性柔而应九二，故"蒙以养正"；上九象示师教勿严苛。全卦主旨在于揭示蒙学之理。

卦 五

䷄ 需（乾下坎上）

险在前也，因知险而须待

需：有孚光亨，贞吉。利涉大川。

【讲解】 需卦卦辞：有所俘获，光照门楣，以此为祭，筮得此卦，吉利。利于渡涉大河巨川。需，楚竹书《周易》作𥁱；帛书《周易》作襦或嬬。

需，甲骨文作（郭沫若等《甲骨文合集》九九三五）或（郭沫若等《甲骨文合集》五七五八）。，大，《说文》：“大，象人形。”需是濡的本字，本义为濡湿。马叙伦《说文解字六书疏证》称需为濡之初文。徐中舒说需是儒之初文（《怎样研究中国古文字》）。何金松说：“儒字从需是取由本义‘沾湿’而引申出来的‘柔软’义，故需字不是‘儒之初文’。”（《汉字形义考源》，武汉出版社，1996年，第367页）上古祭祀祖神、山川之前，巫者浴身净体，以示虔敬。巫是儒的前身。《礼记·儒行》说：“儒有澡身而浴德。”这是儒者对于巫礼的传承。儒与濡之义相通，其本字皆为需。[①] 孚，

① 参见拙著《中国美学的文脉历程》，四川人民出版社，2002年，第174页。

这里为俘之本字。

从卦象看，需卦为天水之象（乾为天，坎为水）。李道平《周易集解纂疏》引《释诂》"须，待也"说："需之为言待也。"这是关于《彖辞》"需，须也"的解读。需有等待时机的意思，当为后人引申，非需之本义。《左传·哀公十四年》有"需，事之贼也"、《哀公六年》有"需，事之下也"的说法，金景芳说："这个需字，是等待的意思。《左传》这两句话的意思是说做事等待、犹豫不好。但是《易经》需卦的用意与此相反。《易经》需卦要求人们要善于等待。"（金景芳讲述，吕绍纲整理《周易讲座》，吉林大学出版社，1987年，第142页）

需卦乾下坎上，水在天上，必待阴阳之交、熏蒸而后为雨，乃需之象也。以卦德而言，乾健而坎险，以刚阳遇险陷则不应遽进，这是历代易学家据《彖辞》"需，须也"之义而作出的一致发挥。笔者以为，在殷周之际，需字可能尚无须待这一引申义。需实际指巫以及巫的行为。巫行占卜、占筮之前，出于对神灵的恭敬而沐浴净身，便是需的本义。

《彖》曰：需，须也。险在前也，刚健而不陷，其义不困穷矣。需，"有孚光亨，贞吉"，位乎天位，以正中也。"利涉大川"，往有功也。

《象》曰：云上于天，需。君子以饮食宴乐。

【讲解】《彖辞》说，需是等待的意思。危险在前，刚健精进而不陷于危机之时，人就不会被困在穷极无助的境地。需卦的意义，所谓有所俘获，光照门楣，以此为祭而吉利，象喻诚信、光明、亨通。需卦的主爻是九五，正居于天位（爻位说：初、二地位；三、四人位；五、上天位）。九五以阳爻处在上卦的中位，是以阳居阳，得中得正之位。所谓有利于渡涉大河巨川，指人有所作为，一定能涉险而成功。

《象辞》说，云气在天上，这是需卦卦象的象喻。好比阴云密布、乱云飞渡、期盼上天下雨一样，君子期待宴饮、满足口欲之乐以实现人生理想。

所谓“险在前也，刚健而不陷，其义不困穷矣”，《周易集解》引何妥：“此明得名由于坎也，坎为险也。有险在前，不可妄涉，故须待时然后动也。”引侯果：“乾体刚健，遇险能通，险不能险，义不穷也。”《周易浅述》：“刚健者，多以轻躁而陷于险。刚健而能不陷，故善其不至困穷也。”

初九：需于郊，利用恒，无咎。

《象》曰：“需于郊”，不犯难行也。“利用恒，无咎”，未失常也。

【讲解】 筮遇初九，等待在郊野。有耐心、有恒心，是吉利而没有错失的。筮遇此爻，没有错失。

《象辞》说，等待在郊野，象征人在陷难之时不轻易犯进。有耐心、恒心，吉利而没有错失的意思，是做事不失正道常理。

初九阳爻居阳位，得位；与六四有应，所以“利用恒”。所谓“未失常”的常，指常道。《程氏易传》说“君子之需时也，安静自守”，是指内心宁和而静待时宜的到来。

九二：需于沙，小有言，终吉。

《象》曰：“需于沙”，衍在中也。虽小有言，以吉终也。

【讲解】 筮遇九二，等待在沙地，让人小有微辞，筮得此爻，终于是吉利的。

《象辞》说，等待在沙地的喻义，是做事为人能守中宽和，虽然略受非议，总以吉祥告终。

需卦上卦为坎，坎为水，九二以水近而为沙，更近于坎险，因而有等待在沙地之象。二、三、四互体为兑，兑为口舌，九二又有口舌即言之象。九二刚中，未正（阳爻居阴位）而终吉。遭非议，为言语之伤，毕竟事小。九二以刚居柔，守中而宽和。衍，《周易正义》释为宽衍，以戒躁急，可从。

九三：需于泥，致寇至。

《象》曰："需于泥"，灾在外也。自我致寇，敬慎不败也。

【讲解】 筮遇九三，等待在泥泞之中，结果导致盗贼到来。

《象辞》说，等待在泥泞之中，遭受灾变，是时机不利，处境不佳。由于自我即本身原因而招致贼寇到来，唯有敬畏于时机，慎独于处境，才能立于不败。

九三为下卦之终，过于刚强而不中，可谓致寇之象。水涯有泥泞，又近于坎险，为自我致寇之象。然而即使身处泥泞之地，只要谨言慎行，仍可立于不败。"灾在外也"，指坎险在外，坎为外卦。如释为九三灾祸尚在身外，似可商榷。

六四：需于血，出自穴。

《象》曰："需于血"，顺以听也。

【讲解】 筮遇六四，等待在沟洫之中，盼望从沟洫的坎陷中脱险。

《象辞》说，等待在沟洫之中，顺应时机的到来，听从命运的安排。

解读这一爻辞及有关象辞，关键是对血字的理解。易学家多解血为血液之义。《周易本义》：“血者，杀伤之地。”源自《说卦》所言“坎为血卦”之说。李鼎祚、杨万里、朱骏声、陈梦雷与高亨、黄寿祺、金景芳等，都作如是说。笔者以为，这里血为洫的省字，释为沟洫比较妥切。理由有三：其一，从六四爻辞看，“需于血，出自穴”，洫与穴相应；其二，从初九“需于郊”、九二“需于沙”、九三“需于泥”到“需于血（洫）”，取象统一；其三，上六有“入于穴”之说，与洫象相应。《说卦》称“坎为血卦”，实际是“坎为洫卦”。坎陷与沟洫相应。尚秉和《周易尚氏学》说：“血，洫之省字，古文如此者，不可胜数。且沟洫亦坎象也。”此言中肯。

九五：需于酒食，贞吉。

《象》曰：酒食、贞吉，以中正也。

【讲解】 筮遇九五，等待在酒食前面，吉利。

《象辞》说，所谓酒食、占问吉利云云，是象征中正之道的意思。

需卦上卦为坎，坎卦中爻即需卦九五，以阳爻、阳位为实。实，食也，如颐卦“自求口实”的实，郑玄解为食，是“食、实可通用，坎中实，故坎为食”（尚秉和《周易尚氏学》）。此是。九五为本卦主爻，阳爻居阳位，中正而阳刚，处君位即中正之天位，有健强不息而精进之象，又未可宴酣无度，故曰“需于酒食”。

上六：入于穴。有不速之客三人来，敬之，终吉。

《象》曰：**不速之客来，“敬之，终吉”，虽不当位，未大失也。**

【讲解】 筮遇上六，兆象为陷入洞穴。不受欢迎的三位客人来了，相敬如宾，终获吉祥。

《象辞》说，不受欢迎的客人来了，恭敬款待而终获吉祥的缘故是上六虽然不在中正之位，但没有重大的错失，因为上六毕竟是得位之爻。

卦 六

䷅ 讼（坎下乾上）

刚险相接，宁讼而息争

讼：有孚，窒惕，中吉，终凶。利见大人，不利涉大川。

【讲解】 筮遇讼卦，战事有所俘获，仍须恐惕警惧，其间有吉而最终凶险。虽利于见大人，但不利于渡涉大江大河。讼卦坎下乾上，“以二象言之，天阳上行，水性就下，其行相违。以二体言之，上刚陵下，下险伺上，刚险相接。又以一人言，内险而外健。以二人言，此险而彼健。所以讼也”（陈梦雷《周易浅述》）。帛书《系辞》讼卦写作容卦。

讼，从言从公，陆德明《经典释文》：“争也，言之于公也。”争讼的起因，在于公正、诚信的被欺。孚，俘。窒：“塞止也，有忍意。”（朱骏声《六十四卦经解》）惕，惧。中吉，讼九五得中，故吉。终凶，讼上九阳爻居于阴位，失位，处一卦之终，故云终凶。

讼九五作为一卦主爻，为贤德之人出现于天下的吉利之兆。而临涉大江大河去冒险行事，是不吉利的。

《彖》曰：讼，上刚下险，险而健，讼。“讼：有孚，窒惕，中吉”，刚来而得中也。“终凶”，讼不可成也。“利见大人”，尚中正也。“不利涉大川”，入于渊也。

【讲解】《彖辞》说，讼卦坎下乾上。乾卦阳刚，坎卦陷险。讼卦象征乾刚临涉坎险，两相争斗而成讼。有所俘获，而内存警惧，公正不偏，吉利，指讼卦九五之阳刚得中的意思。终获凶险之灾，指上九正在穷极之时，处于偏极而争讼难免，终于凶无可避。有利于天下出现贤德之人，指九五象喻中正、公平。而大人临涉大江大河去冒险行事，是不吉利的，指讼卦全卦的象征意义，以乾阳乘坎险，必入于深渊险境。

解读这一彖辞，李光地《周易折中》所言可供参阅。其文云：“彖，言乎其才也。‘讼：有孚，窒惕，中吉’，此言九二之才也。‘终凶’，此言上九之才也。‘利见大人’，言九五之才也。‘不利涉大川’，言一卦之才也。”这里，才，材，材质、本质的意思。九二居下卦中位，虽未当而“中吉”，与九五相敌，喻“窒惕”。九五得正虽大吉，但上九以刚居阴，故“终凶”。

《象》曰：天与水违行，讼。君子以作事谋始。

【讲解】《象辞》说，讼卦卦象上乾为天，下坎为水。天上水下，相背而行，所以致讼。君子如欲宁息争讼，必先明了争讼的起因以判断孰是孰非。

初六：不永所事。小有言，终吉。

《象》曰：“不永所事”，讼不可长也。虽“小有言”，其辩明也。

【讲解】 筮遇初六，不必老是纠缠于所争讼的事端，稍微争论几句就可以了，结果终于吉利。

《象辞》说，不必老是纠缠于所争讼的事端，说明这场诉讼是长久不了的。虽只稍微争论几句，谁是谁非已经辩论清楚。

初六以阴柔居阳之位，与九四相应。相应象示争起，而初六性柔，有无力与人争讼之象，因此“不永所事”。下卦坎初爻变而为兑卦，兑为口，故有“小有言”之象。永，深长、永远。《诗经·卫风·木瓜》：“匪报也，永以为好也。”

九二：不克讼，归而逋，其邑人三百户，无眚。

《象》曰：“不克讼”，归逋窜也。自下讼上，患至掇也。

【讲解】 筮遇九二，争讼不能胜于对方，迅速离开现场归来。居住在三百户人家的小城，没有灾祸。

《象辞》说，争讼不能胜于对方，像逃窜一样迅速离开而归来。处境不利、力量较弱者与处境有利的强者争讼，灾祸便降临，故应及时躲避、中止。

九二、九五二刚无应而争讼。九二居中但不得位，力不及九五。九五阳刚居尊而得中，势不可敌。因此有“不克讼”之象。下卦坎，象征隐伏，有逋逃之象。九二爻变，下卦变坤，坤为地，引申为城邑地盘，因而有邑之象。克，胜。不克讼，即不胜诉。逋，音 bū，逃。三百户，郑玄《礼记》注：“小国之下大夫，采地方一，成其定税三百家，故三百户也。”眚，音 shěng，灾也，其本义为目睛生翳。掇，此处借为辍，中止义。

六三：食旧德，贞，厉终吉。或从王事，无成。

《象》曰：“食旧德”，从上吉也。

【讲解】 筮遇六三，安享祖上传下来的食邑之德即俸禄，虽有危厉而终于吉祥。有人随从，辅佐帝王事业，不敢居功自成。

《象辞》说，安享祖上俸禄，不与人争，随从祖业，可获吉祥。

朱熹《周易本义》："食，犹食邑之食，言所享也。"蔡渊《周易卦爻经传训解》："旧，犹素也。"陈梦雷《周易浅述》："食旧德，如祖宗有世德，子孙得食其报之类。"金景芳《周易讲座》说："食旧德，就是食旧禄。食旧禄，是说六三应安分自守。厉终吉，是说六三虽居危地，但能自知危惧，则终必得吉。'或从王事'，六三自己无能力争讼，一切服从上九。'无成'，成事不在自己，而在上九。"无成，李光地《周易折中》称："不敢居其成。"从上，承乾的意思。上，上卦乾，指六三以阴柔上承阳刚。从上，即从王事。

九四：不克讼。复即命，渝安，贞吉。

《象》曰："复即命，渝安，贞"，不失也。

【讲解】 筮遇九四，争讼不能胜于对方，回过头来服从命运的安排，就会平安无事，吉利。

《象辞》说，筮遇此爻，回过头来服从命运的安排，平安无事，就不会有错失。王申子《大易缉说》："复，反也。即，就也。命，正理也。渝，变也。"此说甚是。而所言命，不必释为正理，命即命运之谓。九四阳刚而不中，四、初为正应而有争讼，然正如宋杨简《杨氏易传》所言："九刚四柔，有始讼终退之象。人惟不安于命，故欲以人力争讼。今不讼而即于命，变而安于贞，吉之道也。"此言是。笔者认为，解说该爻辞及其象辞，如何释命字之义是关键，历史上诸多易说释命为正理，陈陈相因。杨简此说可资参考。

九五：讼，元吉。

《象》曰："讼，元吉"，以中正也。

【讲解】 筮遇九五，争讼之事，大吉大利。

《象辞》说，争讼之事，大吉大利，是九五爻象征立场中正的缘故。九五以阳爻居于阳位，居于上卦中位，至尊而不偏，所以元吉。黄寿祺、张善文《周易译注》说，此"讼，犹言'决讼'。此谓九五阳刚中正，为君子听讼、明断曲直之象，故称'元吉'"。陈梦雷《周易浅述》说："阳刚中正以居尊位，听讼而得其平者也。占者遇之孚，窒者可伸矣，故为大善之吉也。"此是。

上九：或锡之鞶带，终朝三褫之。

《象》曰：以讼受服，亦不足敬也。

【讲解】 筮遇上九，有人赐他一条大腰带，结果一天之内多次被夺走。

《象辞》说，因为胜诉而接受尊显冠服的赏赐，是不值得尊敬的。

锡，赐。鞶，音 pán，鞶带，命服之饰。《说文》："鞶，大带也。""褫，夺衣也。"朱熹《周易本义》云："以刚居讼极，终讼而能胜之，故有锡命受服之象。然以讼得之，岂能安久？故又有终朝三褫之象。其占为终讼无理，而或取胜，然其所得，终必失之。"

【小结】 需、讼互为综卦。需卦说待时之理。时机之遇合，实属不易，须稍安勿躁，静待佳时，以成事业。初，待时于郊，不犯难冒进；二，待时于沙地，小有微词，而以不为所碍为吉；三，待时在泥淖，知险故能待；四，待时在沟洫，出于坎险；五，待时于酒食，中正之道臻成；上，如一味等待，则待时之极而必失。讼卦言息讼避争、守持中正之理。六爻以不讼未争为吉，以争讼为凶。初，“不永所事”，“终吉”；二，“不克讼”，“无眚”即无害；三，“或从王事”，不敢居功自成；四，争讼未胜，则应从于“命”之裁决；五，争讼之至理，在于中正之道；上，以讼胜而受赐，不足取。

卦七

䷆ 师（坎下坤上）

军旅之喻，用兵之道

师：贞，丈人吉，无咎。

【讲解】师卦卦辞：筮遇此卦，为大人之象，吉利而没有错失。师，《周易集解》引何晏："军旅之名。"《周易本义》："师，兵众也。"凡此，都尊《彖辞》"师，众也"之说。丈人，《子夏传》作大人，崔憬、李鼎祚从之。郑玄、陆绩、王弼等均作丈人，孔颖达从之。陆绩以为丈人者，圣人；王弼以为丈人为形貌庄肃之人。师，楚竹书《周易》作帀。

《彖》曰：师，众也。贞，正也。能以众正，可以王矣。刚中而应，行险而顺，以此毒天下，而民从之，吉，又何咎矣。

《象》曰：地中有水，师。君子以容民畜众。

【讲解】《彖辞》说，师，众多的意思。贞，正固的意思（本义为占问）。能够使众人坚守、践行正确的道理与道路，可以治理天下。九二性阳刚，居下卦之中而上应于六五，下卦坎为陷险，上卦坤为顺随，依靠这个即可攻伐天下，百姓随顺是好事，又怎么会有错失呢？

《象辞》说，师卦坎下坤上，坤为地，坎为水，全卦象征地下蓄聚水源，象征兵众积蓄巨大力量，君子胸中装着天下百姓。

师卦九二为该卦主爻。九二以一阳而统上下五阴，象征正道，则顺天应人而可以为王者之师。以卦德而言，坎险，坤顺，虽行危险而顺乎民心，兴师动众去打仗，虽劳民伤财，不无毒于天下，但依然吉善无错失。兵、民之关系，好比水、地之关系，地中有水，好比兵容蓄于民；以地养水，好比以百姓蓄养军旅。这里，毒作动词。《周易集解》引干宝："荼苦也。"俞樾《群经平议》："毒，读为督，治也。"这是对马融"毒，治也"的发挥。《周易集解》与《群经平议》释毒义有别。

初六：师出以律，否臧，凶。

《象》曰："师出以律"，失律，凶也。

【讲解】 初六爻辞：领兵出征要遵从规矩，军纪严明。违反军纪，必遭凶险。

《象辞》说，领兵出征要遵从规矩，违反它，一定凶险。

朱熹《周易本义》："律，法也。否臧，谓不善也。"陈梦雷《周易浅述》："出师之道，当谨于始。以律则吉，不善则凶。"

九二：在师，中吉，无咎。王三锡命。

《象》曰："在师，中吉"，承天宠也。"王三锡命"，怀万邦也。

【讲解】 九二爻辞：筮遇九二，是好兆头。领兵打仗，吉祥而没有错失。故君王多次下令嘉奖。

《象辞》说，领兵打仗，占之吉祥，九二上应六五，顺应了天命的恩惠。君王多次下令嘉奖，胸怀天下。

九二以刚居阴，在下卦中位，有“在师，中吉”之象。天宠，九二应六五，犹承受六五之恩惠。项安世《周易玩辞》云，二“以五相应，得君宠也”。天，以释为天命为宜。二何以得君宠？天命使然。

六三：师或舆尸，凶。

《象》曰：“师或舆尸”，大无功也。

【讲解】 六三爻辞：领兵出征有时用车子装载尸体而回，筮遇此爻，凶险。

《象辞》说，领兵出征有时用车子装载尸体而回，表示毫无战功可言。

舆，车。李鼎祚《周易集解》引虞翻：“坤为尸，坎为车，多眚。同人离，为戈兵，为折首，失位乘刚，无应。尸在车上，故‘舆尸，凶’矣。”陈梦雷《周易浅述》：“六三众阴在上，有积尸之象。坤为舆，坎为轮，有舆尸象。六三以阴居阳，不中不正，才弱志刚，轻躁以进，师徒覆败，舆尸以归也。”

六四：师左次，无咎。

《象》曰：“左次，无咎”，未失常也。

【讲解】 六四爻辞：兆象是非主力的偏师部队。筮遇此爻，没有错失。

《象辞》说，兆象是非主力的偏师部队，筮得此爻，没有错失，指用兵没有违背常理、常法。《左传》云：“师一宿为舍，再宿为信，过信为次。”左次，古兵法中上将军居右，偏将军居左，故右为重，左为不用之地。朱熹《周易本义》云：“左次，谓退舍也。”阴柔不中，而居阴得正，故其象如此。

六五：田有禽，利执言，无咎。长子帅师，弟子舆尸，贞凶。

《象》曰：“长子帅师”，以中行也。“弟子舆尸”，使不当也。

【讲解】 六五爻辞：筮遇此爻，田野里有飞禽走兽，捕猎它们，是吉利的，没有错失。长子统帅军队，大胜而返；弟子统帅军队，车载尸体大败而归。凶险。

《象辞》说，长子统帅军队之所以得胜而归，是因为他的思想、行为居中而无偏。弟子载尸而返，是因为不堪重用。

“利执言”的言，易学家多释为言说。虞翻《易》注称“震为言，艮为执，故‘利执言’”。李鼎祚《周易集解》称假言。朱熹《周易本义》：“言，语辞也。”朱骏声《六十四卦经解》解“执言”为“执行其言”。陈梦雷《周易浅述》说：“言，语辞。利于搏执之。”而王引之《经传释词》以“言”作虚词。可从。《诗经·周南·葛覃》有“言告师氏，言告言归”之句，《左传·僖公九年》“既盟之后，言归于好”的言，即为语气助词。长子，九二所象征，即前言丈人（大人）。二、三、四互体为震，震为长子。六五应九二，有长子帅师之象。长子之所以帅师，以刚中之德行也。弟子，指六三、六四。六三以柔居阳，处下卦之极，象征志大而才疏；六四以柔居阴，得位未中，象征过于柔弱，皆不堪帅用——此《周易本义》所谓“弟子，三、四也”的意思。不当，指六五阴爻处于阳位，虽居中而未得正。

上六：大君有命，开国承家，小人勿用。

《象》曰：“大君有命”，以正功也。“小人勿用”，必乱邦也。

【讲解】 上六爻辞：天子在班师之时下令论功行赏，封为开国诸侯，或为卿大夫。小人不会被重用。

《象辞》说，天子下令封赏，为的是评判真正应该论功行赏的人。小人不会被重用。重用小人，一定会使天下大乱。

上六，师卦终，喻班师之时。上卦为坤，坤为地（土），有开疆拓土、开国承家之象。正，公正地判定。《周易正义》："上六处师之极，是师之终竟也。大君，谓天子也，言天子爵命此上六。若其功大，使之开国为诸侯；若其功小，使之承家为卿大夫。小人勿用者，言开国承家须用君子，勿用小人也。"

卦八

䷇ 比（坤下坎上）

比，吉也，亲比之旨

比：吉。原筮。元永贞，无咎。不宁方来，后夫凶。

【讲解】比卦卦辞：筮遇此卦得吉。寻根问底的占筮，祖神永保吉祥的占问，没有错失。得不到安宁的，多方前来，行动迟疑不决的，凶险。

比，亲比。原筮，探本溯源的占筮。原，探原的意思。元，元始，这里专指祖神。贞，占问。方，多方的意思。夫，语助词。

关于原筮，朱熹《周易本义》认为是“必再筮以自审”。蒙卦卦辞有谓“初筮告，再三渎，渎则不告”，朱熹释原筮为再筮，欠妥。《周易正义》释原筮为“原穷其情，筮决其意”，可。如此则原筮语与“元永贞”相应。探原的占筮，便是向祖神占问。

《彖》曰：**比，吉也。比，辅也，下顺从也。“原筮。元永贞，无咎”，以刚中也。“不宁方来”，上下应也。“后夫凶”，其道穷也。**

《象》曰：**地上有水，比。先王以建万国，亲诸侯。**

【讲解】《彖辞》说，亲比，是吉利的。亲比，亲辅。说的是下者随顺、服从于上者的道理。所谓寻根问底的占问，祖神永保吉祥的占问，没有错失，引申指比卦九五以阳爻（刚爻）居于上卦中位的意思。不得安宁者，多方前来，是指九五下亲于初、二、三、四。行动迟疑不决的，凶险，指上六处于卦终而无应，所以象征已到途穷之时。

《象辞》说，比卦坤下坎上，坤为地，坎为水，卦象象征地上有水，是亲比无间的意思。祖宗君王在天下建造许多都邑，以分封、亲辅各路诸侯。

比卦以九五为主爻，象征亲比。以上、下卦二体言之，水在地上，亲密无间，有比之象。九五一阳为主，为初、二、三、四所亲附，一般具比之象。卦以九五为君、祖之象，阳刚中正，众望所归，相亲相辅。“六爻以五为比之主，五阴皆求比之。初以先而吉，上以复而凶，二以应五为自内，四以承五为外比，故皆吉。唯三失其所比，离五既远，而应于无位之上，所以伤也。”（陈梦雷《周易浅述》）

初六：有孚。比之，无咎。有孚，盈缶。终来。有它，吉。

《象》曰：“比之”初六，“有它，吉”也。

【讲解】 初六爻辞：出征有俘获。有臣僚辅佐，没有咎害。有俘获，瓦罐中装满庆功酒。好运终于来了。纵有意外之事，依然吉利。

《象辞》说，比卦初六爻的象征意义是，因为有了九五主爻的亲应，所以吉祥。

孚，俘，俘获。比，亲比，转义为辅佐。缶，《说文》：“瓦器，所以盛酒浆。”盈缶，比喻九五（象征君王、祖宗）贤德、诚信泽被天下。来，即前述卦辞“不宁方来”的来，指初六远离九五，而来亲辅之。尚秉和《周易尚氏学》指出：“五为卦主，故亦孚于初而比之。初失位，本有咎，比五，故无咎。”此说可从。有它，《周易本义》《周易浅述》等作有他。

六二：比之自内，贞吉。

《象》曰：“比之自内”，不自失也。

【讲解】 六二爻辞：亲比、辅佐来自内部，筮遇此爻，吉利。《象辞》说，亲比、辅佐来自内部的意思，是不失去自我与正确的道路。

内，指下卦（内卦），以阴柔居阴位，得位，得中，象征柔顺而中正，且与九五相应，吉利。

六三：比之匪人。

《象》曰：“比之匪人”，不亦伤乎？

【讲解】 六三爻辞：亲比、辅佐的不是好人。《象辞》说，亲比、辅佐的不是好人，难道不是令人伤心的事吗？

朱熹《周易本义》：“（六三）阴柔不中正，承、乘、应皆阴。所比皆非其人之象，其占大凶，不言可知。”来知德《周易集注》：“伤，哀伤也，即孟子‘哀哉’之意。不言其凶，而曰‘伤乎’者，盖恻然而痛悯也。”因而这里的伤，不宜释为可悲。

六四：外比之，贞吉。

《象》曰：外比于贤，以从上也。

【讲解】 六四爻辞：从外部亲比、辅佐他，筮遇此爻，吉利。

《象辞》说，居于外卦的六四，亲比于象征大贤德性的九五，这是六四顺应、服从于九五尊显的意思。

九五：显比。王用三驱，失前禽，邑人不诫，吉。

《象》曰："显比"之吉，位正中也。舍逆取顺，"失前禽"也。"邑人不诫"，上使中也。

【讲解】 九五爻辞：尊显的亲比、辅佐。君王田猎，属下多次驱赶禽兽，网开一面，任凭飞禽走兽从打开的围门逃走，属下邑人也不警戒这一点。筮遇此爻，吉利。

《象辞》说，尊显的亲比、辅佐所以吉祥，是九五居于中正之位的缘故。不做违逆的事，一切顺其自然，这就是所谓"失前禽"象征的道理。所谓"邑人不诫"，说的是君王使属下执行中道恕道。

显，指九五尊位。王，指君王，以九五象征。王用三驱，陈梦雷《周易浅述》云："宜从旧解，三度逐禽而射之也。""若以'三驱'为三面驱禽以待射，则非矣。"可从。失前禽，"古田猎之礼，置旃以为门，刈草以为围，猎者三面合围，开其前门。天子自门驱而入，车三发，徒三刺，谓之三驱。禽兽由门而出者皆免，惟在围之中者杀之。围三面而空其门，所谓天子不合围，开一面之网者，此也。从门出者为前，故曰'失前禽'也"。可见君王田猎，不斩尽杀绝，网开一面，体现仁慈、宽和之德。《周易本义》说："如天子不合围，开一面之网，来者不拒，去者不追，故为'用三驱，失前禽'，而'邑人不诫'之象，盖虽私属，亦喻上意，不相警备以求必得也。"金景芳《周易讲座》说：

"'舍逆取顺，失前禽也'，言来比者随其自愿。'邑人不诫，上使中也'，言九五比人使下，远近如一，不分亲疏。"可参阅。

上六：比之无首，凶。

《象》曰：比之无首，无所终也。

【讲解】 上六爻辞：亲比、辅佐王朝，却遭斩首，筮遇此爻，凶险。

《象辞》说，亲比而无首之兆象的意思，是说上六象征无所归宿。

王弼《周易注》："无首，后也。处卦之终，是后夫也。亲道已成，无所与终，为时所弃，宜其凶也。"朱熹《周易本义》："阴柔居上，无以比下，凶之道也。故为无首之象，而其占则凶也。"二说皆可从。

【小结】 师、比互为综卦。师卦讲军旅与用兵之道，比卦主旨为亲比。关于师卦，内坎外坤二体，为地中有水之象，聚众之义。内险外顺。全卦以一阳统众阴，有主帅领兵之象。九二居于下，六五位在上，皆处于中，有出师尚吉之象。师卦次于讼卦，按《序卦》："讼必有众起，故受之以师。"师旅之兴，困于有争，故次讼耳。出师贵在得正。比卦之体，下坤上坎，为地水之比，亲辅无间。九五阳爻为五阴所亲比，比之至也。按《序卦》，师众应相亲比而后能安，此所以比卦次于师卦矣。九五为君，阳刚中正，亲比之魂。

卦 九

☴ 小畜（乾下巽上）

蓄止之义，君子以懿文德

小畜：亨。密云不雨，自我西郊。

【讲解】 小畜卦卦辞：筮遇此卦，可举行祭祀。兆为阴云密布而没有下雨，阴云从我所在的地方即西方都邑的郊外升起。

小畜卦六四一阴得位，上下五阳附之，六四为主爻。卦象阴小而阳大，是以小畜大的卦主，所以称小畜。全卦六爻，初九正应六四，二近初而以刚居中位，故而初复自道，二亦以牵复而吉。三近四而非正应，故称反目。四以一阴畜众阳，忧惧，“故有孚而血去惕出也。五助四以畜乾，四得五为合志，五合志于四，为以邻也。至上则畜极而成”（陈梦雷《周易浅述》）。此卦下卦为乾，乾为父，有祖之象。亨，享，祭也。因而乾象寓祭祖之义。乾为天，六四为阴，阴在天上，犹云于天。三、四、五互体为离，坎之反，坎为水，反则“不雨”。二、三、四互体为兑，兑为西方之卦（指文王八卦方位的兑卦在西），有西郊之象。四既为巽之下，又为兑之上，巽为风，兑为泽（非水），故阴云虽密布而不能成雨，遇巽风自西而来，有“密云不雨，自我西郊”

之象。郊，中国古时筑邑，以君王所居为宫城，宫城向外，依次为皇城、内城、外城、郊、野、僻。朱熹《周易本义》云：“盖密云，阴物。西郊，阴方。我者，文王自我也。文王演《易》于羑里，视岐周为西方，正小畜之时也。”可从。故不能将西郊释为都邑西部的郊外。小畜，帛书本写作少蓺；帛书《系辞》写作小蓄。

《彖》曰：**小畜。柔得位而上下应之，曰小畜。健而巽，刚中而志行，乃亨。“密云不雨”，尚往也。“自我西郊”，施未行也。**

《象》曰：**风行天上，小畜。君子以懿文德。**

【讲解】《彖辞》说，此卦象征小有蓄聚与积累。卦体六四以柔居阴，得位之爻，六四下应初九，上下相应，便是小有蓄聚、积累的意思。此卦下乾上巽，刚健、巽顺之象。九二、九五以刚爻居下卦、上卦中位，志向在发舒、运行，便是亨通的意思。阴云密布却不下雨，是阳气上行，阴气蓄阳未足的兆头。阴云从西方都邑的郊外升起，说明阴、阳之气虽相互涌起，但终于未臻于和谐，所以未能亨通。

《象辞》说，小畜卦体巽上乾下，巽为风，乾为天，是风在天上飘行流散，说明小有蓄聚、积累与君子人格文明之修养的道理。

刚中而志行，指九二、九五居中且性阳刚。《程氏易传》：“二、五居中，刚中也。阳性上进，下复乾体，志在于行也。”尚往，阳气轻扬向上，而阴气蓄阳未足，故而密云不雨。施未行也，《周易浅述》：“施未行，阴也。指六四一阴而言。阴不能固诸阳，未能郁蒸成雨，所施未得行也。”懿，美，美德，张衡

《东京赋》有“东京之懿未罄”语。

初九：复自道，何其咎，吉。

《象》曰：“复自道”，其义吉也。

【讲解】 初九爻辞：兆象为从原路返回，如何会有错失？筮遇此爻，吉利。

《象辞》说，所谓从原路返回，初九爻象征往复合宜，可获吉祥。往复回归是事物的德性。

复，返，恢复。道，释爻辞时，指道路；释象辞时，指道体，可转义为德性。自，从。初九性阳居小畜之始，与六四为正应，远于六四之阴，因而能自守，进复自身之道。下乾为刚，性本进取，但是小畜其性为止，不能进，还复本位，称“复自道”。处下居初而有刚正之德，上应六四为其所畜，是能顺时义而止，退复自道之象。不唯无咎，而且吉矣。人由正道返回，“有何咎哉，自为吉矣”（高亨《周易大传今注》）。

九二：牵复，吉。

《象》曰：“牵复”，在中，亦不自失也。

【讲解】 九二爻辞：兆象为走失的牲口回来了。筮遇此爻，吉利。

牵，可牵着走的牲口。《左传·僖公三十三年》：“唯是脯资饩牵竭矣。”杜预注：“牵谓牛羊豕。”

《象辞》说，九二为初九所牵连，返归自己的阳刚德性，居于中位。九二自守，不失阳刚之德。

朱熹《周易本义》：“三阳（引者按：下体乾）志同，而九二渐近于阴，以其刚中，故能与初九牵连而复，亦吉道也。”九二为阳爻居于阴位，居中而未得中，朱子以刚中言九二，为勉强欠周之辞。

《象辞》“牵复”的牵，为动词。

九三：舆说辐，夫妻反目。

《象》曰：“夫妻反目”，不能正室也。

【讲解】 九三爻辞：出现车轮直木脱散这一凶兆，筮得的结果是夫妻反目成仇。

舆，车。说，读为脱。辐，连接车毂和车轴的木条。通行本《老子》有“三十辐，共一毂，当其无，有车之用”之言。

《象辞》说，夫妻之间反目成仇，这是不能规约、正确对待妻室的缘故。

正，作动词用。室，原为宫室、建筑。《诗经·小雅·斯干》：“筑室百堵，西南其户。”引申为家、妻。《礼记·曲礼上》：“三十曰壮，有室。”郑玄注：“有室，有妻也。”

九三阳刚居阳位，得位却居下体之终而不中，且迫近于六四，为四所畜，未能自进。二、三、四互体为兑，《易传·说卦》称，兑为毁折，有脱辐之凶险。乾为男而震为长男，巽为长女，为夫妻但并不和谐，因而夫妻反目。二、三、四互体为兑，兑为口舌。三、四、五互体为离，离为目，因而有夫妻失和、反目、争吵之象。三刚而不中，四柔却为卦主，所谓夫不能正室也。

六四：有孚。血去，惕出。无咎。

《象》曰：“有孚”，“惕出”，上合志也。

【讲解】 六四爻辞：兆象为有俘获。去除忧恤，出离恐惧。

筮遇此爻，无错失。

血，为恤，忧之义而非洫，与惕义对应。咎，害。六四以柔居阴。

《象辞》说，所谓有俘获，去除忧恤出离恐惧，是六四上承九五、志同道合的缘故。

尚秉和《周易尚氏学》：“四卦主，五阳孚（引者按：此孚具诚信义）之，故曰有孚。”陈梦雷《周易浅述》：“坎为血（洫），又为加忧，四互三、五为离。离，坎之反，有血（洫）去惕出之象。血（洫）去身可无伤，惕出。心可无忧，得以无咎矣。”此以血为洫之解。

九五：有孚，挛如，富以其邻。

《象》曰：“有孚，挛如”，不独富也。

【讲解】 九五爻辞：有俘获，战俘以绳系缚，以掠夺邻国而富国强兵。

《象辞》“有孚”之孚，指九五，性阳而实诚，又九五据六四，六四承九五，四、五相比。挛如，牵连的样子。《周易尚氏学》：“挛，引也，牵也，言阳皆孚四，有若牵引连接也。”富以其邻，富谓阳实，指九五，邻为六四。四与五近邻。富，积诚之满。积诚之满，能用其邻，其邻以诚应之。

《象辞》说，所谓有俘获，战俘以绳系缚，九五象征内具实诚，诚信萦怀的样子，并非独得富厚阳刚之力。

九五阳刚，又非独享阳刚之力，是因小畜全卦为五阳畜止一阴。九五近六四，居中处尊，四阴虚而五阳实，为四所畜止，故九五虽富实而“不独富”。

上九：既雨既处，尚德载。妇贞厉。月几望，君子征，凶。

《象》曰：“既雨既处”，德积载也。“君子征，凶”，有所疑也。

【讲解】 上九爻辞：兆象为天下雨了，雨停了，赶路以车子载运为上。女子筮遇此爻，一定有危险。兆象为月亮几乎圆满之时，君子出征，凶险。

上九爻辞，包含两个筮例。

既，已经。处，止之义，《系辞上》有“或出或处”语。尚，上。德，得。载，载运。贞，占问。厉，危。几，微，几乎。望，阴历以月圆为望，阴历十五称望日。征，出征。高亨释“月几望”的几为既，说古人称每月十六日至二十三日为既望，似亦通。然而上九爻辞既然已有“既雨既处”，为何后面不直接写成“月既望”而用“几”？可见此几释为微似更为妥切。疑，凝。

《象辞》说，已经下雨，已经停止这一兆象，象征乾阳的德性已处积载、穷极之时。君子出征有凶险，象征上九之阳为阴气所凝，而出现转机的道理。

上九爻变，变巽为坎，坎为水，有雨象、月象。上九处于小畜之终极，有既义与载义。上体为巽，巽为长女，故有妇象，巽卦阴德，即阴爻为卦体之主。所以上九乾阳，为六四所畜止，反以阴盛抗阳，如月之将望，所以君子征凶。君子性阳，上九性阳，却为六四所畜止，盖阴凝于阳而必有凶险。

卦十

☱ 履（兑下乾上）

履虎尾不咥人，谨思慎行之喻

〔履〕：**履虎尾，不咥人，亨**。

【讲解】 履卦卦辞：兆象是人踩着老虎的尾巴而老虎不咬人，筮遇此卦，命运亨通。按：履卦卦辞前，今本脱一履字，今补。履，帛书本写作礼。

《彖》曰：**履，柔履刚也，说而应乎乾，是以“履虎尾，不咥人，亨”。刚中正，履帝位而不疚，光明也**。

【讲解】《彖辞》说，履卦兑下乾上，六三柔爻在乾卦三刚爻之下，其关系为承，说明六三行于乾刚之后。兑，读为悦。下兑为说（悦），上乾为刚，是以和悦应答刚健。陈梦雷《周易浅述》：“全《彖》以和柔蹑刚强之后，处危而不见伤。”便是人踩虎尾，虎不咬人，亨通的象征意义。九五以阳爻居于阳位，且为上卦之中，为君位，所以以刚中正为帝位。六三为履卦主爻，以柔履刚，有谨思慎行之喻，称践履在帝位之后而不忧虑，其品行光明磊落。

咥，音 dié，咬。疚，久病，《释名·释疾病》云：“疚，久也，久在体中也。”此言忧虑，因过失而内心忧虑。王弼《周易注》云：“成卦之体，在六三也。”履虎尾者，言其危也，三为履主，以柔履刚，吉。居上卦之中位的九五，刚中正履帝位，故无有疚病，由德之光明故也。

《象》曰：**上天下泽，履。君子以辩上下，定民志**。

【讲解】《象辞》说，履卦上乾为天，下兑为泽。天在上，泽在下，象征尊卑有序，行履有则，君子懂履之正理，辨正名位，遂使百姓践礼的意志得以坚定。

辩，通辨，《程氏易传》云：“天在上，泽居下，上下之正理也。”《尔雅·释言》：“履，礼也。”履卦的意义在于象征礼治，以谨思慎行为主旨，正履即谨思慎行而不见伤害。

初九，素履，往，无咎。

《象》曰：**素履之往，独行愿也**。

【讲解】 筮遇初九，兆象为朴实无华的鞋子。筮得的结果：可以有所为，没有错害。

《象辞》说，所谓朴素的鞋子作为兆象对人之行为象示的意义，在于独得谨思慎行这一意愿。

初九无比无应，所以称独。初九为卦之初起，有素之义，履卦全卦说慎行之正理，必具慎独之愿。

九二，履道坦坦，幽人贞吉。

《象》曰：**“幽人贞吉”，中不自乱也**。

【讲解】 筮遇九二，大路平坦，幽独之人可获吉祥。

《象辞》说，幽独者可获吉祥的意思，是说心智澄明，内心没有纷烦扰攘。幽，幽闭，幽独，幽静。九二爻变，下卦为震，震为大途，故有履道坦坦之象。九二处下卦之中位，无应而居中，有幽独之义。朱熹《周易本义》云：“刚中在下，无应于上，故为履道平坦，幽独守贞之象。幽人履道而遇其占，则贞而吉矣。”

六三，眇能视，跛能履，履虎尾，咥人，凶。武人为于大君。

《象》曰：“眇能视”，不足以有明也。“跛能履”，不足以与行也。咥人之凶，位不当也。“武人为于大君”，志刚也。

【讲解】 筮遇六三，瞎了一只眼偏要强看，跛了一条腿偏要强走，好比踩了老虎的尾巴老虎咬人，凶险。预示刚武之人有所作为于大君，因大君刚阳过甚而不免于凶险。

《象辞》说，瞎了一只眼偏要强看，不足以看得清楚；跛了一条腿偏要强走，不足以正常行走。老虎吃人的凶险，是六三为阴爻居于阳位而位不当的缘故。刚武之人为刚阳过甚的大君效力，大概不免于凶险吧。

眇，一目或双目盲，这里指一目盲。武人，刚武之人。为，作为、效力。大君，刚阳过甚之君主，这里指上九。一目盲，视失明，为眇；一腿瘸，行不正，称跛。履卦二、三、四互为离，离为目，故有目视之象。三、四、五互为巽，巽为股。而履下卦为兑，兑为毁折，故有眇视、跛履之象。六三承于上乾，以乾象龙而虎与龙对，故乾系于虎象。上九象虎尾，故有履虎尾而被咥之象。六三以一阴为履卦之主，欲统正阳，又以六三爻变，为纯阳，有武人、大君之象。六三不中不正，本柔而欲以履乾，必见伤害，故占为凶。刚武之人，得志肆暴，必不能久。陈梦雷《周易浅述》云：“自以为能视，明实不足；自以为能履，行实不足。爻柔故不足，位刚故自以为能。不中不正，位之不当。以柔居三，其志务刚，皆凶道也。”此言是。

九四，履虎尾，愬愬，终吉。

《象》曰：“愬愬，终吉”，志行也。

【讲解】 筮遇九四，踩了虎尾，唯有谨慎而具警惧之心，虽有凶险，才能终获吉祥。

《象辞》说，只要谨慎而有警惧之心，就能终获吉祥，说明志向得以实现的道理。

愬，音 shuò，畏惧、戒惧义。九四非中非正，以刚居阴位，有履危处险而知戒，终获吉祥之意。九二、九四皆以刚居阴位，而二有坦坦之象，四具愬愬之危，此为九二处中而九四不中之故。

九五，夬履，贞厉。

《象》曰：“夬履，贞厉”，位正当也。

【讲解】 筮遇九五，鲁莽地踩了虎尾，占问的结果，是危殆。

《象辞》说，鲁莽地踩了虎尾，虽九五当位，而仍危殆。

夬，音 guài，果决之义，引申为鲁莽。李鼎祚《周易集解》：“夬，决也。”厉，危险、祸患。乾卦九三爻辞：“夕惕若，厉无咎。”意思是，只要心存警惧之心，虽处于危殆之时，也不会有过失。

然而值得注意的是，履卦九五以阳刚、中正履帝位，却不应于九二，又无比。上卦为纯阳，下卦主于兑（悦）(按：主，指六三为一卦之主爻），故《周易浅述》说这是“君骄臣谄之渐也，故虽贞（正）亦厉”。九五毕竟乃中正之爻，守正必具防危之效。履之正理，是处危而应存忧惧之心，倘因恃帝位而妄为，则难免危殆。爻义实际体现了《易传》所谓生机即危机、危机即生机的辩证、应变之思。正如《尚书》所言："心之忧危，若蹈虎尾。"唯有时时、处处警惧、戒惕，才得长保。若自任刚健，刚愎自用，虽居正位，亦危道也。

上九，视履考祥，其旋元吉。

《象》曰：元吉在上，大有庆也。

【讲解】 筮遇上九，见履虎尾而观察吉祥与否，反思其事，可望大吉大利。

《象辞》说，上九处于履卦最上位，处境不利，却可望大吉大利，大有福庆。

祥，吉祥之兆。旋，转，周旋回顾。上九处履卦之终，虽下应于六三，终处凶险之地。而如履虎尾，如能忧思警惧，则旋而无碍。王弼《周易注》："居极应说（悦，指下卦即兑卦六三），高而不危，是其旋也。履道大成，故元吉也。"

【小结】 小畜卦与履卦互为综卦。小畜卦明蓄止之义；履卦以谨思慎行为教训。小畜五阳一阴，以六四为主，此即尚秉和《周易尚氏学》所言："阳气大满于外，微阴小敛于内，是其义也。"此所以《彖传》云："小畜。柔得位而上下应之，曰小畜。健而巽，刚中而志行，乃亨。"此卦明渐渐蓄止力量之理。履卦卦义之深，在于临险有如"履虎尾"之时，而能亨通、吉祥，取决于如何正确地反思此"履"。九五本为中正之帝位，倘然骄慢妄为，则"厉"；身处凶危之时，假如时时、处处、事事警惧自省，则"吉"。履卦所喻生机即危机、危机即生机之易理尤善。

卦十一

䷊ 泰（乾下坤上）

天地交，泰，泰极否来

泰：小往大来，吉，亨。

【讲解】 泰卦卦辞：兆象为小的东西去了，大的东西来了，筮遇此卦，吉利，可以祭祖。泰，帛书卷后佚书写作奈。

《彖》曰：**“泰：小往大来，吉，亨”，则是天地交而万物通也，上下交而其志同也。内阳而外阴，内健而外顺，内君子而外小人。君子道长，小人道消也。**

【讲解】《彖辞》说，泰，通也，为内卦（下卦）乾而外卦（上卦）坤之象，乾为天，坤为地，泰卦为天地交而二气（阴阳）相通之象。阴小而阳大，乾来居于内而坤往居于外，有小往大来之意，乾阳、坤阴相交，吉利而亨通。乾天之清气上扬，坤地之浊气下沉，成天地二气相交态势，天地相交则泰而万物化生。君臣相谐，其志向、思想相协。乾阳三爻居于内，坤阴三爻居于外，乾为健而坤为顺，为乾在内卦而坤在外卦之佳时。内卦象征君子，外卦象征小人，君子之道生长，小人之道消亡。

《象》曰：天地交，泰。后以财成天地之道，辅相天地之宜，以左右民。

【讲解】《象辞》说，天地、乾坤、阴阳、刚柔二气相交，上扬的天气与下沉的地气对接，通泰的意思。帝王自觉掌握天乾、地坤二气相接而通泰之道，裁其过而补其不及，辅佐、顺从天地通泰的变化规律，保佑天下百姓。

后，指君主，《尚书·大禹谟》："后克艰厥后，臣克艰厥臣。"财，通裁，《经典释文》引述荀爽之言作裁。财成，裁成之义。君主替天行道而不改天地交泰之则，故遵天循地以自觉掌握天地之宜。相，音 xiàng，动词。左，佐；右，佑。

初九，拔茅茹，以其汇，征吉。

《象》曰："拔茅"，"征吉"，志在外也。

【讲解】筮遇初九，兆象为拔起茅草而见茅根纠缠在一起。筮得的结果是，有所征讨，必获吉祥。

《象辞》说，拔起茅草而征讨敌方，吉利。这是初九上应于六四的缘故（按：六四为外卦坤之始）。

李鼎祚《周易集解》引述虞翻语："茹，茅根。汇，类也。"

九二，包荒，用冯河，不遐遗，朋亡，得尚于中行。

《象》曰："包荒"，"得尚于中行"，以光大也。

【讲解】筮遇九二，有包容广大、水势滔滔的兆象。不依靠舟楫而游涉大河，远方友朋无有遗弃，但不结为朋党。筮得的结果为吉利，得之于九二应六五，皆居中之爻。

《象辞》说，包容广大，可以佑助友朋走上正路，为的是发扬光大其中行的精神。

包，包括、包容。荒，大，《诗经·大雅·公刘》：“豳居允荒。”洪荒之荒，水势浩大义。冯，凭。高亨《周易大传今注》解读冯借为淜，《说文》：“淜，无舟渡河也，从水，朋声。”不遐遗为不遗遐之倒装。亡，此释为无。《尔雅·释诂》云：“尚，右也。”右，佑。中行，指九二、六五，引申为中道、正路。王弼《周易注》：“中行谓五。”九二为泰卦主爻，居中而上应于六五，六五亦居中。

九三，无平不陂，无往不复，艰贞无咎，勿恤其孚，于食有福。

《象》曰：“无往不复”，天地际也。

【讲解】 筮遇九三，没有平坦之地就不成险坡，没有前往就无所谓回返。人在艰难之境就去占问，可以没有错失。不要体恤那些俘虏。享用俸禄，自有福庆。

《象辞》说，没有前往就无所谓回返，这说的是天地、阴阳此消彼长的道理。

陂，音bì，倾、斜。恤，忧。九三爻辞“无平不陂，无往不复”一句，一般认为是《周易》本经朴素辩证之思的体现。但作为兆象，仅指占筮吉凶的征兆。朱熹《周易本义》指出，九三处下卦之终而趋于上卦之始，“泰将极而否欲来之时也”，有泰转否之义。陈梦雷《周易浅述》：“天下无常平而不陂者，无常往而不反者，唯艰危其思虑，正固其施为，则可以无咎。”此从巫学释之而非哲学，可参。

六四，翩翩，不富。以其邻不戒以孚。

《象》曰："翩翩，不富"，皆失实也。"不戒以孚"，中心愿也。

【讲解】 筮遇六四，鸟疾飞而过，是不圆满的征兆。可在邻国不戒备时去俘获。

《象辞》说，所谓鸟疾飞而过，不圆满的征兆，象喻巧言欺人，内心虚伪，彻底丧失了实诚。所谓不戒备时去俘获，是心底的愿望偏私有过。

翩，《说文》释为疾飞。富，丰厚、充分，转义为圆满。"不戒以孚"的以，《广雅·释诂》释为与义。或释为连词而。中心，衷心。中心愿，李光地《周易折中》："愿者，上下交而其志同也。泰之时，上下不相疑忌，盖出其本心，故曰'中心愿也'。"《周易浅述》说："六四已过乎中（引者按：《周易》以三、四为中，而三为中之主爻，故称六四过乎中），有泰极为否之渐。六四一阴既动，则五、上二阴同类，有翩然而下、不约而同之象。阳实阴虚，故曰不富。邻指五、上，以，四以之也。小人合谋，自外而内，不待戒令，自然相信，君子所当戒也。"

六五，帝乙归妹，以祉，元吉。

《象》曰："以祉，元吉"，中以行愿也。

【讲解】 筮遇六五，有帝乙嫁女而获福祉之象，大吉大利。

《象辞》说，所谓以获福祉，大吉大利，这是衷心向往的。

帝乙，商纣之父，殷高宗。归，《周易正义》："妇人谓嫁曰归。"妹，《说文》云"女弟也"，少女之通称。祉，福。中，中正之谓，引申为衷。

爻辞引述高宗嫁女于周文王的故事，值得注意。

此卦三、四、五互体为震，为雷，为长男；二、三、四互体为兑，兑为泽，为少女。含归妹之象。《左传》记帝乙为纣之父，《程氏易传》从之。六五居上卦之中，虽未得正而位尊，有帝女之象。六五下应于九二，有从夫受福之象，故“以祉，元吉”。

上六，城复于隍，勿用师，自邑告命，贞吝。

《象》曰：“城复于隍”，其命乱也。

【讲解】 筮遇上六，有城墙倒塌于干涸的护城河沟之象，切不可用兵打仗，应撤销出兵征战的诰命，这一占筮结果，不吉利而令人遗憾。

《象辞》说，城墙倒塌于干涸的护城河沟，是人之命运错乱的凶象。

城，古时称为国。国，甲骨文写作[illegible]或[illegible]，指以墙垣四周围合持戈守卫的区域。复，覆，倾倒。隍，李鼎祚《周易集解》云：“城下沟，无水称隍，有水称池。”邑，挹，通抑，抑制，谦退之义，这里释为撤销。告，诰。命，爻辞释为命令；《象辞》释为命运。吝，这里释为羞辱，引申为因不吉利而令人吝惜、遗憾。上卦为坤，上六系于坤地。坤土覆盖，有城复于隍之象。上六又为泰之终，必反于否，如城垣倾塌。尚秉和《周易尚氏学》释“其命乱也”之义云：“言泰极返否，为天地自然之命运，无可避免，此命字与告命异。”世人总是企望否极泰来，可是泰极否来也是不可避免且更应警惧、惕厉的。生机即危机，危机即生机，二者永远互为运化、互为转嬗之条件。

卦十二

䷋ 否（坤下乾上）

天地不交，否极泰来

〔否〕：**否之匪人，不利，君子贞，大往小来。**

【讲解】 否卦卦辞：君子不任用贤者，不吉利。君子筮遇此卦，预示大人（贤人）走了，小人来了。按：否卦卦辞前，今本脱一否字，今补。否，帛书本写作妇。

否，音 pǐ，闭塞之义。《易传·杂卦》云："否泰，反其类也。"泰、否为反易，泰主通泰，否主闭塞。两卦卦象、卦辞与卦义相反。匪，非。大往小来，与泰卦卦辞小往大来反。否卦上体为乾，居外，为大；下体为坤，居内，为小。《周易正义》云，乾刚为阳，坤柔为阴，阳主生息，故称大，阴主消耗，故称小。

从卦象看，泰卦下乾上坤，乾阳之气上扬而坤阴之气下沉，形不交神（气）交；否卦下坤上乾，坤阴之气下沉，乾阳之气上扬，形交神（气）不交。

《彖》曰："否之匪人，不利，君子贞，大往小来"，则是天地不交而万物不通也，上下不交而天下无邦也。内阴而外阳，内

柔而外刚，内小人而外君子。小人道长，君子道消也。

【讲解】《彖辞》说，闭塞之时天地、人道不相交和，是不利于人的时机。君子应当守持正固，正逢天下大人（贤者）隐没而小人（愚者）横行之时。否卦象征天阳、地阴之气不相交合，而万物生化之机不相通泰，象征君臣、尊卑、上下不相和谐，而天下分崩离析，没有邦治的安宁。否卦下卦（内卦）为坤阴、阴柔与小人之象；上卦（外卦）为乾阳、阳刚与君子之象。否卦象征小人之道横行而君子（大人）之道消退。

泰卦《彖辞》言“则是天地交而万物通也，上下交而其志同也。内阳而外阴，内健而外顺，内君子而外小人。君子道长，小人道消也”，否卦则相反。泰、否二卦，泰极否来而否极泰来，正如前述，世人仅指望于前而遗忘于后，非辩证运化之理念。

《象》曰：天地不交，否。君子以俭德辟难，不可荣以禄。

【讲解】《象辞》说，否卦象喻天阳、地阴之气不相交和，象征天地闭塞。君子应收敛其欲望与才德，避免危难，放弃荣华富贵与功名利禄。

俭，通敛，非节俭之俭。黄寿祺、张善文《周易译注》：“俭德，犹言‘以俭为德’。”值得商榷。俭德，固然可释为以俭为德，且此俭德确为君子之德，然君子之德远不止此。朱熹《周易本义》释为“收敛其德，不形于外”，当为中肯之见。君子处于闭塞之世、危难之时，“收敛其才德而不露可以免祸，不使荣华禄位加于己身以逃避乱世”（徐志锐《周易大传新注》）。徐志锐并引项安世《周易玩辞》：“俭德辟难，不与害交也。不可荣以禄，不与利交也。此君子所以体天地不交之象也。”所言是。

辟，避之本字。

初六，拔茅茹，以其汇，贞吉，亨。

《象》曰："拔茅"，"贞吉"，志在君也。

【讲解】 筮遇初六，拔起茅草，见茅根纠缠在一起，吉利，可以祭祀祖神。

《象辞》说，拔起茅草，其根系纠缠，守持正固，吉祥如意。这是象征坤阴之始，守拙不进，体现君子志向。

初六"拔茅茹，以其汇"爻辞与泰初九爻辞同，两者一为"贞吉"，一为"征吉"，意喻有别。泰初九为乾阳之始，引动三阳上行以应三阴，因而称为"征吉"；否初六为坤阴之始，为闭塞初起，引导三阴固守于本位，不使妄动，然后能致吉祥。卦位相同，均为初爻位，但爻时不同。王弼《周易略例》说："卦者，时也。爻者，适时之变者也。"易理主于"时"。否初六为下卦（内卦）之始，下坤为小人之喻，虽然如此，如果小人守持于初，正固于德，则正如《周易本义》所言，便能以爱君为念，而不计其私。陈梦雷《周易浅述》亦说，否初六应九四,九，阳、君之谓，初六志在爱君，不自植其党，故曰"志在君"。

六二，包承，小人吉，大人否，亨。

《象》曰："大人否，亨"，不乱群也。

【讲解】 筮遇六二，包裹蒸肉，用来祭祀鬼神，对小人（庶民）而言，吉利；对大人（君子、贵族）来说，不以包裹蒸肉祭鬼神为吉利。

《象辞》说，大人不以包裹蒸肉祭祀为吉利，说明大人不同类于小人，不自乱物以类聚、人以群分的道理。

承，借为脀，蒸肉之谓。亨，享，祭。爻辞说，祭祀鬼神，庶民无牲可献，尚有包裹蒸肉可供，是小裕之象，故为吉；贵族如无牲可献，只有包裹蒸肉可供，是没落之象，故为否（参见高亨《周易大传今注》）。

六二得位、得中，欲包罗群阳，为承应九五之象，喻小人之道，就此喻而言，有吉义。大人妄意出否以求亨通，“则入于小人之群矣”（陈梦雷《周易浅述》），故称乱群。

六三，包羞。

《象》曰：“包羞”，位不当也。

【讲解】 筮遇此爻，兆象是一包熟肉（按：该爻辞缺判词）。

《象辞》说，所谓一包熟肉这一兆象，象喻内心感到羞耻，正是六三爻位不当的喻义。

羞为馐之本字。熟肉，引申为精美的食品，如珍馐，《象辞》引申为羞耻之义。六三以阴爻居阳位，不中不正，故位不当。

九四，有命，无咎。畴离祉。

《象》曰：“有命，无咎”，志行也。

【讲解】 筮遇九四，命里注定，服从天命便无咎害。耕治之田亩，有福祉附丽其上。

《象辞》说，服从天命安排便无咎害，济否趋泰之志正渐施行。

九四已离下体而进于上体，否闭过半已渐通矣。“有命，无咎”，反映了典型的原始巫学思想。畴，《说文》：“耕治之田也。”《吕氏春秋》有“农不去畴”之语，高诱注：“畴，亩也。”《礼记·月令》所谓田畴，“谓耕熟而其田有疆界者”。离有附丽之义。《周易本义》称："否过中矣，将济之时也。九四以阳居阴，不极其刚，故其占为有命无咎。而畴类三阳皆获其福也。命谓天命。"《周易浅述》称君子"有命自天，又必无咎者，人与天合，转否为泰之志始行也"，可参。

九五，休否，大人吉。其亡，其亡！系于苞桑。

《象》曰：大人之吉，位正当也。

【讲解】 筮遇九五，树荫可荫庇，小人遭否运而君子吉利。我要断子绝孙了！要断子绝孙了！血族的命运休咎，系于桑树是否苞出嫩枝绿叶。

《象辞》说，大人吉利，这是九五当位，得中得正的喻义。

休，本义为止息，引申有荫庇义。《汉书·外戚传》："依松柏之余休。"兼指福祉。其，代词，这里可释为血族家庭。系，扎，维系。苞桑，苞发的桑树，苞，茂也。桑树在上古被尊为生命、生殖之神树，桑树作为人文意象，与生殖攸关。九五处尊居中，得正，下应六二，虽然如此，依然未能彻底摆脱否时、否境，故而大人仍应具戒惧、警励之心。《系辞下》云："危者，安其位者也。亡者，保其存者也。乱者，有其治者也。是故君子安而不忘危，存而不忘亡，治而不忘乱，是以身安而国家可保也。"而《象辞》仍强调其当位的主旨。李光地《周易折中》云："有是德，有是位，而当是时也。"三、四、五互为巽，巽为木，苞桑之象。巽又为绳，系之之象。苞，丛生，可备一解。

上九，倾否，先否后喜。

《象》曰：否终则倾，何可长也。

【讲解】 筮遇上九，有倾覆、倒坍之象，否运并未过去。先交否运，后逢泰来之喜时。

《象辞》说，否卦上九，处于否极、终了之时，则必倾覆，转递为泰，否时即所谓危机、厄运，怎么可能长久呢？

《周易集解》引侯果："倾为覆也，否穷则倾矣。"指上九为否时之终，必转而为泰。

【小结】 泰、否互为错综卦。泰，天地交，泰极否来；否，天地不交，否极泰来。两卦互对互反、互逆互顺。泰，阴阳二气交合；否，阴阳二气悖闭。在一定条件下，泰、否可互相转化。这无异于说，危机可转化为生机，生机会转化为危机，关键在于如何审时度势，循天则，就人事。

卦十三

䷌ 同人（离下乾上）

同人于野，同人于天下

同人：同人于野，亨，利涉大川，利君子贞。

【讲解】 同人卦卦辞：同一血亲的人在野地祭祀鬼神，筮得的结果是，有利于君子渡涉大江大河。

同人，《周易正义》谓和同于人之义。《周易集解》引荀爽曰："乾舍于离，相与同居。"又引《九家易》曰："乾舍于离，同而为日，天日同明，故曰同人。"此说可参。

《彖》曰：**同人，柔得位得中，而应乎乾，曰同人。同人，曰"同人于野，亨，利涉大川"，乾行也。文明以健，中正而应，君子正也。唯君子为能通天下之志。**

【讲解】《彖辞》说，同人卦以六二为全卦主爻。六二以阴爻居于阴位且处在下卦中位，因而得位得中，上应于九五乾阳，象喻和同于人。和同于人之道，是从卦辞所谓同一血亲者在野地祭祀鬼神，有利于渡涉大江大河这一点发挥出来的，体现了乾阳九五下应于六二的运化规律。同人卦下卦为离，离为火，火即光明，发现火并利用火，便是文明。九五下应于六二，即为乾阳之刚健与离之文明和同，九五为中正之爻，且下应于六二，象征君子的中正人格。只有君子、贤人才能和同、统一天下人群的意志、志向与志趣。

所谓乾行，指九五下应六二。王弼《周易注》说，所以能“同人于野，亨，利涉大川”，并非六二之所能，是乾之所行的缘故。所谓“君子正也”，陈梦雷《周易浅述》云：“内文明（引者按：指内卦离）则能烛理，明乎大同之义。外刚健（指外卦乾）则能克己，尽乎大同之道。二五皆居中得正，内无私心而外合天德。”此皆君子之正道。正者，人心所向。

《象》曰：**天与火，同人。君子以类族辨物**。

【讲解】《象辞》说，同人卦上乾为天，下离为火，天与火相亲，同人之象。君子身体力行，因而类别族群，辨析事物。

天体在上，火性炎上，二者性通，故云“天与火，同人”。“天与火”之与，黄寿祺、张善文《周易译注》引《管子·霸言》“诸侯之所与也”注“与，亲也”，说此处犹言“亲和”，中肯之见。同人主旨，非言绝对之同，而是异中求同，求同存异，这便是朱熹《周易本义》所谓“以审异而致同”，实质为通的意思。“辨物”之辨，《周易本义》作辩，为辨之假借。

初九，同人于门。无咎。

《象》曰：**出门同人，又谁咎也**。

【讲解】 筮遇初九，与人同时出门，不约而同，是没有咎害的征兆。

《象辞》说，一出门就遇到同行者，又有谁能加害于我呢？同人卦下卦初九爻变为艮，艮为门，故有门象。

六二，同人于宗，吝。

《象》曰：“同人于宗”，吝道也。

【讲解】 筮遇六二，宗族之内仅血亲和同，令人遗憾。

《象辞》说，宗族仅血亲和同，这是令人遗憾的。

宗，宗族之谓。六二应在五，象示和同于人在宗族。王弼《周易注》云：“应在乎五，唯同于五，过主则否。用心偏狭，鄙吝之道。”同人卦主旨是同人于宗族还是同人于天下，答案无疑是后者，这便是《象辞》何以称“同人于宗，吝道也”的缘故。王弼称六二“唯同于五”，这是象征“同人于宗”的偏私，可见易道广大，它所主张与推崇的，是天下大同之道，而非血族之同。李鼎祚在《周易集解》中引荀爽释“宗者，众也”是有道理的。然而依笔者之愚见，《杂卦》以“同人，亲也”之解同人原旨，首先是指宗族血亲内部的和同，同时主张和同于人即天下大同。在天下大同的人文理念与理想中，蕴含着所谓同人于宗的思想。天下大同之思，便由同人于宗发展而来。

九三，伏戎于莽，升其高陵，三岁不兴。

《象》曰：“伏戎于莽”，敌刚也。“三岁不兴”，安行也。

【讲解】 筮遇九三，兆象为兵众埋伏在草莽之中，登临高地察看敌情。筮得的结论是三年不敢与敌交兵。

《象辞》说，所谓兵众埋伏在草莽之间，说明敌方刚强。三年不敢与敌交兵，说明我方审时度势，不轻举妄动的道理。

敌刚，指九三以刚爻居于阳位，处下卦之极而未居中，质刚而偏，喻妄动。九三比于六二且乘六二，又与九五相敌，故言敌刚。九三未应于六二，与九五同为刚爻，却是卦时不同，故有“伏戎于莽，升其高陵，三岁不兴”之象。安，语助词。安行，哪里可行，其义与无妄卦《彖辞》“何之矣”同，是说不敢妄行。《周易译注》释安字为疑问语气词，安行犹言安可行，即此义。

九四，乘其墉，弗克。攻，吉。

《象》曰：“乘其墉”，义“弗克”也。其吉，则困而反则也。

【讲解】 筮遇九四，攻城登临于城垣之上而城未攻下，继续进攻则获吉祥。

《象辞》说，攻城而登临于城垣之上，意思是城未攻下。所谓吉祥，指守城之人处困境之时，攻城者如能自退而返回正确的用兵原则，则能克之，吉也。

墉，城墙。克，训为能、达。

九五，同人，先号咷，而后笑，大师克相遇。

《象》曰：同人之先，以中直也。大师相遇，言相克也。

【讲解】 筮遇九五，先痛哭流涕而后破涕为笑，大军战胜，同道者相会。

《象辞》说，和同于人的首要之点，是九五中正、刚直。大军作战胜利会师，说的是克敌制胜的道理。

师，军队。以中直，来知德《周易集注》云：以者，因之谓。中直，中正也。九五下应于六二，为正应。

上九，同人于郊，无悔。

《象》曰：“同人于郊”，志未得也。

【讲解】 筮遇上九，同行、同路的人相遇于荒郊野地，没有悔吝。

《象辞》说，同道者在荒郊相会，象示和同于天下的志向没有实现。

同人卦卦辞称“同人于野，亨”，上九爻辞言“同人于郊，无悔”，二义相一致。然《象辞》称“志未得也”，显然与上九爻辞之义不合。于此可见该爻辞与象辞非出自一时、一人之手，亦说明古人释《易》，并非时时、处处严格遵循爻位、爻时之说。

卦十四

☲ 大有（乾下离上）

刚健而文明，应天而时行

大有：元亨。

【讲解】 大有卦卦辞：筮遇此卦，可以举行祖神祭祀。

《彖》曰：大有，柔得尊位大中，而上下应之，曰大有。其德刚健而文明，应乎天而时行，是以元亨。

【讲解】《彖辞》说，大有卦义，主盛大丰有。全卦五阳对一阴，以六五为主爻，六五性柔，居于上卦之中，为尊位。《周易》以阳为大，以阴为小，故六五以小者大其所有，此之谓“大中”。又六五下应于九二，或曰群阳（按：五阳）为一阴所有，所以称为“大有”。大有卦的美德既刚健又文明，它顺应天时而体现运化的规律，这是指事物原始而亨通。

王弼《周易注》云：“（大有）德应于天，则行不失时矣。刚健不滞，文明不犯，应天则大，时行无违，是以元亨。”六五以一阴统众阳，尊位大中而上下皆应，然其终是柔弱，未能自亨，必下应于九二而亨通。

《象》曰：**火在天上，大有。君子以遏恶扬善，顺天休命**。

【讲解】《象辞》说，大有卦下卦为乾，乾为天，上卦为离，离为火，全卦有火在天上之象，这是盛大丰有的意象。君子观悟大有之易理，行为上抑制邪恶而发其善德，顺应天时运行的规律而使万物性命休美。

离火高在天，显万物之众多，故为“大有”。

初九，无交害，匪咎。艰则无咎。

《象》曰：**大有初九，无交害也**。

【讲解】 筮遇初九，不与人交往，也就不会受害，没有错失。人在艰危之时，知艰危就没有咎害。

《象辞》说，大有卦初九爻的喻义，是不与人交往，也就没有咎害。初九无应无比，无承无据，不中不正，为没有交往之象。无交往故不致受害。

九二，大车以载，有攸往，无咎。

《象》曰：**“大车以载”，积中不败也**。

【讲解】 筮遇九二，大车载重，预示人可以有所作为，没有害处。

《象辞》说，物品装载于大车，说明居中无偏，不致倾覆而失败的道理。

坤为舆，舆为车。此卦无坤象，此爻却言大车，爻符与爻辞不相对应，可见《周易》由象释义，亦偶有捉襟见肘之时。

九三，公用亨于天子，小人弗克。

《象》曰：**“公用亨于天子”，小人害也**。

【讲解】 筮遇九三，王公贵族可以参加天子的祭祀仪式，庶民百姓不行。

《象辞》说，王公贵族可以参加天子的祭祀仪式，如果庶民百姓参加，必遭咎害。

亨作享，有享祭、享献之义。九三居下卦之极，刚而得位，有公侯之象。九三居于下卦乾，乾为天，象征天子。所谓小人之象，难从卦符见出。陈梦雷《周易浅述》云："然三变六为阴为小，又有小人弗克之象。"不免牵强，总不能以六五象小人吧。

九四，匪其彭，无咎。

《象》曰："匪其彭，无咎"，明辨晢也。

【讲解】 筮遇九四，并未显出盛多宏大之貌，占筮结果是没有咎害。

《象辞》说，并未显出盛多宏大之貌，没有咎害，这是辨析事理，智慧烛照。

彭，嘭，鼓声，"为声容盛大无疑"(尚秉和《周易尚氏学》)，与大有之义相契。九四爻变且三、四、五互体为震，震为鼓，有彭象。《周易集解》作"匪其尪"。尪，音 wāng，邪曲之义。录此供参阅。辨，《周易本义》《六十四卦经解》《周易尚氏学》等作辩，以辨为是。晢，音 zhé，《说文》云："昭晢，明也，从日折声。"九四属上卦"离之初，有明晰之象，有盛大之势，而无烛理之明"，"非明晰者不能，故曰明辨"(陈梦雷《周易浅述》)，可从。

六五，厥孚交如，威如，吉。

《象》曰："厥孚交如"，信以发志也。"威如"之吉，易而无备也。

【讲解】 筮遇六五，用诚信与人交往，很威严的样子。筮得的结果：吉利。

《象辞》说，所谓用诚信与人交往，很威严的样子，六五爻象征以诚信交接于上下左右，内心仁诚，行为忠挚，可以引发上下左右同样的志向。自尊可获吉祥，人与人之间的关系就会平易、简朴而彼此无戒备之心。

厥，其，代词。如，语气助词。孚，李鼎祚《周易集解》引虞翻云："孚，信也。"易而无备，是说以己不私于物，唯行简易，不去防备，则物自畏之。

六五为大有卦主爻，居中，应九二。上卦离有虚之象，故孚（仁、诚）；一阴五阳，上下皆有交如之象。六五爻变为九五，有纯乾威如之象，以柔居尊，稍有缺憾，济之以威，故吉。

上九，自天祐之，吉无不利。

《象》曰：大有上吉，自天祐也。

【讲解】 筮遇上九，得天助我也之吉兆，没有不利于自己的地方。

《象辞》说，盛大丰有的吉利，来自上天的佑助。

祐，《周易集解》作右。《系辞上》云："祐者，助也。天之所助者，顺也。人之所助者，信也。"上九为大有卦之终，不中不正，唯与六五有比、承关系，爻辞、象辞皆言吉，为天佑之故。可见古人如何自圆其说。

【小结】 同人与大有互为综卦。从同人于宗到同人于天下，倡天下为公之理旨，以"同人，亲也"为文化根因，而以"同人于宗"为"吝道"，善。大有，盛大丰有义，主天下明治之理，所谓"其德刚健而文明，应乎天而时行"。大有全卦乾健离明，六五居尊而尚柔，喻乾天虚怀之义、天下大有之象。同人、大有二卦，皆以天下之大同兼大有而立义，善莫大焉。

卦十五

䷎ 谦（艮下坤上）

谦退自守，谦谦君子

谦：亨，君子有终。

【讲解】 谦卦卦辞：筮遇此卦，可以举行享祭活动，君子得以善终。谦，楚竹书写作壓；帛书本写作嗛或溓。

《彖》曰：谦，亨。天道下济而光明，地道卑而上行。天道亏盈而益谦，地道变盈而流谦，鬼神害盈而福谦，人道恶盈而好谦，谦尊而光，卑而不可逾，君子之终也。

【讲解】《彖辞》说，谦退而不自满，命运亨通，人生道路平顺。天的运行规律，济生万物而普天之下光辉灿烂。大地的运化规律，卑下而循天，柔气上应于天，广生万物。天的德性与运化，是亏损、充盈、互递，此益增而彼谦下。大地的德性与品格，在于顺随天道，由亏为盈，由盈而亏，谦德流布。鬼神之道，在于有损于盈亏之运化，盈满祸至而谦退致福。人间正道，喜谦虚而恶狂妄自大，厌恶不知盈亏互转之理。居于尊位，更需谦下之美德，其形象光明盛大；处在卑位而守谦，其人格之高不可逾越。君子的崇高人格，唯以谦退自守的道德修养为终极。

“益谦”的益，增之义。“流谦”的流，流布、流贯义。鬼神，《系辞上》：“精气为物，游魂为变，是故知鬼神之情状。”鬼神者，游魂也，《程氏易传》解为造化之迹。害盈，指倘不知亏盈之变的道理，自持盈满则祸必至。福谦，谦退自守必有福报。谦卦艮下坤上，内止外顺，艮为山而坤为地，山高地卑，有谦之义。《彖辞》极赞谦德。六爻虽以九三一阳为主，然内三爻皆吉，外三爻皆利，盖静则多吉，顺则多利。六十四卦未有如谦之尽善者。

《象》曰：**地中有山，谦。君子以裒多益寡，称物平施**。

【讲解】《象辞》说，谦卦艮下坤上，有地中有山之象，以高陵比于平地，为大地所主导，象征谦退自守。君子因而损有余而补不足，权衡万类，均平施与。

裒，音 póu，取，《说文》：“捊，引取也。”引申为减少。捊和裒互假而音同。《经典释文》：“裒，郑、荀、董、蜀才作捊，云取也。”称，《说文》：“称，铨也。铨，衡也。”铨，权也。称之功能，即权。全卦结构，为山在地下，高者下之，卑者上之，则抑高举下，损过益不及之义。《周易浅述》：“不言山在地中，而言地中有山，言卑下之中蕴，其崇高也。外卑下而内蕴崇高，谦之象也。”此极言谦退美德之崇高。何谓崇高？人格谦逊即为崇高。

初六，谦谦君子，用涉大川，吉。

《象》曰：**“谦谦君子”，卑以自牧也**。

【讲解】 筮遇初六，谦上加谦的是君子人格，筮得的结果是可以渡涉大江大河，吉利。

《象辞》说，十分谦虚的君子人格，在于谦退自守以约束自身。

牧，本义为放饲牲畜。《周礼·地官·牧人》有“掌牧六牲”语。引申为治、管、养。高亨《周易大传今注》释牧为守，所谓“牧犹守也”，正此义。初六以柔爻居下卦之初，象征谦虚之极。三、四、五爻互体为震，震为木（在东方）。二、三、四爻互体为坎，坎为水。木（舟）在水上，有涉川之象。

六二，鸣谦，贞吉。

《象》曰：“鸣谦，贞吉”，中心得也。

【讲解】 筮遇六二，谦逊美德，名声在外，吉利。

《象辞》说，谦逊美德，名声在外，是吉利的，是此爻居中得正，象征谦虚纯正之故。

鸣，鸟叫。王弼《周易注》：“鸣者，声名闻之谓也。”《经典释文》从之。中心得也，得之于心中。君子所作所为，皆得人众之心。

九三，劳谦，君子，有终，吉。

《象》曰：“劳谦，君子”，万民服也。

【讲解】 筮遇九三，有功劳而谦逊，不居功自傲，君子有好报，吉利。

《象辞》说，有功劳而不自傲，始终是谦谦君子，天下百姓敬服。

劳，功也。诸多《周易》注释本，释劳为勤劳，有误。九三为全卦主爻，为唯一阳爻。李鼎祚《周易集解》引荀爽所谓“阳当居五，自卑下众，降居下体”而为九三，又“群阴顺阳，故‘万民服也’”。一阳为全卦之主，成劳之功。九三谦下，未处上而处下，劳而能谦之象。

六四，无不利，㧑谦。

《象》曰："无不利，㧑谦"，不违则也。

【讲解】 筮遇六四，没有不吉利的，㧑挹便是谦虚。

《象辞》说，没有不吉利的，㧑挹即谦虚，六四不违背谦抑这一原则。

解读这一爻辞及象辞，关键在㧑之义。㧑，音 huī，有剖裂、发挥、㧑挹（抑）等义。《说文》云："裂也。"段玉裁注："㧑谦者，溥散其谦，无所往而不用谦，裂义之引申也。"《周易集解》引荀爽云："㧑，犹举也。"举，发挥之义。六四处上卦之始，柔阴而居阴位，得位，有安于其位而自守之义，故似宜释㧑为抑。初六，有谦谦之象，六二鸣谦，九三劳谦而六四㧑谦，有强调谦退之意。王弼《周易注》云："（六四）承五而用谦顺。"欠妥。此爻并非承五。

六五，不富，以其邻。利用侵伐，无不利。

《象》曰："利用侵伐"，征不服也。

【讲解】 筮遇此爻，自己的邑国不富裕，是因为其邻邑、邻国掠夺之故。因此对邻邑、邻国加以征讨，是有利的，没有什么不好。

《象辞》说，以有利于征讨作比，对那些骄逆不顺的道德行为加以讨伐，便不违常理。

富，富裕，富实。邻，上六有邑国之象，这里可释为邻邑、邻国。侵伐，爻辞实指出征讨伐，《象辞》指对骄傲自满的攻讦。徐志锐《周易大传新注》说，"泰卦六四'不富以其邻'，《象传》

言‘皆失实也’。朱震：‘阳实，富也。阴虚，贫也。’可知‘不富以其邻’，是因其邻皆为阴”之故，此解《象辞》，可从。

上六，鸣谦，利。用行师，征邑国。

《象》曰：“鸣谦”，志未得也。可“用行师，征邑国”也。

【讲解】 筮遇上六，谦逊之美名远扬，有利于出兵征伐邻邑、邻国。

《象辞》说，谦逊之美名远扬，而总是不自满，总觉心志、理想尚未全部实现。可以出兵讨伐，仅限于征讨邻邑、邻国而已。

《周易折中》云：“所征止于邑国，毋敢侵伐，亦谦之象。”《程氏易传》：“谦极而居上，欲谦之志未得，故不胜其切，至于鸣也。”六二、上六皆言鸣谦，前者六二处内，居中谦名在外；后者上六处外卦之极且逆应于九三，同为象征谦德，而角度、意蕴有别，须注意。

卦十六

䷏ 豫（坤下震上）

雷出地奋，作乐崇德

豫：利建侯行师。

【讲解】豫卦卦辞：筮遇此卦，有利于建立诸侯国与出兵打仗。豫，《尔雅·释诂》：“乐也。”马融、陆德明等皆从此解。豫，楚竹书作余；帛书本作余或予；汉石经与今本同。

《彖》曰：豫。刚应而志行，顺以动，豫。豫，顺以动，故天地如之，而况“建侯行师”乎？天地以顺动，故日月不过而四时不忒。圣人以顺动，则刑罚清而民服。豫之时义大矣哉！

【讲解】《彖辞》说，豫卦象征欢悦。全卦以九四为主爻。一阳应五阴，刚阳应柔阴，志趣相投而畅行。下为坤，坤为顺；上为震，震为动。豫卦象征随顺物之本性而运化、欢愉。欢愉，随顺物之本性而运化，则天地的运行亦如此，何况因时机而自然而然建立诸侯国、出兵打仗呢？天地因物之本性、时机而运化，日月的运化也不违背这一规律，春夏秋冬四时的运行不会有错失。圣人承顺民心而有所作为，赏罚分明，品格清正，天下百姓皆来臣服。豫卦的根本意义，是关于卦时的意义。

如之，《周易集解》引虞翻："如之者，谓天地亦动，以成四时。"过，《周易集解》引虞翻："过谓失度。"忒，虞翻云："差迭也。"错失之义。豫卦坤下震上，象顺以动。豫之时义大矣哉，自豫卦始，《彖辞》称颂卦符"大矣哉"凡十二处，或言"时义"，或言"时用"，或言"时"。这是《易传》时间意识、时间哲学的充分体现。正如本书前引，魏王弼《周易略例》云："卦者，时也。爻者，适时之变者也。"说明时对理解易理何等重要。对于这一重要问题，古代易学家的理解有些不同，清李光地《周易观象》云："赞卦皆言时，赞爻皆言位，时、位两字，乃卦爻之所以立也。"李光地之言，与王弼的见解有些出入。依笔者之见，《易传》确实以爻位释义，爻位即为爻时，是以爻的空间位置变化来呈现时的变化，这是应予强调的。而《文言》关于"是故居上位而不骄，在下位而不忧"，"贵而无位，高而无民"的说法，这里的位，大抵自道德伦理角度着眼。

《象》曰：雷出地奋，豫。先王以作乐崇德，殷荐之上帝，以配祖考。

【讲解】《象辞》说，豫卦上震下坤，震为雷而坤为地，象征雷电奋发而大地震动，欢愉之景象。古代君王有感于此而制礼作乐，用以推崇、赞扬丰功伟绩，用盛大的典礼献于天帝，祭祀祖神。

《周易集解》引郑玄云："奋，动也。雷动于地上，而万物乃豫也。以者，取其喜佚动摇，犹人至乐，则手欲鼓之，足欲舞之也。崇，充也。殷，盛也。荐，进也。上帝，天也。"先秦极重音乐，以乐、诗、舞三位一体者，巫也。先秦主天人合一、天人感应说。天人合一、天人感应者，巫也。"祖考"之考，指已死之父，与妣相对。

初六，鸣豫，凶。

《象》曰：初六“鸣豫”，志穷凶也。

【讲解】 筮遇初六，自鸣得意，凶险。

《象辞》说，筮遇自鸣得意的意思，说明欢愉过甚以至于穷极而凶险。

豫初六与谦上六为反对，前者鸣豫而后者鸣谦，固是矣。谦而鸣而吉，豫而鸣则凶。

阴柔居下之初，上应于九四,九四所在之上卦为震，震为雷，雷善鸣，有鸣象。初位本卑，所在未中，喻小人自大，故凶。

六二，介于石，不终日，贞吉。

《象》曰：“不终日，贞吉”，以中正也。

【讲解】 筮遇六二，以石为界标，不待终日识别而一目了然，是吉利的占筮。

《象辞》说，不待终日识别，一目了然的吉利之贞问，其意义在于象征中正之道。

六二以柔居阴，得中得正之爻。“介于石”的介，同界，以石为界，分界判然。《系辞下》云，介于石者，“宁用终日，断可识矣”，此乃不终日之义。六二无应无比，无承无据，界石，中正之象。二、三、四互体为艮，有石象。六爻独二得正得中，自持固守，坚如磐石，不待终日而时义自明。

六三，盱豫悔，迟有悔。

《象》曰：“盱豫”有悔，位不当也。

【讲解】 筮遇六三，向上献媚以求欢乐，筮得的结果是有灾祸。做事迟疑不决，有灾祸。

《象辞》说，向上献媚以求欢乐，便有灾祸，这是六三居位不当的缘故。

盱，音 xū，《说文》："张目也。"李鼎祚《周易集解》引向秀："睢盱，小人喜悦、佞媚之貌也。"《说文》："睢，仰目也。"李道平《周易集解纂疏》："应在上，三张目仰视，视上之颜色为佞媚。"六三以阴柔居阳位而不中不正，上承于九四，有媚上之象。悔，这里指灾祸。迟，迟疑。李光地《周易折中》：六三与六二无比，"盱豫与介石相反，迟与不终日相反，中正与不中正故也"。六三爻辞，包括两个筮例。

九四，由豫，大有得。勿疑，朋盍簪。

《象》曰："由豫，大有得"，志大行也。

【讲解】 筮遇九四，受筮者由于筮得的结果而欢愉，大有所获。做事不犹豫，朋友团结在一起，好比用簪子插挽头发一般。

《象辞》说，由于筮得的结果而欢愉，大有所获，九四主爻的刚直之志光大而畅行。

由，因、从、凭之义。"'由豫'犹言'由之以豫'，构词法与颐上九'由颐'同。"（黄寿祺、张善文《周易译注》）此解可从。盍，合。《周易集解》引侯果云："为豫之主，众阴所宗，莫不由之，以得其豫。"又云："体刚心直，志不怀疑，故得群物依归，朋从大合，若心簪篸之固括也。"《周易浅述》云："德（性）阳而位阴，故五阴亦有朋象。盍，合也。簪以贯发者。一阳贯五阴之中，有以簪贯发之象。"志大行，即大行其志义。

六五，贞疾，恒不死。

《象》曰：六五“贞疾”，乘刚也。“恒不死”，中未亡也。

【讲解】 筮遇六五，人病了，占问的结果是长寿不死。

《象辞》说，六五是占问疾病的爻象，六五乘九四阳刚。长寿不死，六五居中而无咎亡之象的缘故。

贞，占问。恒，久。中未亡，中道未失。三、四、五互体为坎，为心病，有贞疾之象。六五以柔居尊，有沉溺于豫之象，乘凌于九四而处于危势，然以其居中，故“恒不死”。

上六，冥豫成，有渝，无咎。

《象》曰：“冥豫”在上，何可长也?

【讲解】 筮遇上六，昏冥、淫乐，凶险之兆已成。有改变才能没有咎害。

《象辞》说，昏冥、淫乐，是上六处豫卦之极的缘故。这种纵乐的时势怎么可能长久呢?

冥，昏暗。《汉书·五行志》：“其庙独冥。”转义为愚昧、冥顽。渝，违背、改变。《宋史·倪涛传》：“盟誓固在，不可渝也。”王弼《周易注》：“处动豫之极，极豫尽乐，故至于‘冥豫成’也。”

【小结】 谦、豫互为综卦。在《周易》六十四卦中，唯谦卦从卦辞到爻辞，皆为吉卦、吉爻，体现了中华文化以谦守为人格美善之至的理念与理想，谦之时义大矣哉！豫卦则提倡天下之豫、顺性而乐而非小人之乐、自鸣得意之乐。先天下之忧而忧，后天下之乐而乐，为儒家一以贯之的人生忧乐观。谦卦之义，以谦为天道，人莫之违；豫卦之义，以过豫为戒，尚中正而不溺于逸豫。

卦十七

䷐ 随（震下兑上）

随机应变，而天下随时

随：元亨，利贞，无咎。

【讲解】 随卦卦辞：筮得此卦，可举行祖神祭祀，这是吉利的占问，没有错失。随，楚竹书作陵；帛书本作隋。

《彖》曰：**随，刚来而下柔，动而说，随。大亨，贞，无咎。而天下随时。随时之义大矣哉**。

【讲解】《彖辞》说，随卦下震上兑，下卦为一刚爻来交于坤体本卦初六，成震卦。下卦震为雷，为动，上卦兑为说（悦），有动而说之象。随卦卦义：祖神祭祀，占问的结果，没有咎害。随卦引申义：随顺，至为亨通，守持正固，没有错失。天地万物、自然社会、君臣百姓因时消息，与时偕行，随时机而有所作为。随卦时义很大啊。

随下卦为震卦，刚谓震；上卦为兑卦，柔谓兑。震处兑下，为刚来下柔，动则喜悦，故物皆随从。随从者，并非被动随于时，而是与时消息，与时偕行。随时，为自然宇宙、人类社会的运化正则。随卦“内（引者按：指下卦为震）动而外悦（指上卦

为兑），是动而悦，随也。相随而大亨无咎，得于时也。得时则天下随之矣。故曰‘随时之义大矣哉’。”（李鼎祚《周易集解》）

《象》曰：泽中有雷，随。君子以向晦入宴息。

【讲解】《象辞》说，随卦下为震，为雷，上为兑，为泽，为泽中有雷之象，象征随顺。君子随时起居，一到晚上便按时休息。

向晦，向晚。“宴息”之宴，逸，闲居义。《说文》：“宴，安也。”陈梦雷《周易浅述》：“造化有昼有夜，人生有作有息，人心有感有寂，有动有静，此造化之自然，亦人事之当然也。”

初九，官有渝，贞吉。出门交有功。

《象》曰：“官有渝”，从正吉也。“出门交有功”，不失也。

【讲解】 筮遇初九，预示官职有升迁，吉利。出门与人交往有成。

《象辞》说，初九爻辞之所以说官职有升迁，这是随顺其时、随顺于正道的缘故，吉利。出门与人交往有成，说明不失其时。

官，官职，与《系辞下》“百官以治”之官义同。官主持、执掌一定权力，有主之义，故《程氏易传》释此官为主守。渝，变也，引申为升迁。初九无应而比于六二，以刚居阳，得位，故“正吉”。

六二，系小子，失丈夫。

《象》曰：“系小子”，弗兼与也。

【讲解】 筮遇六二，预示可以维系与未成年男子的关系，而失去已成年的男子。

《象辞》说，随顺于“小子”而失去“丈夫”，两者不能得兼，因小失大。

《周易正义》认为，六二阴柔，不能独处，必近系而属初九，故云“系小子”。六二既属初九，则不能往应于五，故云“失丈夫”。此以初九喻小子，九五喻丈夫。可从六二看，乃得中得正之爻，据于初又逆比于初，称其必近系而属初九，有点牵强。六二上应于九五，为爻位说通则，又何以不能往应于五？“应在巽（引者按：指三、四、五互体为巽），巽为绳，故称‘系’。‘小子’谓五，兑为少（上卦为兑），故曰‘小子’。”（李鼎祚《周易集解》引虞翻）此小子谓五说亦属牵强。九五以阳爻居于阳位，得中得正，至尊之位。按爻位说通则，又何能说小子谓五？虞翻又说，丈夫谓四，六二乃承四隔三，故失丈夫。可为何丈夫谓四而不谓五，为何六二承四隔三而不是承三隔四？虞翻说不出道理。笔者以为，易学史上之所以出现这样一些难以自圆的解读，是因为卦辞、爻辞大都是一些占筮记录，并非每卦每爻及《彖辞》《象辞》之类都时时、处处贯彻爻位说之故。

六三，系丈夫，失小子，随有求得，利居贞。

《象》曰：“系丈夫”，志舍下也。

【讲解】 筮遇六三，预示可以维系与成年男子的关系而失却未成年男子。随顺于时机则有求必应，有利于安居乐业，这是吉利的占问。

《象辞》说，束缚、随顺于“丈夫”，说明六三的意义在舍弃“小子”，鱼与熊掌不能得兼。

王弼《周易注》云：“（六三）虽体下卦，二已据初，将何所附？故舍初系四，志在丈夫。”这是取虞翻释六二丈夫谓四的意见，而以初喻小子。《周易浅述》亦云：“九四阳爻，亦有丈夫之象。小子亦谓初也。三近系四而远于初，有系丈夫失小子之象。四阳当任，三则以阴随之，有求而必得之象。”可参。

九四，随有获，贞凶。有孚在道，以明，何咎？

《象》曰：“随有获”，其义凶也。“有孚在道”，明功也。

【讲解】 筮遇九四，人的足趾在追捕野兽时为矢括之类捕兽器夹住，凶险之兆。狩猎在路上，有俘获，有什么咎害？

《象辞》说，爻辞所谓人之足趾在狩猎时为捕兽器所夹之象，喻义是凶险。所谓“有孚在道”，象喻内心实诚而忠信，做事遵循规矩而合于正道，光明正大，事业有成。

爻辞所言随，可释为足趾，与艮卦所言“艮其腓，不拯其随”之随同义。腓动，则足随之，故以足为随。获，猎获，放置矢括则获其兽。从获字可见该爻辞关乎狩猎之占问。高亨《周易大传今注》释此爻辞，以为“获当读为擭，猎人捕兽之机槛也”。又云：“人追逐人或物，在进程中有机擭，则将陷入，此凶象也。”可从。以，用。明，明了。功，成功。内有孚信，随从正道，其心迹必自光明，功业自成。

九五，孚于嘉，吉。

《象》曰：“孚于嘉，吉”，位正中也。

【讲解】 筮遇九五，在美丽富庶的地方有所俘获，吉祥。

《象辞》说，所谓在美丽富庶的地方有所俘获，因九五得正得中而居尊位之故。

嘉，《文言》：“亨者，嘉之会也。”连斗山《周易辨画》：“两美相合为嘉。”九五下应六二，两美相合（应）。九五中正，得众爻之随，乃随卦之主。

上六，拘系之，乃从维之，王用亨于西山。

《象》曰：“拘系之”，上穷也。

【讲解】 筮遇上六，周文王被商纣囚于羑里，后被释放。文王便回到周原祖地，去岐山祭祖。

《象辞》说，被拘捕、囚禁，象征人生正处在危殆之时、穷途之中。

拘，拘禁。系，系缚。乃，仍，又。从，纵，引申为释放。王，周文王，被囚羑里之时，称姬昌、西伯。亨，享祭。西山，岐山，周族祖地。

卦十八

䷑ 蛊（巽下艮上）

治蛊而天下治，君子以振民育德

蛊：元亨。利涉大川。先甲三日，后甲三日。

【讲解】 蛊卦卦辞：筮遇此卦，可举行大享之祭即祭祖。渡涉大江大河，吉利。宜在先甲三天的辛日、后甲三天的丁日行动。蛊，帛书本写作箇。

皿虫为蛊，指器皿中食品生虫，败坏。《序卦》云："蛊者，事也。"《说文》又称"腹中虫也"。《周易集解》引伏曼容："蛊，惑乱也。万事从惑而起，故以蛊为事也。"《左传·昭公元年》云："女惑男，风落山，谓之蛊。"蛊卦下为巽，为风，为长女；上卦为艮，为山，为少男，故《左传》如是说。上古历法，一年十二月，每月三旬，一旬十日，以甲乙丙丁戊己庚辛壬癸记之，每旬首日为甲。先甲三日，指辛；后甲三日，指丁。从纳甲说分析，甲在文王八卦方位的东方。艮在东北，故云先甲；巽在东南，故云后甲。甲既为十天干之始，便有终而复始之义。《程氏易传》："甲，数之首，事之始也。""治蛊之道，当思虑其先后三日，盖推原先后，为救弊可久之道。先甲谓先于此，究其所以然也；后甲谓后于此，虑其将然也。一日、二日至三日，言虑之深，推之远也。”

《彖》曰：**蛊，刚上而柔下，巽而止，蛊。蛊，元亨而天下治也。“利涉大川”，往有事也。“先甲三日，后甲三日”，终则有始，天行也。**

【**讲解**】《彖辞》说，蛊卦卦体，一阳来交于上之本卦坤而成艮，一阴来就于下之本卦乾而成巽。艮为山为止，因而蛊卦有巽而止之象。蛊卦卦义，至为亨通而天下太平。所谓渡涉大江大河而前行，则拔拯危难而大有可为。所谓“先甲三日，后甲三日”的喻义，是指做事思前想后，考虑周密，懂得万事有终止必有开始，循天之运化而尽人事。

《象》曰：**山下有风，蛊。君子以振民育德。**

【**讲解**】《象辞》说，蛊卦上为艮为山，下为巽为风，山下有风之象。蛊卦象征君子振奋万民而养育其美德。

振，振扬，有救弊之义。风在内（下）而振扬于外（上），则有振艮之象；山在外（上）而能涵育内气（下），则有滋育其德之象。《东坡易传》云，蛊之时义，在“器久不用而虫生之，谓之蛊；人久宴溺而疾生之，谓之蛊；天下久安无为而弊生之，谓之蛊”。蛊之时义于此可见。

初六，干父之蛊，有子考，无咎，厉终吉。

《象》曰：**“干父之蛊”，意承考也。**

【**讲解**】 筮遇初六，儿子干预、匡正先父蛊坏之事，没有咎害。有危难而终获吉祥。

《象辞》说，干预、匡正先父蛊坏之事，这件事的意义是子补父过。

干，《广雅 · 释诂》：“正也。”《周易集解》引虞翻：“干，正；蛊，事也。”考，《周易正义》：“父殁称考。”有子考，指儿子治正先父遗蛊之事。“有子考者，即谓有子能成就先业也。”（尚秉和《周易尚氏学》）指儿子救治先父蛊坏之遗，因而《象辞》有“承考”之说。

九二，干母之蛊，不可。贞。

《象》曰：“干母之蛊”，得中道也。

【讲解】 筮遇九二，干预、匡正在世生母蛊坏之事，不宜。

《象辞》说，干预、匡正在世生母蛊坏之事，象征做事应遵循中和之道。九二爻以刚居中，上应于六五（逆应），有子干母蛊而居中之象。

九三，干父之蛊，小有悔，无大咎。

《象》曰：“干父之蛊”，终无咎也。

【讲解】 筮遇九三，干预、匡正先父蛊坏之事，稍有些祸害，没有根本性大错。

《象辞》说，干预、匡正先父蛊坏之事，归根结底没有咎害。

《周易集解》引王弼：“以刚干事而无其应，故有悔也。履得其位，以正干父，虽‘小有悔’，终‘无大咎’矣。”指九三、上九无其应，九三得位，王弼所说可从。

六四，裕父之蛊，往见吝。

《象》曰：“裕父之蛊”，往未得也。

【讲解】 筮遇六四，对于先父之蛊弊，如容忍不立治，长此以往必令人遗憾。

《象辞》说，容忍先父之蛊弊，长此以往，治蛊未得成功。

裕，来知德《周易集注》：“宽裕也。强以立事为干，怠而委事为裕，正干之反也。”可引申为容忍、不顾。

六四以柔居阴，过于柔弱而有宽容、拖延治蛊之象。按爻位说通则，六四以柔居阴，得位之象，应为吉才是，这里却说“吝”，可见古人治《易》未能自圆。

六五，干父之蛊，用誉。

《象》曰：“干父”，“用誉”，承以德也。

【讲解】 筮遇六五，干预、匡正先父蛊坏之事，值得称道。《象辞》说，干预、匡正先父蛊坏之事，这是子孙的美德，继承先辈的崇德传统。用誉，用刚正之德以致誉。

六五以阴柔居尊、居中，九二应之以德。以阴柔逆应阳刚，象干父之蛊，有好名声。德在九二而誉在六五，二、五之应。

上九，不事王侯，高尚其事。

《象》曰：“不事王侯”，志可则也。

【讲解】 筮遇上九，不佞侍王侯，超然事外，行为高尚。《象辞》说，不佞侍王侯，这种超然、高洁的志向，可以作为人生准则。

上九阳刚居上，在事之外，有“不事王侯，高尚其事”之象。初至五皆言蛊，此独不言，上九象蛊之终故。初至五皆言父子，不及君臣。言父子尔后言君臣，有“迩之事父，远之事君”之象。然上九非得位之爻，这里却言“高尚其事”“志可则也”，其中易理颇值得玩味。

【小结】 随与蛊互为错卦。随卦喻义为随机应变，蛊卦主张治蛊以安天下。随卦倡天下随时之义，蛊卦言君子以振民育德，皆为天下治。

卦十九

䷒ 临（兑下坤上）

咸临以正，保民无疆

临：元亨，利贞。至于八月，有凶。

【讲解】临卦卦辞：可以祭祀祖神（大享之祭），这是吉利的占问。时至八月祭祖，有凶险。临，帛书本写作林。

临卦为泽地之象。水泽临岸地，岸地临水泽，二者相临无间，故曰临。临卦六爻，以二阳临于四阴，以九二居中而为主爻，有扶阳抑阴之旨。

《彖》曰：临，刚浸而长，说而顺，刚中而应，大亨以正，天之道也。“至于八月，有凶”，消不久也。

【讲解】《彖辞》说，临卦喻义，在于阳刚之气渐渐生长，以尊临卑而愉悦温和。九二作为主爻，刚阳之德居中而上应六五。亨通而守正，便是卦辞所谓“元亨，利贞”所象征的天道。所谓时至八月，有凶险，是说临息则必消，盛极而穷，好景不长。

连斗山引《周礼》注云：“以尊降卑曰临。故君之御曰临御，幸曰临幸，即吊亦曰临哭，皆以尊降卑之义。”徐志锐《周易大传新注》说："阳刚尊贵本居上位，现在是以尊降卑来居于四柔之下，故卦名称临。"《周易浅述》云："临卦兑下坤上，泽上有地，岸临于水，相临最切。"又云："以二为临主，上四阴皆受阳之临者。""言凡逼近者，皆为临，不专居上临下之意也。""下说（悦）上顺，九二刚中，上应六五，故占者大亨而利于正也。""浸而长"之浸，渐渐之义。遁卦《彖辞》亦有"浸而长也"之语，《周易正义》云："浸者，渐进之名。""以阳之浸长，其德壮大，可以监临于下，故曰临。"九二刚中之说可商。九二非得中之爻，仅居中而已。

《象》曰：**泽上有地，临**。**君子以教思无穷，容保民无疆**。

【讲解】《象辞》说，临卦下体兑为泽，上体坤为地，有荀爽所谓"泽卑地高，高下相临之象"。君子观临卦而效，悟临之喻义，思虑深远以教导民众，如地下大泽蓄水无限一般，这一保育、容养万民之美德，可谓无边无际。

《周易集解》引虞翻云："君子谓二也。""容，宽也。""坤为容，为民，故'保民无疆'矣。"

初九，咸临，贞吉。

《象》曰：**"咸临，贞吉"，志行正也**。

【讲解】 筮遇初九，感到好运来临，吉利。

《象辞》说，感到好运来临，吉利，初九象征心志、品行端直。

《荀子·大略》："咸，感也。"《周易》咸卦，象征男女相感、相悦。咸为感之初文。"盖咸者，无心之感。二阳在上，无为而天下化，所以为观。二阳在下，无心而天下应，所以为咸。初以正，二以中，我中正而天下自应，故皆曰咸。"（陈梦雷《周易

浅述》)

九二，咸临，吉，无不利。

《象》曰：“咸临，吉，无不利”，未顺命也。

【讲解】 筮遇九二，感应来临，吉利，没有什么不利于人的地方。

《象辞》说，感应来临，吉利，没有什么不利于人的地方，是说九二的喻义是这并非因为顺从命运。

《周易集解》引虞翻云：“（九二）得中，多誉，兼有四阴，体复初‘元吉’，故‘无不利’。”九二居中而未得中，虞翻、李鼎祚有误。实际九二仅为居中之爻。又引荀爽云：“阳当居五，阴当顺从，今尚在二，故曰‘未顺命也’。”六二上应九五，为顺命之象，而此乃九二上应六五，为逆应，故曰“未顺命也”。

六三，甘临，无攸利。既忧之，无咎。

《象》曰：“甘临”，位不当也。“既忧之”，咎不长也。

【讲解】 筮遇六三，花言巧语感临于众，没有什么好处。如果对这种行为感到忧惧，就没有错害。

《象辞》说，所谓花言巧语，感临于众而不吉利，六三爻居位不当之故。对此心存忧惕，咎害就不会长久。

《说文》：“甘，美也。从口含一。”引申为甜蜜之词、佞邪之言。六三居下之极，柔而居阳，失正，象征以美言佞语惑人，失德之甚，故忧之。六三爻变而为临之泰，虞翻云：“忧之，动而成泰，故‘咎不长也’。”

下卦为兑，兑为口，故六三有甘临之象。

六四，至临，无咎。

《象》曰："至临，无咎"，位当也。

【讲解】 筮遇六四，下临到地上，没有咎害。

《象辞》说，下临到地上，没有咎害，这是六四爻位正当的缘故。

至，下也。六四下应于初九而当位，故无咎。至，非至极义，指六四下应于初九。

六五，知临，大君之宜，吉。

《象》曰："大君之宜"，行中之谓也。

【讲解】 筮遇六五，智者来临，大国之君得智者佐助，宜于君临天下，吉利。

《象辞》说，宜于大国之君君临天下，六五表示奉行居中之道。知，智。大君，大国之君。释为大人君主，亦可。六五居中，有行中之义。中，本然义。以柔阴而居中位，下应于九二，此陈梦雷《周易浅述》所谓"不自用而用人，知（智）之事也"。黄寿祺、张善文《周易译注》引述《礼记·中庸》"唯天下之至圣，为能聪明睿知，足以有临也"，称"此义既合本爻'知临'的大旨，又与《象传》'行中'之语相切"。是。

上六，敦临，吉，无咎。

《象》曰："敦临"之吉，志在内也。

【讲解】 筮遇上六，以敦厚之道亲临于民众，吉利而没有咎害。

《象辞》说，以敦厚之道亲临于民众，吉祥，上六爻辞说明，君主以敦厚之道临于民，是内存敦厚之心的缘故。

历代易解，多以敦厚释敦义，可从。然“志在内”一语费解。上六居外卦之极，何内之有？又有人称上六应九二，说上六虽处外而敦厚，下应于二刚。此违爻位说通则。《周易尚氏学》云：“（敦）言顿、止之故。因阳息即至三，有应也（引者按：指六三爻变而为九三，故上应于上六）。易之道贵将来，将来有应，故吉。不然内无应，何吉之有？”可备一说。

廖名春说，临卦“义为居上治民。金文临字之意即像人居高俯首，瞪大眼睛下察黎民众庶”。又说：“咸临之咸，有解释为感的，有解释为速的，有读为诚、训为和的，都是错误的。帛书《易经》本两咸字都写作禁。”可见咸有禁义。高诱《吕氏春秋》注，“禁，法”，“法，则也”，因而“咸，则也”。“咸临者，以法、则临民之义。”（廖名春《周易经传十五讲》，北京大学出版社，2004年，第92页）

卦二十

䷓ 观（坤下巽上）

大观在上，中正以观天下

观：盥而不荐。有孚颙若。

【讲解】 观卦卦辞：筮遇此卦，可举行宗庙之祭。以酒浇灌地土而降神，不在意向祖神献牲的礼节，有献俘长得很高大的样子。

观卦本义在于观瞻。盥，音 guàn。古时祭祖，以酒浇地为降神之礼。或云，祭祖之前，先洗手。来知德《周易集注》："盥者，将祭而洁手也。"荐，荐神之谓，向神献牲。颙，音 yóng，本义为大头，引申为大与恭敬、严肃之貌。若，语气助词。《周易集解》引马融："盥者，进爵（酒杯）灌地以降神也。此是祭祀盛时。及神降荐牲，其礼简略，不足观也。"观卦二阳在上，四阴所仰，自下观上之象。

《彖》曰：大观在上，顺而巽，中正以观天下。观，"盥而不荐，有孚颙若"，下观而化也。观天之神道，而四时不忒，圣人以神道设教，而天下服矣。

【讲解】《彖辞》说，九五为全卦主爻，全卦象征气象壮伟，崇高其上。下为坤地，为顺，上为巽风。主爻以居中得正之美善德性为天下所观仰。卦辞所谓以酒浇地的庄严祭礼，不在意向神献牲的礼节，有献祭高大战俘的诚意，子裔通过大观之礼而受到教化。仰观天命神道与阴阳不测的变化，知春夏秋冬四时无有差失的运行，圣人效法，以此神秘、神圣而神妙的天道教化于天下百姓，于是天下归于一统。

四阴以二阳为大，故称“大观”。九五居尊，以刚阳中正之德为下所观，其德甚大，故曰“大观在上”。忒，差。《周易浅述》：“神者，无形与声而妙不可测，天运自然，四时不忒，天之所以为观，神道也。”“大观”之大，太之本字，原始、原本义，转义为伟大。大观者，根本之观。

《象》曰：**风行地上，观。先王以省方观民设教。**

【讲解】《象辞》说，观卦上巽为风，下坤为地，有风行地上之象，象征万物广受恩泽。先王省察天下，观审民情风俗，施布教化。省，省视巡察。方，方域。《象辞》以为，大观卦象喻先王德化光被四表。

初六，童观，小人无咎，君子吝。

《象》曰：**“初六，童观”，小人道也。**

【讲解】 筮遇初六，童蒙者如此稚浅的观察，合于童稚身份而没有错失。对于君子而言，就有遗憾了。

《象辞》说，初六爻辞童观的象征意义，是说小人所见有偏失。

六二，窥观，利女贞。

《象》曰：**“窥观”，“女贞”，亦可丑也。**

【讲解】 筮遇六二，从门缝中观看，是有利于女子的占问。

《象辞》说，六二爻辞所谓从门缝中观看，利于女子的占问，意思是说，对于女子而言，这是最适宜的。对于男人来说，就是丑陋的了。

窥，门缝视人、偷看。六二阴柔，居阴位，女子之象。虽与九五相应，但处于内卦，象征不出闺门而视野受制，故而为窥。徐志锐《周易大传新注》引胡炳文《周易本义通释》："初位阳，故为童。二位阴，故为女。童观，是茫然无所见，小人日用而不知者也。窥观，是所见者小，而不见全体也。占曰利女贞，则非丈夫之所为可知也。"此说甚契爻义。

六三，观我生，进退。

《象》曰："观我生，进退"，未失道也。

【讲解】 筮遇六三，可由此观察我的人生而知进退之道。

《象辞》说，观察我的人生而知进退，说明六三没有失去观仰之道。

我生，《周易正义》释为"我身所动出"，以身心释生，在理。生为性之本字，性关乎身心。身体力行者，生。庄子所谓养生，即养性，身心双修。陈梦雷《周易浅述》："我生，我之所行也。""我生"的我，注家有指六三、六四或上九的，按《象辞》进退之义分析，九五位居尊位，为全卦主爻，故而我指九五。项安世《周易玩辞》："言我者皆指五也。"是。六三居下体之极、上体之下，或上或下，或进或退，故有进退之象。未失道，指六三仰观于九五。九五居中正之时位，六三未失道也。但此释有些勉强，因为六三与九五无应，六三应于上九。

六四，观国之光，利用宾于王。[①]

《象》曰："观国之光"，尚宾也。

【讲解】 筮遇六四，观察邦国太平盛世，光辉普照，有利于在别国称王。

《象辞》说，观察邦国太平盛世，光辉普照，这是国运吉祥、在别国称王的吉兆。

六四以柔居阴而得位，亲比于九五，宾于王之吉兆。拙著《巫术：〈周易〉的文化智慧》指出："春秋时庄公二十二年（公元前 672 年），陈厉公生了一个宝贝儿子取名敬仲。这陈敬仲年幼时，他父亲请人为儿子用《周易》算了一卦。筮遇'观之否'，就是观卦发生六四爻变（六变九，老阴变阳爻）而成否卦。一查作为'本卦'的观卦六四爻辞，只见写着'观国之光，利用宾于王'一句话。占筮者就根据这一爻辞说，陈国未来的国运必先衰而后复起（国之光）。但不是敬仲自己，而是其子孙将在异国称王（宾于王）。"（浙江古籍出版社，1990 年，第 147 页）观卦六四爻变为否，否卦下卦坤地，上卦乾天，乃巽风行地且浩荡于天之象。否卦六二、六三、九四互体为艮，艮为山，象国运岿然如磐石。否又象征门庭，乾为金玉，坤为布帛，因而观之否者，有各路诸侯向王进献金玉、布帛的大吉之象，此《程氏易传》所

---

① 该筮例为《左传·庄公二十二年》所引录，为《左传》所引首例。其文云："陈厉公，蔡出也，故蔡人杀五父而立之。生敬仲。其少也，周史有以《周易》见陈侯者，陈侯使筮之，遇观䷓之否䷋（引者按：观六四爻变为九四而成否），曰：是谓'观国之光，利用宾于王'。"《左传》与《国语》录《周易》筮例凡二十二。

谓“观见国之盛德光辉”。

九五，观我生，君子无咎。

《象》曰：“观我生”，观民也。

【讲解】 筮遇九五，可以由此观察我的生民，君子没有错失。

《象辞》说，九五“观我生”，象征受人观仰、观瞻而自我反思自己的言行，这也便是从省察民心、民风来反观自己。

爻辞“观我生”之义，不同于《象辞》“观我生”。爻辞意思为观察我的生民，《象辞》为由生民观我。《周易集解》引虞翻云：“我，身也”，“生谓生民”。此指前者。《周易集解》引王弼云：“‘观我生’，自观其道也。”九五为众观之主，光于四表。上之化下，犹风之靡草。“欲察己道，当‘观民’也。”此“民”，以该卦下体坤象征。虞翻说“坤为民”，具体指六三，故称“坤体成，故‘观民’也”。可备一说。

上九，观其生，君子无咎。

《象》曰：“观其生”，志未平也。

【讲解】 筮遇上九，观察他的生活及其言行，君子没有错失。

《象辞》说，观察他的生活及其言行，上九象征道德志向未能平顺地实现。

上九以阳居阴，为观卦之终，据爻位说，应有咎才是，而此爻辞却称无咎，可见古人编纂爻辞，并非处处死扣爻位说，倒是此爻的《象辞》有据爻位之说的意思，故有志未平的喻义。

【小结】 临、观互为综卦。临之义，在于兑泽、坤地临比。四阴受二阳之临，且以九二为主爻。《彖传》以阳主为亨、阴次为闭。九二“咸临，吉，无不利”；六五“知临，大君之宜，吉”。二爻虽为逆应，而临、应之旨尚在。观之义，坤下巽上之象，以风行大地为主旨。四阴仰观二阳，而上九不得位，故以九五为主爻。此为大观在上，中正以观天下。临卦象喻临之愉悦温和，赞美感临之道；观卦崇尚观瞻的崇高即大观之义。

卦二十一

䷔ 噬嗑（震下离上）

用狱之喻，先王以明罚敕法

噬嗑：亨。利用狱。

【讲解】 噬嗑卦卦辞：筮遇此卦，可举行祭祀。有利于诉讼、刑狱之事。

噬嗑，音 shì hé，帛书本作筮□，帛书《系辞》作筮盖、筮闸；汉石经作噬□。王弼《周易注》："噬，啮也。嗑，合也。"牙齿咬吃东西称噬，合口咀嚼为嗑。

《彖》曰：**颐中有物，曰噬嗑。噬嗑而亨，刚柔分，动而明，雷电合而章。柔得中而上行，虽不当位，"利用狱"也。**

【讲解】《彖辞》说，口腔中有食物，闭口而咀嚼，称为噬嗑。噬嗑卦下为震，上为离，上下两阳而中虚，有颐口之象。九四一阳象征食物，经咀嚼象征亨通。噬嗑卦三阳三阴错杂构卦，象征刚柔分立而调和，震动而离明，雷电和合于离而有章美。噬嗑卦六五居尊而处中，以柔居中，有向上时行之义。虽然并非以阴居阴，其位不当，然六五以阴居阳，有阴阳调和之义，这便是卦辞所谓有利于诉讼、刑狱之事的喻义。

颐，口、腮，下巴之谓。分，这里释为均，指此卦三阳三阴均齐。六五以柔居中，为用柔处中之义。虽不当位，但居尊。治狱之道，全刚则伤于严暴，过柔则失于宽纵。五为用狱之主，以柔处阳而中，得用狱之宜也。噬嗑卦䷔为颐卦䷚六四爻变为九四而成。其九四阳爻，如口中有一物作梗，尚秉和《周易尚氏学》云，噬嗑，“嗑合也，亨通也。夫上下之不能相合者，中必有物间之。啮而去其间，则合而通矣。国家之有刑狱，亦复如是。民有梗化者，以刑克之，则顽梗去，而上下通矣。故曰‘利用狱’。”

《象》曰：雷电，噬嗑。先王以明罚敕法。

【讲解】《象辞》说，噬嗑卦下为震为雷，上为离为电，有雷电之象，象征口含食物、闭口咀嚼的啮合之义。先王由此卦义得到启发，用以严明刑罚、整饬法令。

敕，敕诫、整饬义。此卦以雷电之象喻刑罚、法令，使人知惧而不敢逾越。《周易集解》引侯果之言，此卦象雷电威震，万物不能怀邪。先王则之，明罚敕法，以警万物，欲万方一心也。

初九，屦校灭趾，无咎。

《象》曰：“屦校灭趾”，不行也。

【讲解】 筮遇初九，脚上戴着木制刑具以致遮没了脚趾，没有咎害。

《象辞》说，脚戴刑具，遮没脚趾，其喻义指不会再犯罪错。屦，原指以麻、葛之类制成的单底鞋。又，《周易集解》引虞翻云：“屦，贯。”有系于足之义。校，木制刑具。加于颈，曰枷；加于手，曰梏；加于足，曰桎。屦校，指戴桎于足，即干宝所言贯械。灭，《周易正义》释为灭没。《周易尚氏学》云：“言以械贯于震足之上，足不见，故曰灭趾。”《周易浅述》：“屦校者，校其足，如纳屦然。”“灭其趾，遮没其趾，使不得行。”震为足，有足象。三、四、五互体为坎，坎为桎梏。综观全卦，初九取象于下，有屦之象。下卦震之初爻变为坤，不见其足，有灭趾之象。此爻喻义为，罚小而受薄刑，小惩可以大诫，故无咎。

六二，噬肤，灭鼻，无咎。

《象》曰：“噬肤，灭鼻”，乘刚也。

【讲解】 筮遇六二，有噬咬皮肤、伤害鼻子之象，筮得的结果是没有咎害。二、三、四互体为艮，艮为肤为鼻；三、四、五互体为坎，坎为水。鼻没于水中，故有“噬肤，灭鼻”之象。

《象辞》说，噬咬皮肤、伤害鼻子的喻义，在于六二乘凌于阳刚初九。

六二在初九之上，为阴乘阳。而居中得正，故曰无咎。六二性柔，喻至柔之物噬而嗑之而最易啮合，指断案治狱之顺利。六二得正而乘刚。爻辞象辞，各执一词。

六三，噬腊肉，遇毒。小吝，无咎。

《象》曰：“遇毒”，位不当也。

【讲解】 筮遇六三，有啮吃坚硬陈久而味厚的腊肉之象，稍有遗憾但无大碍。

《象辞》说，六三爻辞所谓噬陈久味厚腊肉之象的喻义，是断狱治刑不顺，象口塞腊肉般梗塞之物而不能啮合，这是由于六三居位不当。

腊肉，干肉，《周易正义》：“坚刚之肉。”毒，来知德《周易集注》：“毒者，腊肉之陈久太肥者也。”《说文》：“毒者，厚也。”

此指味厚者为毒。六二以阴爻居阴，象肤之柔，六三柔居阳，位失当，象所噬陈久味厚之腊肉，分别喻施治刑狱的顺与不顺。

九四，噬干胏，得金矢。利艰贞，吉。

《象》曰："利艰贞，吉"，未光也。

【讲解】 筮遇九四，啮咬带骨的干肉，牙齿咬到藏在干肉中的铜箭头，预示命运艰难而终于吉利。

《象辞》说，九四爻辞所谓预示命运艰难而终于吉利的意思，是指治狱之道未到亨通、光大之时。

胏，音 zì，《经典释文》："马（融）云：'有骨谓之胏。'"干胏，肉之带骨者。金，铜。矢，箭头。以箭矢射杀猎物，矢折而没于兽肉，做成干肉仍未剔除，此爻辞言此兆象。艰贞，"占问艰难之事"（高亨《周易大传今注》）。上卦为离，离为火，则光矣。而九四又居上卦之下，象臣属执狱因地位偏低而受限，故曰未光。

六五，噬干肉，得黄金。贞厉，无咎。

《象》曰："贞厉，无咎"，得当也。

【讲解】 筮遇六五，啮咬干肉而咬到陷在干肉中的黄铜之物，这一占问预示命运有危险但终于没有咎害。

《象辞》说，六五爻辞所谓占问有危险而终无咎害，是因为六五居中、当位。

古易学家认为，六五以柔居于君位，象执狱之臣属秉法无偏，贵其不挠，故刑人无不服，在五为得其当也。然笔者愿意在此指出，据爻位说，六五非得中、得正即当位之爻，《象辞》称其得当，似无据。

上九，何校灭耳，凶。

《象》曰：“何校灭耳”，聪不明也。

【讲解】 筮遇上九，肩负刑枷，遮住耳朵，凶险。

《象辞》说，上九爻辞所谓肩负刑枷，遮住耳朵这一兆象，象征耳不聪。

吴澄《易纂言》：“何，负也。”

上九属于上卦离体，离为槁木，三、四、五互体为坎，坎为耳，为桎梏。此卦言用狱之理。全卦初九在下，为治狱之始；上九示用刑之终。中四爻刚柔有别，喻噬有难易。六二以柔居阴，噬肤最易；六五以柔居阳，为居中之爻，故噬干肉而难于六二；六三以柔居阳，未得位，噬腊肉而难于六五，故虽无咎而小吝；九四以刚居阴，不得位而噬干胏，喻最难之义。

卦二十二

䷕ 贲（离下艮上）

观乎天文，以察时变；观乎人文，以化成天下

贲：亨。小利有攸往。

【讲解】 贲卦卦辞：筮遇此卦，可举行享祭。有些吉利，可以有所行动。贲，音 bì，有文饰之义。《序卦》："贲者，饰也。"《杂卦》又云："贲，无色也。"因无色而可为其文饰。贲卦离下艮上，离为火，艮为山，有山下有火的贲饰之象。贲，帛书本作蘩。

《彖》曰：**贲亨。柔来而文刚，故亨。分刚上而文柔，故"小利有攸往"。刚柔交错，天文也；文明以止，人文也。观乎天文，以察时变；观乎人文，以化成天下。**

【讲解】《彖辞》说，贲卦象征亨通。贲卦下卦，阴爻（柔爻）来就（文饰）于乾卦为离，所以亨通。贲卦上卦，阳爻（刚爻）来交（文饰）于坤卦为艮。故稍为吉利，可有所作为。这便是天文（自然）。贲卦下卦离为火，火即光明，对火的发现与利用，即文明；贲卦上卦为艮，为山，为止，这便是人文（人工）。观察天文，可以发现时序的变化；观察人文，可以以道德教化成就于天下。

拙著《周易的美学智慧》指出："(贲卦)离下艮上，由三阳爻、三阴爻对应穿插构建，彼此文饰，象征阴阳往来亨通；贲卦下卦为离 ☲，离即火，火可指太阳，太阳为天体，天为乾，因而离的原初本体是乾 ☰，离的生成是坤卦的一个柔爻来就于乾 ☰，促成乾体'九二'变异为'六二'。离者，丽，美也。离的美无疑是乾坤(男女)相感即'柔来而文刚'所创生的。贲卦上卦为艮，艮为山，山属大地的一部分，大地即坤，因而艮的原初本体为坤 ☷，艮的生成显然是坤卦的变演，是乾的一个刚爻来交于坤的结果，坤的'上六'被乾卦的'上九'所替代而生成艮，故云'分刚上而文柔'。""由此我们可以清楚地见出，由于贲卦下卦离 ☲ 的本体是乾卦，上卦艮 ☶ 的本体是坤卦，因此，贲卦的原型其实是乾下坤上之象，即泰卦。""泰者，《易传》云，'天地交，泰'。这便是古人心目中的'天文'(自然美)。而所谓'文明以止'，亦是贲卦的象征意义。""贲卦下卦为离，离为火，火即光明，如前所述，由于其下卦离是坤的一个阴爻'文'饰乾的结果，因而光明就是'文明'，火就是'文明'，而贲卦上卦为艮，艮为山，山性岿然静止，因此，整个贲卦就具有'文明以止'的意义。"(湖南出版社，1991 年，第 230—231 页)

《象》曰：山下有火，贲。君子以明庶政，无敢折狱。

【讲解】《象辞》说，贲卦象征山下熊熊烈火。君子观此贲卦之象，领悟到以天文之则修明道德，以文明治理天下政务，不敢虚饰有过而妄断刑狱的易理。

《象辞》说，君子观山下有火之象，以文明理政，成文明之治，不敢虚饰而妄自断狱。贲卦离下艮上，离为火，艮为山，为山下有火象。庶政，管理百姓之事。折，断也。折狱，断狱。

初九，贲其趾，舍车而徒。

《象》曰："舍车而徒"，义弗乘也。

【讲解】 筮遇初九，文饰他的脚趾，宜有车不乘而徒步行走。

《象辞》说，初九爻辞所谓有车不乘，徒步行走，象喻不适当。

义，宜。王弼《周易注》："在贲之始，以刚处下，居于无位，弃于不义，安夫徒步，以从其志者也。故饰其趾，舍车而徒，'义弗乘'之谓也。"三、四、五互体为震，按《说卦》，震为足。初九在下，故有趾象。二、三、四互体为坎，坎为车，故有车象。初九位于坎车之下，故舍车而徒也。

六二，贲其须。

《象》曰："贲其须"，与上兴也。

【讲解】 筮遇六二，兆象为文饰他的胡须。

《象辞》说，六二爻辞所谓文饰他的胡须，是说六二与九三相互文饰，六二随九三兴起的意思。

六二以柔居阴而得中，中正之爻。与九三为正比，六二承于九三，其性阴柔未能自动，故附丽于阳，如须虽美而必生在口颐。故其不能自兴而须随九三兴动。

九三，贲如，濡如，永贞吉。

《象》曰："永贞"之吉，终莫之陵也。

【讲解】 筮遇九三，兆象为文饰的样子，濡染、滋润的样子。占筮结果是永获吉祥。

《象辞》说，九三爻辞所谓永获吉祥，是说终于不会受到欺凌。

如，词缀，同然。陵，借为凌，欺凌，侵凌。九三以刚居阳而处下卦之极，得位而未得中，但九三据六二又亲比于六二，有文饰、和气、濡润之象。二、三、四互体为坎，坎为水，则具润泽、濡湿义。九三当位，虽处下卦之极，而无陷溺之象，与六二亲比，其德性正固而未被欺凌。

六四，贲如，皤如，白马翰如。匪寇，婚媾。

《象》曰：六四当位，疑也。"匪寇，婚媾"，终无尤也。

【讲解】 筮遇六四，文饰的样子，素白的样子，白马奔腾像一道白光的样子。不是抢东西的盗寇，而是娶亲的马队。

《象辞》说，六四为当位之爻，有不疑速往之义。所谓不是盗寇而是娶亲马队，意思是说终于没有什么可担忧的。

皤，音pó，白素之貌，发白为皤。翰，指白马之白，《礼记·檀弓上》："殷人尚白……戎事乘翰。牲用白。"郑玄注："翰，白色马也。"匪，非。疑，这里似原为"亡疑"，佚一亡字；亡，无。尤，担忧。该爻辞与前述屯卦六二相似："屯如，邅如。乘马班如，匪寇婚媾。"但二者喻义有别。屯六二有艰难行缓之象，贲六四居四得位而应初，有决疑速往之象。胡炳文《周易本义通释》云："屯二应五，下求上也，不可以急。贲四应初，上求下也，不可以疑。"陈梦雷《周易浅述》如是解读爻义："四变，互二、三，为巽为白。不变，互为坎为马。四与初以相应为贲，乃为三所隔，心虽合而迹睽，不得所贲，为皤如之象。然本正应，不肯他从，往求之心如飞翰之疾，有白马翰如之象。"是。

六五，贲于丘园，束帛戋戋。吝，终吉。

《象》曰：六五之吉，有喜也。

【讲解】 筮遇六五，美化以小丘为主要景观的苑囿，扎一束简薄的丝帛，有遗憾而终获吉祥。

《象辞》说，六五吉祥，有喜事来临。

丘园，指有小山之景的苑囿，非指山丘苑囿。戋，音 jiān，如释戋戋为众多貌则误。戋戋，《周易本义》释为“浅小之意”。《子夏易传》云：“五匹为束……戋戋作残残。”六五无应于六二，故吝；而承、比于上九，故终吉而有喜。

上九，白贲，无咎。

《象》曰：“白贲，无咎”，上得志也。

【讲解】 筮遇上九，白素之饰，实即无饰，占筮结果是没有咎害。

《象辞》说，所谓白素之饰，没有咎害，是指上九象喻返璞而无饰的理想已经实现。

白贲，以白为贲，实即无贲。上九为贲卦之终，喻贲饰之极，所谓绚烂之极归于平淡，有白贲之义。李光地《周易观象》：“以刚文柔（引者按：即《彖辞》所谓“分刚上而文柔”），则是文穷返质，白贲之象也。”白贲是一种原朴、返璞的美，所谓白本非色，而色自丰。

【小结】 噬嗑与贲互为综卦。噬嗑卦喻义在于治狱以正、祛除梗塞、追求社会和谐；贲卦主张不尚华饰，以白贲为上，以返璞、简素为趣。

卦二十三

䷖ 剥（坤下艮上）

剥尽复来，消息盈虚，天行之则

剥：不利有攸往。

【讲解】剥卦卦辞：筮遇此卦，有所行动，则不吉利。

剥卦坤下艮上，为山在地上之象。剥，剥落之义，五阴盛而一阳渐消，阴盛阳衰，将剥尽之时，复之渐来。

《象》曰：剥，剥也，柔变刚也。“不利有攸往”，小人长也。顺而止之，观象也。君子尚消息盈虚，天行也。

【讲解】《彖辞》说，剥卦象征事物因时、随时而剥落。好比一株树，仅留下最后一片绿叶。按十二消息卦，其卦象五阴柔之爻皆由阳刚之爻变来。卦辞所谓有所行动，不吉利，象征小人势盛，时机不利。下卦为坤为顺，上卦为艮为止，全卦有顺而止之之象。观此卦象，可悟顺其时势而抑制小人妄为之道。君子重视事物此消彼息、此息彼消的运变生化之理，说的是天道运行的规律。《经典释文》：“剥，落也。”剥落、衰落、凋落之义。尚，吴澄《易纂言》释为“犹贵也”，即崇尚。天行，天道，指天的运化规律。天这一概念，不同于大自然，故未可将天行释为大自然的运化规律。以卦体言，五阴剥阳，象征小人之道妄长。《象辞》告诫人们，应“知天行之方剥，则不至不量力以取祸。知剥之必有复，亦不至怨天尤人而变其所守矣”(陈梦雷《周易浅述》)。剥卦以上九为主爻，有危颓之象。

《象》曰：**山附于地，剥。上以厚下安宅**。

【讲解】《象辞》说，山陵倾颓、消落在大地之上，便是剥卦喻义。位居高位的人，应懂得打好坚厚之根基，才能建造安全宅舍的道理。《周易集解》引虞翻：“上，君也。宅，居也。山高绝于地，今附地者，明被剥矣。属地时也。君当厚锡（赐）于下，贤当卑降于愚，然后得安其居。”

初六，剥床以足，蔑。贞凶。

《象》曰：**“剥床以足”，以灭下也**。

【讲解】 筮遇初六，有床脚衰朽、败坏的兆象，占问的结果是凶险。

《象辞》说，初六爻辞所谓床脚衰坏的意思，是说事物败坏、衰落先从下部基础开始。

蔑，借为灭。初六在下，故称“剥床以足”，喻灭下。初在下有足象，剥始于下，渐侵灭于上，占必凶。

六二，剥床以辨，蔑。贞凶。

《象》曰：**“剥床以辨”，未有与也**。

【讲解】 筮遇六二，床板朽烂，凶险。

《象辞》说，六二爻辞所谓床板朽烂，是六二与六五无应的缘故。

徐志锐《周易大传新注》说：“辨字，注家解释不一。王弼说它是床足之上，孔颖达说它是床足与床身的分辨处，均欠明确。俞樾训辨为胖，又将胖解作是胁侧的薄肉，从上下文的‘剥床以足’‘以辨’‘以肤’看，第二爻位还未达到剥人体之肉的地步。高亨：‘辨读为牑，床板也。’此训较旧注为优。剥床而毁及床板，这比毁床足又进了一步。”此释可取。

六三，剥，无咎。

《象》曰：剥之，无咎，失上下也。

【讲解】 筮遇六三，虽在剥落之时而没有错失。

《象辞》说，六三爻辞所谓剥落之时而无错失的意思，是六三与六四、六二无应比关系而独应于上九，所以没有错失。

六三爻辞，朱熹《周易本义》作“剥之，无咎”，陈梦雷《周易浅述》、朱骏声《六十四卦经解》等从之。李鼎祚《周易集解》作“六三，剥，无咎”，《周易尚氏学》从之，并认为“剥之，无咎”的之，“乃从《象辞》而衍”，可从。《周易集解》引荀爽：“众皆剥阳，三独应上，无剥害意，是以无咎。”《周易尚氏学》：“三处五阴之中，独能从善，不党于上下二阴，故曰‘失上下’。”是。

六四，剥床以肤，凶。

《象》曰：“剥床以肤”，切近灾也。

【讲解】 筮遇六四，床已剥蚀、毁坏，危及人的肌肤，凶险。

《象辞》说，六四爻辞所谓床剥蚀、毁坏而危及人之肌肤，是说六四象征灾变即将来临。

肤，人之肌肤。四居下卦之上，好比人卧剥足之床而有危险。所以，高亨《周易大传今注》释为“盖取落床之席，则卧者切近于灾病也”。

六五，贯鱼以宫人宠，无不利。

《象》曰：“以宫人宠”，终无尤也。

【讲解】 筮遇六五，王后率领一串鱼似的宫人循序以进而得宠于君王，没有不吉利的。

《象辞》说，六五爻辞所谓王后率领宫人循序以进而得宠于君王，是说事物有了转机，最后没有怨尤。

贯鱼，鱼贯。贯有穿义。宫人，嫔妃总名。六五阴柔居于阳位且居中，为尊位，为五阴之主，故可释为王后。鱼，阴物。六五爻变而上卦成巽，有鱼象。巽又为绳，贯之象。六五为五阴之极，预示将阴极而阳来，故未取剥义。初至四以阴剥阳，至五则有阴从阳、阴转阳之机微。《周易浅述》云：“众阴逼阳，疑有尤也。循序以从，尤终可无也。”可参。问题是，所有这些解读，都建立在上九象君王这一喻义上，六五率其余四阴，皆亲比于上九，这符合爻位之说。称上九为全卦之主，亦在理。然而，上九何以喻君王？查上九爻辞，仅有“君子”一词，君子不同于君王。所谓君王（上九）宠幸宫人（五阴），是因六五爻辞有“宫人宠”一语而反推君王之说。这便是古人所谓《易》的变、化之道，不应胶柱于一辞一语之谓。不过，解《易》固然当领会易变之妙理，亦应分辨何为妙理，何为诡辩。易学家与注家多有一个习惯性思维，即《周易》所言都是对的，哪怕矛盾百出也要努力弥补，自圆其说。这其实是连北宋欧阳修《易童子问》的怀疑精神都没有的。

上九，硕果不食，君子得舆，小人剥庐。

《象》曰：“君子得舆”，民所载也。“小人剥庐”，终不可用也。

【讲解】 筮遇上九，有丰硕的果核而不能食用。君子得到大车，小人的房舍坍毁。

《象辞》说，上九爻辞所谓君子得到大车，是说民众因而可以乘坐。所谓小人的房舍坍毁，是说筮遇此爻，终究因时机未宜而不合于时用。

解读上九爻辞及其象辞，有两点值得注意：一、象辞既说君子得舆为民做好事，又称小人剥庐而不可用，是说君子、小人道德人格的高下，有决定人之命运的意义；二、上九以硕果不食为象，是因果实之硬核不宜于食用之故，偏偏这一已临剥尽果实之核仁，成为剥而复来的生命之契机。此深谙易理之言。剥卦虽五阴一阳而孤阳在上，却是由剥而复的一颗种子。

卦二十四

䷗ 复（震下坤上）

反复其道，一阳来复，天行之则

复：亨。出入无疾，朋来无咎。反复其道，七日来复。利有攸往。

【讲解】 复卦卦辞：筮遇复卦，可以进行祭祀。进进出出不生病，朋友来往无咎害。赶路七天之内一个来回。有利于有所作为。复，楚竹书作復；帛书本卷后《佚书》作覆。

《彖》曰：**复，亨，刚反。动而以顺行，是以“出入无疾，朋来无咎”。“反复其道，七日来复”，天行也。“利有攸往”，刚长也。复，其见天地之心乎？**

【讲解】《彖辞》说，卦辞所谓“复，亨”，有复归、亨通的意思，刚爻居初，一阳来复。复卦下卦为震为雷为动，上卦为坤为地为顺，喻义为阳气上扬而阴气随顺而行。这便是为什么复卦有进进出出不生病，朋友来往无咎害这样吉利的兆象。所谓赶路七天之内一个来回，象征天道运行，以七为一个反复。所谓有利于有所作为，指复卦的阳刚之气日渐生息。复归这一易理，难道不是体现出阴阳消息、运行无有休止的天地之本心即本始么？

反，返，回归。郑玄云：“复，反也，还也。”通行本《老子》有“反者，道之动”之说，即反复其道也。七日，象征天道运行变化循环之数，以七为复之义。复者，归本返始。剥卦群阴剥阳，至于几尽。复卦一阳来于下，便是七日来复之喻义。在十二消息卦中，由姤卦䷫一阳消，遁卦䷠二阳消，否卦䷋三阳消，观卦䷓四阳消，剥卦䷖五阳消，坤卦䷁六阳消，至复卦䷗一阳来复，历七之变。从一阳消亡到一阳息生，象征天道运化的历时性周期。《周易本义》云，天行者，“阴阳消息，天运然也”。所谓天地之心，《周易集解》引荀爽云：“复者，冬至之卦，阳起初九，为天地心。万物所始，吉凶之先，故曰‘见天地之心’矣。”在十二消息卦中，复正值冬至之时，有一阳始生之象。天地之心，犹言天地一阳复生之始。复卦震下坤上，震为雷坤为地，象雷在地底运行，蕴含生机。好比一株树，主干、枝叶已经剥尽，而其根系依然活着。

《象》曰：雷在地中，复。先王以至日闭关，商旅不行，后不省方。

【讲解】《象辞》说，复卦下震上坤，震为雷而坤为地，有雷始动于大地之象，象征阳气初复。所以，先王在冬至到来之后依复卦之易理而闭关自守，商人、旅者不外出妄行，君主、公侯不轻易去巡视天下。

至日，冬至。闭关，休息宁静以蓄微阳。后，本义为君主、诸侯。《尚书·大禹谟》：“后克艰厥后，臣克艰微臣。”又，《舜典》有“群后四朝”之语。方，四方，天下。

初九，不远，复，无祇悔，元吉。

《象》曰：“不远”之“复”，以修身也。

【讲解】 筮遇初九，兆象指示不宜远行，出门不远就回家，便没有大的危害，十分吉利。

祇，为祇字之误。《周易集解》写作衹，释为大[①]，可从。

《象辞》说，出门不远就回家这一回复的道理，是说可以用来修持自身的道德品操。

六二，休复，吉。

《象》曰：“休复”之“吉”，以下仁也。

【讲解】 筮遇六二，兆象预示喜庆、美善地回来。

《象辞》说，六二爻所谓喜庆、美善地回来，是说六二亲比于初九而有亲仁善邻以为休美之义。

休，吉庆、美善，《诗经·商颂·长发》有“何天之休”言，郑玄笺：“休，美也。”《周易集解》引王弼：“得位居中，比初之上而附顺之，‘下仁’之谓也。既处中位，亲仁善邻，复之休也。”

六三，频复，厉，无咎

《象》曰：“频复”之“厉”，义无咎也。

【讲解】 筮遇六三，苦着脸，心有不甘勉强回返，有危险而无错失。

---

① 李鼎祚《周易集解》：“初九，不远，复，无衹悔，元吉。”“侯果曰：‘衹，大也。’”尚秉和《周易尚氏学》说，祇、衹不一。“唐石经即作衹”，“然则今作祇者，误也”。祇、衹不能通假。“按祇之训病。”

《象辞》说，六三爻辞所谓频复之厉，其意是，虽有危厉而无错失。

频，《周易集解》引虞翻释为蹙，皱眉貌。蔡渊释频为数，频为频繁，亦可备一说。

六四，中行独复。

《象》曰："中行独复"，以从道也。

【讲解】 筮遇六四，兆象为从中间的一条路走，独自回来。

《象辞》说，六四爻辞所谓"中行独复"是指六四居五阴之中，有居中行道、独得其时、循正道而复归之义。六四无亲比而下应于初九，故有中行独复之象。六四居中而行，四独应初。

六五，敦复，无悔。

《象》曰："敦复，无悔"，中以自考也。

【讲解】 筮遇六五，兆象预示内心笃厚、实诚地回归，没有遗憾。

《象辞》说，六五爻辞所谓"敦复，无悔"，从爻象看，六五居中处尊，无偏无私，自我省察。

敦，厚、实之谓。《孟子·万章下》"故闻柳下惠之风者，鄙夫宽，薄夫敦"之敦有此义。上卦坤地，具敦厚之象。《周易浅述》："五虽与初无应，然以柔中居尊，因四之独复而能笃其行，厚其养，以复于善者，犹临之有'敦临'也。"

上六，迷复，凶，有灾眚。用行师，终有大败。以其国君，凶。至于十年不克征。

《象》曰："迷复"之"凶"，反君道也。

【讲解】 筮遇上六，迷入歧途不能找到回来的路（意思是因复而迷），凶险，有灾变，自作自受。筮遇此爻，预示行军打仗终必大败。用以治理国政则君王凶险，以至于十年之内不能征战用兵。

《象辞》说，上六爻辞所谓迷复之凶，说的是违背君王阳刚之道。目疾为眚，通过失。郑玄云：“异自内生曰眚。”《程氏易传》：“既迷不复善，在己则动皆过失。”十年，《周易》古筮法（详后）有地数十之说，这里极言时间之久。《周易浅述》：“上六以阴柔居复终，位高而无下仁之美，刚远而失迁善之机，厚极而有难开之蔽，质柔而无改过之勇，无应而无从道之明，是终昏冥而不复者也。灾自外来，眚自己作，坤先迷，今居其极，有迷复象。坤为土为众，有行师象。在上近五，有以其国君象。地数十，有十年不克征之象。”此释上六，善。

【小结】 剥、复互为综卦。剥卦有倾颓、剥落之象。阴消阳息，剥极必复。复卦阴极而阳复，正气始生，去而复来。无绝对之剥，亦无绝对之复。剥、复互对互应，互逆互顺，言危机即生机、生机即危机之易理，尤为深切。

卦二十五

䷘ 无妄（震下乾上）

大亨以正，各正其性命，本无妄也

无妄：元亨，利贞。其匪正有眚，不利有攸往。

【讲解】无妄卦辞：筮遇此卦，可以进行祭祀祖神仪式，这是吉利的占问。其人行为不正，内心邪私，有灾变，如有所行动，不吉利。无妄，楚竹书作亡忘；帛书本作无孟。

《彖》曰：无妄，则自外来而为主于内，动而健，刚中而应。大亨以正，天之命也。“其匪正有眚，不利有攸往”，无妄之往，何之矣？天命不祐，行矣哉？

【讲解】《彖辞》说，无妄卦象征不胡作妄为。卦象是外卦为乾为刚，内卦为震为动，乾阳外来而主宰于内，这是雷动而乾健的品格。无妄卦九五得中，性刚且下应于六二。它以得中正之时而至为亨通，是天命所为而非人力所致。所谓违逆天的正道，一定有灾变始于自身，不利于有所行动。不胡作妄为的行为，是怎么一回事呢？如果天命不佑助，所谓正行即不妄为可能吗？

九五以刚得中，六二上应，刚中而应。刚中则能断制虚实，有应则物皆顺从，正则无妄。无妄卦以正释无妄之易理。无妄者，自然之谓。《周易浅述》："天之化育万物，生生不穷，各正其性命，本无妄也。"

《象》曰：天下雷行，物与无妄。先王以茂对时，育万物。

【讲解】《象辞》说，无妄卦上为乾为天，下为震为雷，有天下雷动震行之象，象征万物敬惧而循天之自然不妄为。先王上应天时，以天震雷动之威而应合于天命，从而养育万类。

与，应。茂，盛。对，配，配天。

初九，无妄，往，吉。

《象》曰："无妄"之"往"，得志也。

【讲解】 筮遇初九，预示不胡作妄为，前往，吉利。

《象辞》说，因循天时，不胡作妄为的行为，可以实现自己的志向。

初九居下卦之初，有谦退之义，当位而动，无应，却正以无应即无心而吉。无妄贵在天性自然，得自然之理即无心而应。

六二，不耕获，不菑畬，则利有攸往。

《象》曰："不耕获"，未富也。

【讲解】 筮遇六二，兆象预示，不妄耕而有收获，不妄垦而得良田，那便有利于有所作为。

《象辞》说，六二爻辞所谓"不耕获"，象征得中正之位却不以上应于九五而炫耀自己得富阳之气。

菑，音 zī；畬，音 yú。《尔雅·释地》："田，一岁曰菑，二岁曰新田，三岁曰畬。"菑指初垦，生地；畬指熟地。富，徐志锐《周易大传新注》说："阳为富，阴为不富，小畜九五'富以其邻'可作内证。"可从。笔者以为，所言"未富"，可解读为六二不以自己上应于九五（阳爻）而自夸。

六三，无妄之灾：或系之牛，行人之得，邑人之灾。

《象》曰：**行人得牛，邑人灾也。**

【讲解】 筮遇六三，拴在外的牛，被路人顺手牵走，小城之人横遭诘问、追查甚至逮捕的危险，不胡作非为，却意外遭害。

《象辞》说，路人顺手牵走了牛，小城之人遭受灾祸。

邑人之邑，泛指城。大为都，小为邑，此释为小城。无妄本无灾，而六三位不当，居下卦之终，有违无妄皆以中正而亨之易理，无妄处在一定时机中，亦可致灾。《周易本义》："六三处不得正，故遇其占者，无故而有灾。如行人牵牛以去，而居者反遭诘捕之扰也。"

九四，可贞，无咎。

《象》曰：**"可贞，无咎"，固有之也。**

【讲解】 筮遇九四，占筮结果还算可以，没有咎害。

《象辞》说，所谓占筮结果还算可以而没有咎害，这是九四爻象本有的预示结果。

九四以刚居阴，并非当位，"然阳刚乾体，不事应与，可以自守其正，不可以有为，亦不至于有咎也"（陈梦雷《周易浅述》）。可备一说。但称九四自守其正，不符爻位说通则。该爻辞仅记占筮结果而未记兆象。

九五，无妄之疾，勿药有喜。

《象》曰：**无妄之药，不可试也。**

【讲解】 筮遇九五，不胡作妄为却生了小病，预示不必吃药而有自愈的好结果。

《象辞》说，九五爻辞所谓不胡作妄为生了小病，无须用药而自愈，是说遇事不可不看对象乱施措施。

九五以刚居阳，得中得正，其本无妄，并无疾患。只因某种外界因素使人偶染小疾，并不能说机体本身有大病，如因此胡乱用药，反受其害。

上九，无妄。行有眚，无攸利。

《象》曰：无妄之行，穷之灾也。

【讲解】 筮遇上九，不胡作妄为。妄行必有灾祸，没有什么好处。

《象辞》说，上九爻辞所谓不胡来，妄行必致灾祸，说出了穷极之时必遭灾变的道理。

上九以刚居阴，失位之爻，又居于卦之终，于时不利，故宜无行，行必有害。王弼《周易注》："处不可妄之极，唯宜静保其身而已，故不可以行也。"

卦二十六

䷙ 大畜（乾下艮上）

刚健，笃实，辉光，日新其德

大畜：利贞。不家食，吉。利涉大川。

【讲解】 大畜卦卦辞：筮遇此卦，这是吉利的占问。不在家里用餐，吉利。渡涉大江大河，吉利。大，太之初文。大畜，楚竹书作大 ；帛书本作泰蓄，帛书《系辞》作大畜。

畜，陆德明《经典释文》：“又作蓄。”有聚、止之义。此卦乾下艮上，天在山中，畜者大矣，具蓄聚之义。乾阳刚健，为艮山所止，有蓄止之义。以艮山峭然之性蓄聚乾天之阳，其蓄之力巨可知，故称大畜。

《彖》曰：**大畜，刚健，笃实，辉光，日新其德。刚上而尚贤，能止健，大正也。“不家食，吉”，养贤也。“利涉大川”，应乎天也。**

【讲解】《彖辞》说，大畜卦象征事物、人格的壮伟德性，刚健，笃实，光辉灿烂，天天有新的发展。下卦为乾天刚健之象，有崇尚圣贤的喻义。上卦为艮山，艮有止义，是蓄止健强的喻义，表喻至大的正道。所谓“不家食，吉”，喻蓄养贤人人格，不为小家私食一般的环境、时势所限，而应从大处着手。所谓“利涉大川”，象征人的行为必须应合于天时。

此卦二、三、四互体为兑，为口，有食之象。三、四、五互体为震，震在东，为木，有木舟之济象，应乎利涉大川之义。又三、四、五互体为震，震卦上爻变为离，有日象，故曰“日新其德”。王弼《周易注》：“尚贤制健，大正应天，不忧险难，故‘利涉大川’也。”

《象》曰：天在山中，大畜。君子以多识前言往行，以畜其德。

【讲解】《象辞》说，大畜卦下卦乾天，上卦艮山，有天在山中即艮山蓄聚、蓄止乾天，以笃实蓄养刚健而焕发光辉之象，这便是大畜卦的喻义。君子由此领悟，必多多认识前贤往圣的言述与作为，犹如大畜，以便由此蓄养君子人格、道德本涵。

从卦象分析，天象至为广大，而反蓄聚于山中，似有谬矣。实乃极言蓄聚、蓄养刚健之力的大，以小蓄大，以象征圣贤、君子人格之广博胸襟。李鼎祚《周易集解》引向秀曰：“止，莫若山；大，莫若天。天在山中，大畜之象。天为大器，山则极止，能止大器，故名大畜也。”

初九，有厉，利已。

《象》曰：“有厉，利已”，不犯灾也。

【讲解】 筮遇初九，筮得的结果是危厉凶险，停止而不作为，吉利。

《象辞》说，所谓有危险，那么就停止，是指做事不可冒险。

李鼎祚《周易集解》引王弼：“进则灾危，‘有厉’则止，故能‘利已’。”初九性阳，上应于六四，即为六四所畜止。如自恃雄强而执意进取，必危。

九二，舆说輹。

《象》曰："舆说輹"，中无尤也。

【讲解】 筮遇九二，大车的车轮脱散，坏了。按：该爻辞缺判词。

《象辞》说，所谓大车车轮脱散，坏了，此爻居下卦中位，故象征无有忧患。

舆，大车。说，通脱。輹，音 fù，古时木制大车车箱下勾连车轴、以利车轴转动前行的构件。尤，忧。值得注意的是，九二爻辞以舆说（脱）輹为凶兆，而《象辞》却解为"中无尤也"，为本经与传文之义不一致例证之一。《象辞》以为，九二虽居下之中，而以刚居阴，不得正，故有冒进未蓄之时义，必缓行而自安，故以舆说輹明理。輹脱不欲前行，便具无忧之义。二、三、四互体为兑，兑为毁折，故有舆说輹之象。

九三，良马逐，利艰贞。曰闲舆卫，利有攸往。

《象》曰："利有攸往"，上合志也。

【讲解】 筮遇九三，兆象为良马驰逐，预知困难反而吉利的占问。闲置大车与卫队之兆，有利于有所行动。

《象辞》说，所谓有利于有所行动，是说上卦艮体有止乾畜阳之功，因而九三与其同一志向。

九三以刚居阳，得位，而处下之终，故有艰象，说明九三时义在于畜志未成。好在上有艮止之势，不使阳亢过甚，还是吉利的。爻辞"曰闲舆卫"之曰，语气词。或说曰字为衍文，与困上六“曰动悔”之情形同。闲，闲置。古者乘车，三人在车上，步卒七十二人在车下，舆之卫也。此爻辞以“良马逐”与下卦乾对应，以“闲舆卫”与上卦艮对应。李鼎祚《周易集解》、陈梦雷《周易浅述》等本子作“日闲舆卫”，可参。注家多以“上合志也”指上九，而据爻位说，九三无应于上九，何以合志？

六四，童牛之牿，元吉。

《象》曰：**六四元吉，有喜也。**

【讲解】 筮遇六四,兆象是小牛犊的嘴被笼罩，大吉大利。

《象辞》说，六四爻辞所谓大吉大利，是令人喜悦的占筮结果。

牿，音 gù,《九家易》作告。戴侗《六书故》云：“告，笼牛口，勿使犯稼是也。”牿,《说文》释为“牛马牢也”。《辞源》采《易》大畜六四“童牛之牿，元吉”语，以为“缚于牛角以防触人的横木”(《辞源》修订本第三册，商务印书馆，1984 年，第 1988 页)，此乃遵历代易解。如朱熹《周易本义》，即释牿为“施横木于牛角，以防其触”。本爻六四爻变，则有离象，离为牛；六四应初九，初，童牛象；三、四、五互体为震，为木。施木于牛角，牿之象。然既言童牛，乃未角之牲，何用牿？

六五，豮豕之牙，吉。

《象》曰：**六五之吉，有庆也。**

【讲解】 筮遇六五,兆象是被阉割之猪的牙，吉利。

《象辞》说，六五爻辞所谓吉利，是值得庆贺的占筮结果。

豮，音 fén，陆德明《经典释文》引刘表：“豕去其势曰豮。”六五以柔居阳，处尊而未得中，而豕去其势则刚躁自止，故吉。

此爻以柔居中处尊，是以得其时位而可制，有畜义。而豮为去势之豕，则其刚厉自止，亦有畜义。《程氏易传》云："君子发'豮豕'之义，知天下之恶不可以力制也。"

上九，何天之衢，亨。

《象》曰："何天之衢"，道大行也。

【讲解】 筮遇上九，兆象为何其广大的通天大路，可祭祀祖神。

《象辞》说，上九爻辞所谓何其广大的通天之路，是说天道畅行，至为亨通。

衢，直行四达之大路。《大戴礼记·子张问入官》："六马之离，必于四面之衢。"上九处上卦之终，不正不中，上艮象径路，有衢象。全卦以艮止畜乾阳，至上九乃畜德已散，故具"道大行"、亨通之象。《周易浅述》："至于畜极而通，则又理数之自然。"

【小结】 无妄、大畜互为综卦。无妄者，天理自然之谓，顺随物性即无妄，圣贤正心诚意而齐家治国平天下，即为无妄。与老庄顺其自然之旨有应和之处。全卦倡言中正的儒家人格典范，中正即无妄。大畜者，为畜德、畜贤、畜仁、畜健之意。上卦喻畜力之艮止、岿然，下卦示受畜之乾性，推崇刚健、笃实、辉光之大德。

卦二十七

䷚ 颐（震下艮上）

颐以养正，养贤以及万民

颐：贞吉。观颐，自求口实。

【讲解】 颐卦卦辞：占问的结果是吉祥。兆象是观察人之口腮，可以自己去求得果实充饥。

从卦象看，颐卦卦符象人之上下腭、口中两排牙齿之状。《序卦》：“颐者，养也。”《彖辞》释噬嗑云“颐中有物曰噬嗑”。而无物曰颐，颐有颐养之义。

《彖》曰：颐，“贞吉”，养正则吉也。“观颐”，观其所养也。“自求口实”，观其自养也。天地养万物，圣人养贤以及万民。颐之时大矣哉！

【讲解】《彖辞》说，颐卦象征守持正固，这是美好的品格。人涵养正气，那么就美好。观察颐卦卦象，可以悟得颐养正气的道理。所谓自己去求得果实充饥，由此观悟以正气、正道颐养自我身心的道理。天地颐养万物，圣人效法天地颐养贤人并惠及天下百姓。颐卦关于时间的道理对颐卦卦义来说是根本的啊。

实，果实，果腹之物。宋代朱震《汉上易传》：“实者，颐中之物也。”实者，食也。大，太之本字，引申为原始、根本。李鼎祚《周易集解》引宋衷云：“颐者，所由饮食自养也。君子割不正不食，况非其食乎？是故所养必得贤明，‘自求口实’必得体宜，是谓‘养正’也。”颐卦初九、上九同为卦之主。初九喻自养，上九喻所养。

《象》曰：山下有雷，颐。君子以慎言语，节饮食。

【讲解】《象辞》说，颐卦上卦为艮为山，下卦为震为雷，有山下有雷之象，象征颐养天道。君子观悟颐卦，说话谨慎，饮食有节，为的是自养身心。

初九，舍尔灵龟，观我朵颐，凶。

《象》曰：“观我朵颐”，亦不足贵也。

【讲解】 筮遇初九，舍弃你的神龟不卜，只看我鼓动口颐吃东西，凶险。

《象辞》说，所谓“观我朵颐”的喻义，在于初九欲以自养而未备，故而不配得到别人的重视。

灵龟，卜之物。舍尔灵龟，谓舍尔灵龟不卜。朵，动之谓。朵颐，《周易正义》：“朵是动义，如手之捉物，谓之朵也。今动其颐，故知嚼也。”观我朵颐，谓观我动颊而谈。人遇疑事，不用龟以卜，仅听人妄谈，凶。以“观我动颊而谈”释“观我朵颐”义，与“舍尔灵龟”之卜义通。

六二，颠颐，拂经，于丘颐，征凶。

《象》曰：六二征凶，行失类也。

【讲解】 筮遇六二，一边说话，一边往嘴里填塞食物，小腿被击打，腮帮子像小山一样鼓鼓的。预示出兵征战，凶险。

《象辞》说，六二爻辞所谓出兵征战，凶险，指这一行为违失常理。

“颠颐”的颠，借为填，有塞义。“拂经”的拂，本拂拭义，引申为击打。经，借为胫。于，在。丘，小山。征，出兵。陈梦雷《周易浅述》：“上之养下，理之常经也。然阴不能自养，必欲从阳求养。今二求养于初，则颠倒而违于常理矣。”又云：“于丘颐乃曰‘征凶’者，以上非正应，失其类也。”此释《象辞》义，可从。六二、六五无应，六二、上九失应。尚秉和《周易尚氏学》云：“阴阳相遇方为类，今六二不遇阳，故曰‘失类’。”

六三，拂颐，贞凶。十年勿用，无攸利。

《象》曰：“十年勿用”，道大悖也。

【讲解】 筮遇六三，兆象为打耳光，凶险。占筮结果，十年之内不会有所作为，没有什么好处。

《象辞》说，所谓十年之内不会有所作为，所说与养正之道根本违背。

“拂颐”之拂，拂拭、掠过义，引申为击、打。六三与上九为正应，但不中不当，且居下卦之终，有媚上以求而无厌之象，故与道大悖。

六四，颠颐，吉。虎视眈眈，其欲逐逐，无咎。

《象》曰：“颠颐”之吉，上施光也。

【讲解】 筮遇六四，见狼吞虎咽吃东西，吉利。老虎吃东西时双目专注于猎物，它的食欲连续不绝，没有错害。

《象辞》说，所谓狼吞虎咽吃东西，吉利，指六四居上，以四养初为逆应，吉利而美好，六四居在上位而向下普施光明。

六四得位，应初，有颐养之象，故吉。与初九相应的六四，既有虎视眈眈之象，又有顺其刚欲逐逐之象，故曰无咎。

六五，拂经。居贞吉，不可涉大川。

《象》曰："居贞"之吉，顺以从上也。

【讲解】 筮遇六五，击打小腿，行走不便。安居则吉利，预示不可渡涉大江大河。

《象辞》说，所谓安居则吉利，有守持正固的意思，六五亲比、顺从于上九之故。

居贞，占问安居之事。六五以柔居尊而未得正。《象辞》所言"居贞"的贞，有守持正固之义。就《象辞》言，六五以阴柔居尊位，又亲比于阳刚之德以为其养，处于上艮之中，有安居于正而吉之象。但六五性柔，未可大有作为，又有不利涉大川之象。

上九，由颐，厉吉。利涉大川。

《象》曰："由颐，厉吉"，大有庆也。

【讲解】 筮遇上九，由着兴致吃东西，虽有危厉而终吉祥。有利于渡涉大江大河。

《象辞》说，上九爻辞"由颐，厉吉"的意思，指此爻阳实而自养，又颐养四阴，既自养又养人，所谓"由颐"也。居上之终，不当位，故厉。知危厉之时而养德养人，这是根本意义上的幸福吉庆。《周易集解》引虞翻："由，自，从也。体剥居上，众阴顺承，故'由颐'。"《周易本义》："六五赖上九之养以养人，是物由上九以养也。"此释《象辞》义，可从。

卦二十八

䷛ 大过（巽下兑上）

栋桡之喻，刚柔相济

大过：栋桡。利有攸往，亨。

【讲解】 大过卦卦辞：筮遇此卦，兆象为栋梁两端弯曲。有利于有所行动，可祭祀。大过，帛书本作泰过。

桡，音 náo，陆德明《经典释文》："曲折也。"大过卦象四阳在中，二阴在外，中间过于刚强而两端柔弱。《周易集解》引虞翻："初、上阴柔，本末弱。"《周易本义》也说上下二阴不胜其重，故有栋桡之象。

《彖》曰：**大过，大者过也。栋桡，本末弱也。刚过而中，巽而说，行。"利有攸往"，乃亨。大过之时大矣哉！**

【讲解】《彖辞》说，大过卦象征太过即阳刚之气过甚。卦辞所谓栋桡之象，是说此卦首（初）、尾（上）两端即初六、上六性柔而弱，中间四刚过于健强，下卦巽为顺为风，上卦兑为泽为说（悦），巽顺、和悦之道流行，因而有利于有所行动，命运亨通。大过卦所象征的时间意识是卦义的根本。

大者过也，指大的东西过甚。阳为大，阴为小。大指阳爻。

刚过而中，指刚爻过多，健强之性过分，中指初、上之间四阳爻，而非仅指九二、九五。九二居下卦中位，未当；九五居上卦之中，得中得正，何以称过？《周易集解》引虞翻云："'国之大事，在祀与戎'……继世承祀，故'大矣哉'。"

《象》曰：**泽灭木，大过。君子以独立不惧，遁世无闷。**

【讲解】《象辞》说，大过卦下为巽为木，上为兑为泽，有泽水淹没巽木之象。君子观悟此卦，独立无惧，遁世而无烦闷。

初六，藉用白茅，无咎。

《象》曰：**"藉用白茅"，柔在下也。**

【讲解】 筮遇初六，以白色茅草做铺垫，没有咎害。

《象辞》说，所谓以白色茅草做铺垫，初六以阴性柔顺于下。

李善《文选》注："以草荐地而坐曰藉。"有衬垫义。柔居初，失位。以柔承刚，藉以白茅，象人居之始，谦下而有慎义，故无咎。

九二，枯杨生稊，老夫得其女妻，无不利。

《象》曰：**老夫女妻，过以相与也。**

【讲解】 筮遇九二，兆为枯萎的杨树从根部长出新叶，预示老男人娶少女为妻，没有什么不吉利的。

《象辞》说，所谓老夫少妻，是说九二喻年老过甚却与初六少女有亲比关系。

稊，音 tí，植物新芽，通荑。《经典释文》："稊……郑（玄）作荑，荑，木更生。"《周易浅述》："稊，根之荣于下者。"指枯杨根部苞出新叶。九二阳之过甚，有枯杨之象。二、三、四互体为乾，有男、夫之象。初六承于九二，有女妻从夫之象。九二、初六亲比，故"得阴之滋，有稊根复秀，女妻得遂生育之象"（陈梦雷《周易浅述》)。

九三，栋桡，凶。

《象》曰："栋桡"之凶，不可以有辅也。

【讲解】 筮遇九三，栋梁弯曲，凶险。

《象辞》说，栋梁弯曲的凶险之象，是说事物过于刚强而难以获取柔阴的辅助。

九三以刚居阳，得位，且与上六应，据爻位之说，应为吉才是。然此却是凶象，项安世《周易玩辞》称："唯大过之时不用常理。"指此《象辞》不遵爻位说常则。

九四，栋隆，吉。有它，吝。

《象》曰："栋隆"之吉，不桡乎下也。

【讲解】 筮遇九四，房屋栋梁由弯曲而隆起，吉利。有歪斜、不正的话，令人憾惜。

《象辞》说，所谓栋梁因隆起而吉利，喻栋梁不再弯曲而倒下之理。

九四以刚居阴，损以过刚而趋于阴阳调和，故栋梁有弯曲而隆终以平复之象。朱熹《周易本义》："以阳居阴，过而不过，故其象隆而占吉。"而九四下应初六，有趋于柔弱之时势，使栋梁弯曲隆起以致平复，故吝。《周易本义》云："下应初六，以柔济之，则过于柔矣，故又戒以'有它'则'吝'也。""有它"的它，本义为邪行，引申为不正。《周易集解》《周易浅述》诸本作有他。

九五，枯杨生华，老妇得其士夫，无咎无誉。

《象》曰："枯杨生华"，何可久也？老妇士夫，亦可丑也。

【讲解】 筮遇九五，兆象为枯萎的杨树开花了，预示老女人嫁了少年郎，没有错失，也没有可以夸耀的。

《象辞》说，所谓枯萎的杨树开花，怎能长久不衰呢？老女人嫁少年郎，这事也太名声不好了。

九五以刚居阳而得中，爻时极佳。与上六逆比，小有瑕疵，故无咎无誉。“何可久”“亦可丑”者，以伦理思想即重男轻女、尊男贱女之理念释爻义。《周易折中》云：“九五承于上，近末也，生华之象。”“承于上”之说，为“比于上”之误。

上六，过涉灭顶，凶。无咎。

《象》曰：“过涉”之凶，不可咎也。

【讲解】 筮遇上六，兆象为涉水渡河，水太深而淹没头顶，凶险但没有错失。

《象辞》说，涉水遭灭顶之灾的意思，在于不可以将其看作错失。

上六处大过之终，以柔居阴，极阴之象，孤阴残存，故凶。三、四、五互体为乾，为首为顶。上卦为兑，兑为泽，《周易集解》引虞翻云：“顶没兑水中，故‘灭顶，凶’。”上六乘于九五，“乘刚，咎也，得位，故无咎”。

【小结】 颐、大过互为错卦。颐卦主旨在养，慎言语，节饮食。君人自养而养人。美其养者，养正之谓，妄养者欠正。大过卦阳大阴小，大者，过也。全卦四阳过甚，而二居中，五得正，内顺（巽）外悦（兑），其道亨通。凡事皆失于过，为人做事，以中、正为宜。

卦二十九

䷜ 坎（坎下坎上）

坎险重重，行险而不失其信

习坎：有孚，维心，亨。行有尚。

【讲解】 筮遇此卦，卦象为坎陷加上坎陷，险阻重重。以俘虏祭神应该胸怀实诚，忠挚而为，这种行为值得推崇。习坎，帛书本作习赣；汉石经作欿。习坎即坎卦。

习，数飞义。《礼记·月令》："鹰乃学习。"引申为重复。习坎，指坎卦坎下坎上，为重坎之象。在《周易》六十四卦中，唯此卦卦名，于坎字前增一习字，意在强调人生坎险之重。整部《周易》，除坎卦外，还有屯、困与蹇等数卦，都以屯难、困穷为主旨。中国文化重视人生苦难。陈梦雷《周易浅述》云："此卦上下皆坎，是为重险，故言习。"是。维，借为惟，非语气助词。维心，惟心。坎卦此言习坎，称名之特例。

《彖》曰："习坎"，重险也，水流而不盈，行险而不失其信。"维心，亨"，乃以刚中也。"行有尚"，往有功也。天险不可升也，地险山川丘陵也。王公设险以守其国。险之时用大矣哉！

【讲解】《彖辞》说，坎卦坎下坎上，象征险陷重重，好比流水陷落而非盈溢。身处险境但内心忠信不移，专注、执着而人生道路亨通。从卦符看，九二、九五以刚爻居中。所谓行为值得推崇，是说艰难前往必有所成。上天的险阻，人力不可逾越；大地的险阻，是指高山、大河与丘陵令人难行。王公贵族领悟坎卦卦义，用设立险阻的办法来守护自己的都城。险陷的时机、时义与时效，是坎卦象征的根本之旨。

行险，身处险境。行，同于“行有尚”之行，不宜释为行走在险境。国，甲骨文写作[illegible]或[illegible]，象持戈守卫一个地域，本义为都邑，非指国境。时用，时间的功用，与时机、时义相联。《周易浅述》：“全《彖》取一阳在中，以为内实有常，刚中可以有功，时世有险而此心无险，故虽险而亨。此全卦之大旨也。”

《象》曰：水洊至，习坎。君子以常德行，习教事。

【讲解】《象辞》说，流水不断涌来，象征险陷重重。君子观悟此卦，长久地守持美德善行，不断地修习政教之事。

洊，音 jiàn，通荐，再。王弼《周易注》：“相仍而至。”犹言接踵而至。常，用作动词，持久。

初六，习坎，入于坎窞，凶。

《象》曰：“习坎”，入坎，失道凶也。

【讲解】 筮遇初六，坎险重重，跌落在洞穴深处，凶险。

《象辞》说，所谓坎险重重，跌入洞穴深处，象征丧失处险之正道而必遭凶灾。

窞，音 dàn，深洞。朱熹《周易本义》：“以阴柔居重险之下，其陷益深，故其象占如此。”初六失位，无应，故“失道凶”。

九二，坎有险，求小得。

《象》曰："求小得"，未出中也。

【讲解】 筮遇九二，身陷险难之境，欲求履险，从小事做起，而有所成。

《象辞》说，所谓"求小得"，是说此时九二虽居中而尚未出险。

李鼎祚《周易集解》引虞翻云："阳陷阴中，故'有险'。据阴有实，故'求小得'也。"九二陷于二阴间，阴为小。

六三，来之坎坎，险且枕，入于坎窞，勿用。

《象》曰："来之坎坎"，终无功也。

【讲解】 筮遇六三，坎险一个接一个，来之不断，险阻难以排除，止而不去，跌入深洞，不是好兆头，勿有所行动。

《象辞》说，所谓"来之坎坎"之象，是说六三最终想要出险而徒劳无功。

《周易集解》引虞翻云："坎在内称'来'，在坎终坎，故'来之坎坎'。枕，止也。艮为止（引者按：三、四、五互为艮）。三失位乘二则险。承五隔四，故'险且枕'。"

六四，樽酒，簋贰，用缶，纳约自牖，终无咎。

《象》曰："樽酒，簋贰"，刚柔际也。

【讲解】 筮遇六四，以杯盛酒，两个青铜或陶制的簋器盛物，瓦缶之中装着吃的东西，通过窗户递入，按照信约进献于神灵，终究没有咎害。

《象辞》说，所谓以杯盛酒，两个簋器盛物，是指六四亲比于九五，有承据关系而刚柔相济。

簋，音guǐ，殷周青铜或陶制盛食器，圆口圈足，无耳或有耳，方座或带盖，一般为祭祀用具。甲骨文写作[illegible]（董作宾《小屯·殷虚文字乙编》八八一〇）。缶，瓦器，食具，或乐器，此指食具。牖，音yǒu，窗户。王弼《周易注》："处重险而履正，以柔居柔，履得其位，以承于五……皆无余应以相承比，明信显著，不存外饰。处坎以斯，虽复一樽之酒，二簋之食，瓦缶之器，纳此至约，自进于牖，乃可羞（馐）之于王公，荐之于宗庙，故终无咎也。"此说可从。

九五，坎不盈，祇既平，无咎。

《象》曰："坎不盈"，中未大也。

【讲解】 筮遇九五，坎险之处，水不盈溢，小山夷为平地，没有咎害。

《象辞》说，所谓坎险之水不盈溢，象征九五有中正之德却未光大。

祇，祗之误，通坻，小山之谓。帛书本《周易》作禔，安之义，亦通。按：坎卦九五，何以有"平"之象？三、四、五互体为艮，九五爻变使上卦为坤故。李鼎祚《周易集解》引虞翻曰："盈，溢也。艮为止，谓水流而不盈。坎为平，祗，安也。艮止坤安，故祗既平，得位正中，故无咎。"此释最切。九五刚居阳得正，因险阻重重，将出险却未尽出，故曰"中未大也"。

上六，系用徽纆，置于丛棘，三岁不得，凶。

《象》曰：上六失道，凶三岁也。

【讲解】 筮遇上六，以牢固的绳索系缚，囚禁在荆棘丛中，三年（多年）不能解脱，凶险。

《象辞》说，上六丧失处险、出险之正道，这种凶险危及多年。

缧，音 mò，绳索。《经典释文》引刘表以为徽、纆皆索名：“三股曰徽，两股曰纆。”

坎为棘，坎下坎上，故曰“丛棘”。《周易集解》引虞翻云：“狱外种九棘，故称丛棘。”上六以柔居阴得位，何以为凶？上六处坎之终，喻坎险之极故。

卦三十

䷝ 离（离下离上）

重明以丽乎正，乃化成天下

离：利贞，亨。畜牝牛，吉。

【讲解】 离卦卦辞：这是吉利的占问，可祭神。饲养母牛，吉祥。离，帛书本作罗。

畜，养。牝，音 pìn，母牛，与牡对。引申为雌性，与雄对。

《彖》曰：离，丽也。日月丽乎天，百谷草木丽乎土。重明以丽乎正，乃化成天下。柔丽乎中正，故亨。是以“畜牝牛，吉”也。

【讲解】《彖辞》说，离卦象征附丽，好比太阳、明月附丽于苍穹，百谷草木附丽于大地。离卦离下离上，象征光明倍增，附丽于中正之道（按：这里尤指六二），化生、成就天下人文灿烂。柔和、美丽，源自中正之道，所以亨通。这便是畜养母牛，可获吉祥的喻义。

八卦的离卦，一阴附丽于上下之阳。离者，火也。中虚者，光明也。八卦的离卦，坤之一爻来就于乾体。六十四卦的离卦以二、五附丽乾体而有附丽之象，象牝牛之畜养。《周易浅述》：

“日月丽天，以气丽气而成明；百谷草木丽土，以形丽形而成文。君臣上下皆有明德，而处于中正，则可以成天下文明之化，此皆以释卦之名义也。柔丽乎中正，故亨。是以‘畜牝牛，吉’也。”

《象》曰：**明两作，离。大人以继明照于四方**。

【讲解】 明两，二明相继，指此卦离内离外，与前言重明类。作，起之义。《象辞》说，离卦离下离上，离为日，象征倍增的光明。象喻大人人格光辉灿烂，好比太阳普天照耀，加倍辉煌而美丽。

初九，履错然，敬之，无咎。

《象》曰：**“履错”之敬，以辟咎也**。

【讲解】 筮遇初九，鞋子金黄色的样子，尊崇穿鞋者，便没有咎失。

《象辞》说，所谓穿金黄色鞋子以引起尊仰的意思，为的是避免错误。

履，鞋。错，金黄色，以金涂饰，错彩镂金之错，即具此义。辟，避之本字。初刚居初，取象为履，在下。当附丽之始，践行宜敬慎。

六二，黄离，元吉。

《象》曰：**“黄离，元吉”，得中道也**。

【讲解】 筮遇六二，黄龙般云霓涌起，至为吉祥。

《象辞》说，所谓黄龙般云霓涌起，至为吉祥，六二大得中正之道。

离，螭。《说文·虫部》：“若龙而黄。”高亨《周易大传今注》说：“谓云气似龙形者，虹之类也。音转而谓之霓。黄螭即黄霓。黄为吉祥之色。元，大（太）也。古人认为黄霓出现天空，是大吉之兆。”六二以柔居阴得正，“元吉”而“得中道”也。

九三，日昃之离，不鼓缶而歌，则大耋之嗟，凶。

《象》曰：“日昃之离”，何可久也？

【讲解】 筮遇九三，太阳西斜，黄龙般的云霓出现在西天，这时如果不是击缶唱歌自得其乐，那么必然导致暮年苦命的嗟叹，凶险。

《象辞》说，日昃之离的兆象，象征老年人日近黄昏，虽似云霓附丽于天，但不久便没落，在世的日子不多了。那些快乐的日子，怎么可能长久呢？

昃，音 zè，太阳西沉貌。耋，音 dié，大耋，指人之暮年。九三为下卦之终，丽日将没，故称日昃之离，凶险。初爻象日出，二爻象日中，三爻象日西斜。

九四，突如，其来如，焚如，死如，弃如。

《象》曰：“突如，其来如”，无所容也。

【讲解】 筮遇九四，太阳出人意料地升起，烈焰一般焚烧，不久又死一般地隐没，好似被丢弃的样子。

《象辞》说，所谓太阳出人意料地升起，烈焰一般焚烧，不久又隐没被丢弃，象喻事物突如其来、忽然而去，人的命运多变，不知哪里是容身之处。

如，语气助词。九四在上卦离体之底部，失位。以日为喻，王弼《周易注》说：“昏而始晓，没而始出，故曰‘突如，其来如’。其明始进，其炎始盛，故曰‘焚如’。逼近至尊，履非其位，欲进其盛，以炎其上，命必不终，故曰‘死如’。违离之义，无应无承，众所不容，故曰‘弃如’也。”容，容纳之谓。

六五，出涕沱若，戚嗟若，吉。

《象》曰：六五之吉，离王公也。

【讲解】 筮遇六五，涕泪滂沱，哭得伤心，悲戚嗟叹，吉利。

《象辞》说，六五爻辞所谓吉利，是说臣下悲伤哭泣，有臣下附丽于君王公侯的意思。

六五以柔居阳，处尊而未得正。三、四、五互体为兑，兑为泽，有涕沱之象。居尊而知忧惧，以戚叹而自戒，故吉。

上九，王用出征，有嘉，折首，获匪其丑，无咎。

《象》曰：“王用出征”，以正邦也。①

【讲解】 筮遇上九，君王出兵打仗，杀了敌方首领，有嘉美之战功，俘获丑陋之敌，没有咎害。

《象辞》说，所谓君王占问出兵打仗，为的是通过占问以正道治理邦国。

用，从卜从中；中，古时测影测风之装置。故用字具卜义，中有占问义。嘉，嘉许，赞美。折首，斩首。匪，非。丑，对敌之蔑称。离喻甲胄戈兵，有出征象。上九乾爻，乾为首，为上之

---

① 王肃本在该《象辞》“以正邦也”一语后有“‘获匪其丑’，大有功也”句。

终，首之象。“先儒皆谓坎折坤（引者按：坤卦二爻变为坎卦），则离亦折乾也（乾卦二爻变而成离卦），故离有杀象。……折首谓杀敌。”（尚秉和《周易尚氏学》）可参。

【小结】 坎、离互为错卦。坎卦象征人生道路险陷重重，而内心诚信，刚健居中，便可践坎而出险，推扬道德救世之说；离卦以日火为喻象，申说人当附丽于社会与时代的意义，宣示《彖辞》所谓“重明以丽乎正，乃化成天下”的政治伦理思想。坎九五与离六二，为坎、离之主爻。前者刚中，后者柔中。以刚健中正对治坎险，则无咎；以柔丽居中之坤德附丽之，则中正而至为吉祥。

下经三十四精讲

尽人事　首咸恒而至既济未济

卦三十一

䷞ 咸（艮下兑上）

男女相感，天地感而万物化生

咸：亨，利贞。取女，吉。

【讲解】 咸卦卦辞：祭神，吉利的占问。娶妻，吉利。咸，楚竹书、帛书本作钦。

咸，音 gǎn，感。咸卦明人伦之始、夫妇之义。咸，首指男女相感。李鼎祚《周易集解》：“《序卦》曰：‘有天地，然后有万物；有万物，然后有男女；有男女，然后有夫妇；有夫妇，然后有父子；有父子，然后有君臣；有君臣，然后有上下；有上下，然后礼义有所错。’韩康伯曰：‘言咸卦之义也。咸，柔上而刚下，感应以相与。夫妇之象，莫美乎斯；人伦之道，莫大夫妇。’”

《彖》曰：咸，感也。柔上而刚下，二气感应以相与。止而说，男下女，是以“亨，利贞。取女，吉”也。天地感而万物化生，圣人感人心而天下和平。观其所感，而天地万物之情可见矣。

【讲解】《彖辞》说，咸卦，言男女交感。咸卦上卦为兑，下卦为艮。一个柔爻来就于乾体而成兑，一个刚爻来交于坤体而成艮，这是阴阳二气相互感应、交合的意思。全卦下卦为艮为止为少男，上卦为兑为说（悦）为少女，这便是阴气与阳气亨通，有利于守持正固，少男娶女为妻而吉利美善的意思。天地阴阳交感而万物化合生育，圣人与百姓众心相互感应就天下太平。观悟咸卦所象征的交感、感应之理，天地万物的情情实实（实际情形）与交感之理就可体现出来而让人心知肚明了。

《周易浅述》："咸卦，下艮上兑，取相感之义。兑，少女；艮，少男也。男女相感之深，莫如少者。又艮体笃实，兑体和说（悦），男以笃实下交，女心说而上应，感之至也。"

《象》曰：山上有泽，咸。君子以虚受人。

【讲解】《象辞》说，咸卦下为艮为山，上为兑为泽，山体润泽，象征男女交感。君子悟于此卦，懂得以虚怀接纳天下众人的为人、为政之道。

李鼎祚《周易集解》引崔憬云："山泽通气，咸之象也。"又引虞翻云："乾（引者按：兑之原型为乾，乾九三爻变为六三而成）为人，坤（艮之原型为坤，坤六三爻变为九三而成）为虚，谓坤虚三受上，故'以虚受人'。艮山在地，下为谦，在泽下为虚。"可从。

初六，咸其拇。

《象》曰："咸其拇"，志在外也。

【讲解】 筮遇初六，相互感应在少男少女的大脚指。

《象辞》说，所谓相互感应在大脚指，是说艮体以初始感应于上卦兑体，象征初六的感应志趣在于向外求偶。

拇，拇指。《经典释文》释为足大指。外，指咸之外卦。初六上应九四。初在下，有大脚指之象。初感尚浅，善恶、真假、美丑未分，故此爻辞不言吉凶。

六二，咸其腓，凶。居吉。

《象》曰：虽凶，居吉，顺不害也。

【讲解】 筮遇六二，少男少女相互感应在小腿肚，凶险。安居于静而得正之时，吉利。

《象辞》说，六二爻辞虽称凶险，安居于静而得正则吉祥，是指六二顺应交感之正道，没有什么不好。

腓，音 féi，小腿肚。《说文》："胫腨也，从肉非声。"胫，腓肠。段玉裁注："胫骨后之肉也。"腿肚肥厚，"似中有肠者然，故曰腓肠"。六二"得位居中，于五有应（引者按：正应），若感应相与，失艮止之礼，故凶（此言六二宜居正守静，不可躁妄）。居而承比于三，顺止而随于当礼，故吉"（李鼎祚《周易集解》引崔憬）。礼为道德准则，结合爻位解释，可从。"阴性本静，艮体本止，顺其本然，不累于欲，感可不害矣。"（陈梦雷《周易浅述》）男女相感有一渐生过程，此爻以躁妄为戒。

九三，咸其股，执其随，往吝。

《象》曰："咸其股"，亦不处也。志在随人，所执下也。

【讲解】 筮遇九三，少男少女相互感应在大腿，如果执意追随他人发展下去，会有遗憾。

《象辞》说，九三爻辞所谓相互感应在大腿，也便是不能守静安处的意思。志趣唯在盲目地追随他人，这一执取是低俗的表现。

股，大腿。处，止，隐退，安守。《系辞上》："或出或处。"九三应上六，为逆应，居下之终，阳刚过甚，难以自守，故"往吝”。二、三、四互为巽，有股象，艮为手，有执象。凡少男少女未感，为处矣，今已感，故称不处。随意妄执，所执为下。

九四，贞吉，悔亡。憧憧往来，朋从尔思。

《象》曰：“贞吉，悔亡”，未感害也。“憧憧往来”，未光大也。

【讲解】 筮遇九四，筮得的结果是吉利，无遗憾。少男少女心神不能自守而相互憧憬，情意绵绵，以对方的思绪为自己的思绪。

《象辞》说，所谓占问吉利，没有遗憾，象征守持正固，无悔无恨，没感到有什么害处。所谓心神不能自守而相互憧憬，情意绵绵，是说此时男女交感，尚未彻底坦露身心。

《说文》：“憧，意不定也。”憧憧，非仅指心神不安，如仅此，便与后文“朋从尔思”相矛盾。“朋从尔思”，指彼此相感甚切。九四刚居阴，失正，而言“贞吉，悔亡”，为戒词。九四下应于初六，有朋象。而九四毕竟居上卦之下，所感未臻佳时，故“未光大”。

九五，咸其脢，无悔。

《象》曰：“咸其脢”，志末也。

【讲解】 筮遇九五，因感应而感动在他的喉头（按：意思是因感动而喉头哽咽，说不出话来），没有悔恨。

《象辞》说，所谓感应在他的喉头，是说少男少女的爱，将最终交感而结为夫妇。

脢，音 méi，喉头之梅核。何楷《古周易订诂》：“陆农师云：‘脢在口下心上，即喉中之梅核。’”徐志锐主是说。可从。

孔颖达据《子夏易传》，释脢为背脊肉，李鼎祚亦主此说。九五得中得正，亲比于上（逆比）而下应于六二，其时正宜，“志末”者，指九五志在末，末指上六。上六据九五，故言九五之志有趋末之象。

上六，咸其辅、颊、舌。

《象》曰：“咸其辅、颊、舌”，滕口说也。

【讲解】 筮遇上六，少男少女相互感应在牙床、脸颊与舌头。

《象辞》说，所谓相感在牙床、脸颊与舌头，最终达成吻之悦。

辅，辅车之略语。辅原指颊骨，车指牙床，爻辞在辅后有颊字，如按辅本义释为颊骨，则与后文颊字之义重，因而，这里释辅为辅车之略语，有牙床义。滕，水之腾涌，通沸腾之腾。《周易集解》作媵。媵，古祭名，有送之义，似欠妥。

上六居卦之终，有处人体之上部的辅、颊、舌之象。上六得位，下应九三，爻辞未言吉，实为吉象。王弼《周易注》：“咸道转末，故在口舌言语而已。”就男女相感的自然过程而言，咸卦自初至上，初感“拇”，二感“腓”，三感“股”，四感“憧（心）”，五感“脢”，上感辅、颊、舌，描述了少男少女相感由浅入深的全过程。从易之时义分析，有喻事物从渐变到突变之义。咸卦以九五为主爻，与六二相应，其爻辞虽状相感之深而喉头哽咽无法言语，但毕竟《易传》所重，在于夫妇相感的人伦之正道，并非情欲本身。与此相系，上六据于九五，虽有滕口即口欲之快，却不值得大为肯定。故而王弼释上六爻义如是。

卦三十二

䷟ 恒（巽下震上）

刚柔皆应，夫妇之道

恒：亨，无咎，利贞。利有攸往。

【讲解】恒卦卦辞：祭神，没有咎害，吉利的占问。有利于有所作为。恒，楚竹书作死。

《彖》曰：**恒，久也。刚上而柔下，雷风相与，巽而动，刚柔皆应，恒。“恒：亨，无咎，利贞”，久于其道也。天地之道，恒久而不已也。“利有攸往”，终则有始也。日月得天而能久照，四时变化而能久成，圣人久于其道而天下化成。观其所恒，而天地万物之情可见矣。**

【讲解】《彖辞》说，恒卦象征恒久。恒卦上为震，一刚爻来交于坤而震。下为巽，一柔爻来就于乾而巽。上为震为雷，下为巽为风，有雷风相与之象即巽风而雷动之象。初六上应九四，刚柔皆应之象，象喻恒久之道。所谓恒久、亨通，没有错失，利于守持正固。这一正道的主题，是恒久。天地运行，恒久而永不停息。所以有利于有所作为，象征事物运化终而复始。日月得天道运化而能恒久普照，春夏秋冬四时运变便永远不断地生化、育成万物。观悟恒卦所象征的恒久之道，天地万物的情情实实可以体现，让人明了。“《彖传》取义有四。刚上柔下，一也。雷动风应，二也。由顺而动，事乃可久，三也。刚柔相应，乃理之常，四也。故卦名恒。”（陈梦雷《周易浅述》）恒卦上为震为长男，下为巽为长女。长男在长女之上，喻男尊女卑之理。全卦以有常为亨，贵在正固，以阴阳之气调和为恒。

《象》曰：**雷风，恒。君子以立不易方。**

【讲解】《象辞》说，恒卦上为震为雷，下为巽为风，有雷风相薄之象，象征恒久之道。君子效法恒卦，为的是树立天地万物在运化之中恒久不变，而人生道路恒久不变的思想、理念。

黄寿祺、张善文《周易译注》云：“‘恒’字之义，可析为二：其一，恒久不易，如守持正道不可一刻动摇；其二，恒久不已，如施行正道必须坚持不懈。”然也。释恒卦之恒义，须指明此恒乃变、化之恒，因变、化而恒。天地万物恒变。恒者，指变、化本身是不变的。方，道路、方法之谓。

初六，浚恒。贞凶，无攸利。

《象》曰：**“浚恒”之凶，始求深也。**

【讲解】 筮遇初六，不断疏理河道使其愈深。占筮结果是凶险，没有什么好处。

《象辞》说，所谓不断疏浚河道的凶险，是指初六开始时妄求过深。

浚，疏理。恒卦初六，柔居阳而失位，初之柔弱，如不审时度势，以巽为入于过深，则非其常恒之道，故主凶。此爻喻义，宜深则深，宜浅则浅，应随时而宜。求深非不善，而始初求深则未宜。

九二，悔亡。

《象》曰：**“九二，悔亡”，能久中也。**

【讲解】 筮遇九二，没有遗憾。

《象辞》说，九二爻辞所谓没有遗憾，是说居中能够恒久而无私偏。

亡，无。该爻辞未记兆象之辞，仅存判词。九二以刚居阴，有悔之爻，而二为中位，故“悔亡”。

九三，不恒其德，或承之羞。贞吝。

《象》曰：“不恒其德”，无所容也。

【讲解】 筮遇九三，人不恒久地保持那种道德，随意接受他人的珍馐。筮得的结果是遗憾。

《象辞》说，所谓“不恒其德”，是说九三的喻义是无地自容。

恒，恒久。或，代词。承，受。羞，馐。九三得位而处下之终，过刚未中，欲据初而隔二。三、四、五互体为兑，欲与五亲比，又隔四。上应于上六，而未能久，且巽为躁，故“不恒其德”。恒必中道，不中则不恒。长男长女为夫妇，不恒其德喻不守节操，故“无所容也”。

九四，田无禽。

《象》曰：久非其位，安得禽也。

【讲解】 筮遇九四，田猎活动没有捕获猎物。此爻无判词。

《象辞》说，九四喻恒久之道却不当其位，好比田猎，哪里能够捕获猎物。

田者，田猎之谓。无禽，指田猎不获。守中则恒，九四失位失中，久非其位而象无有捕获。

六五，恒其德，贞。妇人吉，夫子凶。

《象》曰：妇人贞吉，从一而终也。夫子制义，从妇凶也。

【讲解】 筮遇六五，恒久地保持贞操，成婚女子可获吉祥，丈夫如拘守妇道柔德，凶险。

《象辞》说，成婚女子守持正固，吉祥恒美，是说随从丈夫终身不渝。丈夫要是像妇人一般柔顺随从，那就凶险。

“制义”之“义”，宜。六五以柔居中，下应刚中，阴柔而正，有“恒其德”之象。五变则上卦为兑，为少女，有妇人之象。此爻是说：“妇人之象，以柔为恒；妇人之道，非夫子所宜。故妇人得此爻则吉，在夫子则凶也。”（陈梦雷《周易浅述》）

上六，振恒，凶。

《象》曰：振恒在上，大无功也。

【讲解】 筮遇上六，动摇恒久的基础，凶险。

《象辞》说，上六象征动摇恒久之道到了终点，是说倘无恒久与专一之美德善行，说到底是不会成功的。

振，动，扬。大，原始，根本，引申为彻底。朱熹《周易本义》：“振者，动之速也。”上六居全卦之极，为上震之终，有过振、过动之喻义。柔居上而难以固守，故有“振恒”之象。

【小结】 咸、恒互为综卦。下经首咸恒，而言少男少女相感、夫妇相与之道。咸卦卦体，兑阴在上而艮阳于下，全卦阴阳和谐；咸卦卦德，艮止如山喻情笃，兑悦似水象因应之切。引申之，则天地感而万物化生，故《系辞下》说：“天地絪缊，万物化醇，男女构精，万物化生。”恒卦卦义，雷动而风应，刚上而柔下，重夫妇之道及纲纪之常恒，巽顺于伦理，雷主动而有为。咸（感），夫妇之恒道的根性根因；恒（久），自然相感相应的家庭伦理秩序的落实。

卦三十三

䷠ 遁（艮下乾上）

遁而亨，与时行也，谦退以自守

遁：亨，小利贞。

【讲解】 遁卦卦辞：祭神，这是稍为吉利的占问。遁，楚竹书作豚；帛书本作掾。

遁，《经典释文》：隐退之谓，匿迹避时、奉身退隐之义。

《彖》曰：**遁，亨**。**遁而亨也**。**刚当位而应，与时行也**。**“小利贞”，浸而长也**。**遁之时义大矣哉!**

【讲解】《彖辞》说，遁卦象征命运亨通。因隐退避凶而亨通。遁卦九五下应六二，刚爻居中得正当位，与时消息，与时偕行，随顺时机而隐退。所谓“小利贞”，指遁卦两阴爻象征柔小者守持正固吉利的意思，有阴气渐渐浸润而滋长之义。遁卦体现因时而退的意义，是全卦卦义的根本。

《周易集解》引虞翻云：“刚谓五而应二，艮为时，故‘与时行’矣。”又引荀爽云：“阴称小，浸而长，则将消阳，故利正居二，与五相应也。”

《象》曰：**天下有山，遁。君子以远小人，不恶而严**。

【讲解】《象辞》说，遁卦上为乾为天，下为艮为山，象征天下有山，具隐退义。君子观悟此卦，远避小人，不示厌恶之情而能庄严自矜。

恶，厌恶。严，庄敬自持，有肃严自敬之貌。陈梦雷《周易浅述》："天不必示远于山也，乃山势虽高，而天去之自远。君子不必示恶声厉色于小人也，乃小人虽近，君子远之自严。不恶者，待彼之礼；严者，守己之节。'远小人'，艮止之象；'不恶而严'，乾刚之象也。"

初六，遁尾厉，勿用有攸往。

《象》曰：**遁尾之厉，不往，何灾也？**

【讲解】 筮遇初六，隐遁其尾巴，有危险，不利于有所行动。

《象辞》说，隐遁其尾，有危险。不有所行动，有什么灾变？

初六为卦之初，非当位，未中不正，有遁厉之象。艮为山为止，有静义，"不往"，守静之谓，守静于初，则"何灾也"。

六二，执之用黄牛之革，莫之胜说。

《象》曰：**执用黄牛，固志也**。

【讲解】 筮遇六二，用黄牛皮制成的皮带系缚，没有人有力量可以解开。

《象辞》说，所谓用黄牛皮带系缚，六二象征中正自守、正固时义的志向。

执，拿，持，掌握，引申为系缚。说，脱字误写。下艮为手，执之象。二以中正自守，志在必遁。六二上应九五，因应之切而有“莫之胜说（脱）”之象。

九三，系遁，有疾厉。畜臣妾，吉。

《象》曰：“系遁”之厉，有疾惫也。“畜臣妾，吉”，不可大事也。

【讲解】 筮遇九三，心猿意马不能安于隐退，有疾害、危险。如果畜养臣仆侍妾，吉利。

《象辞》说，所谓“系遁之厉”，是说心有旁骛，不能隐退以自守，有疾患而遭致处境危险，身心疲惫。畜养臣妾虽为吉利，但并非治国平天下的大事。

六二之阴迫阳，阳则遁矣，而九三居下卦之极，时宜不利，艮为止，有系遁之象。九三亲比于六二，象征心有系缚而未能隐退谦下，过刚之故。《周易折中》引胡瑗云：“为遁之道，在乎远去。九三居内卦之上，切比六二之阴，不能超然远遁，是有疾病而危厉者也。”下艮为阍寺，有臣妾之象，而畜养之未可干预大事，则吉。

九四，好遁，君子吉，小人否。

《象》曰：君子“好遁”，“小人否”也。

【讲解】 筮遇九四，君子喜隐遁，吉利。小人不喜隐遁。

《象辞》说，君子喜爱隐遁，谦退之道，小人并非如此。

九四居上之始，下应于初六，有好遁之象。乾体刚健自持，无系恋之私，故“好遁”。小人根性卑下，有系恋之私，故“否”。

九五，嘉遁，贞吉。

《象》曰：“嘉遁，贞吉”，以正志也。

【讲解】 筮遇九五，令人称许、赞美的隐遁，吉利。

《象辞》说，所谓令人称颂的隐遁之道，象征人格守持正固、吉利美好，是说九五象征中正之志向。

《文言》有“亨者，嘉之会也”之说，九五下应六二，象刚柔两美嘉会。遁之时宜阳退阴进，反以九五象征，极言隐遁乃人间正道。这里，《象辞》染乎先秦老庄之说。

上九，肥遁，无不利。

《象》曰：“肥遁，无不利”，无所疑也。

【讲解】 筮遇上九，宽裕自得地隐遁，没有什么不吉利。

《象辞》说，所谓宽裕自得地隐遁而没有不吉利，是说上九象征决心隐遁，无所迟疑。

肥，“宽裕自得之意”（朱熹《周易本义》）。陈梦雷从之。李鼎祚《周易集解》引虞翻：“乾盈为肥。”可从。徐志锐《周易大传新注》云：“上九处一卦的终极之地，与二阴无应无比，在遁退之时其逃遁如飞，故称‘肥遁’，言其退之速。”可备一说。

卦三十四

䷡ 大壮（乾下震上）

刚以动，故壮，大者正也

大壮：利贞。

【讲解】 大壮卦卦辞：这是吉利的占问。此卦辞缺兆象记录，仅存判词。大壮，帛书本作泰壮。

《彖》曰：**大壮，大者壮也**。**刚以动，故壮**。**大壮，利贞，大者正也**。**正大而天地之情可见矣**。

【讲解】《彖辞》说，大壮卦，象征刚健雄强。阳刚之气震动不已，因而称为强壮。大壮卦象征守持正固、吉善美好，阳刚之气雄大而刚正。刚正雄大，那么天地的情情实实、品质德性就可以显现了。

大壮卦四阳二阴，阳大阴小，四阳雄大，故曰大壮。下乾为刚，上震为雷，雷震天宇，故曰大壮。朱熹《周易本义》："以卦德言，则乾刚震动，所以壮也。"

《象》曰：**雷在天上，大壮**。**君子以非礼弗履**。

【讲解】《象辞》说，大壮卦象征雷震于天，雄强壮大。君子观悟大壮卦，不合乎礼的不去践履。

《周易集解》引虞翻认为大壮之壮，伤也，壮通戕，有伤义。雷在天上，有雷震乘临乾天而戕伤乾天之义。故刚健盛大则伤，君子应具警畏之心，适时而止。可备一说。

初九，壮于趾，征凶。有孚。

《象》曰："壮于趾"，其孚穷也。

【讲解】 筮遇初九，自恃足趾强壮则易受伤，预示向前征伐凶险，但有俘获。

《象辞》说，所谓"壮于趾"，是说初九象征内存诚信正处于穷时。

初九以刚居阳而无比无应，当壮之时而急于进，有伤趾之象。来知德《周易集注》云，初九、九四无应，即既无应援，初九又卑下无位，故曰穷。欲壮进之时，其德不进，则必凶，处穷之时矣。高亨《周易大传今注》："壮借为戕，伤也。趾，足也。孚，古俘字。伤于足则不可出行，故筮遇此爻，出征则凶，但尚有所俘获。"同时指出，《象辞》中的孚字，其义"信也"。是。

九二，贞吉。

《象》曰："九二，贞吉"，以中也。

【讲解】 筮遇九二，吉祥。此爻缺兆象记录，仅有判词。

《象辞》说，九二吉祥，是说九二阳刚居于中位的缘故。

李鼎祚《周易集解》引虞翻："（九二）变得位，故'贞吉'。动体离，故'以中也'。"九二变六二，即为得中之爻，以中也。凭什么这里可以变爻？没有什么必然。古人依爻位排列每爻爻辞，并无强烈、彻底的关于爻位必与爻辞意义一一对应的理念，自圆其说即可，此《系辞上》所谓“神无方而易无体”。

九三，小人用壮，君子用罔。贞厉。羝羊触藩，羸其角。

《象》曰：“小人用壮”，君子罔也。

【讲解】 筮遇九三，小民百姓自恃壮盛而受戕伤；君子贤人见时机未佳，为避壮健过甚而逃亡。占问的结果是凶险。公羊自恃强壮而猛触藩篱，羊角被拘牵、纠缠。

《象辞》说，小民百姓自恃壮盛而受戕伤，君子贤人见时机未佳，为避壮健过甚而逃亡，其义在避免过于刚盛。

罔，帛书本《周易》作亡。羝，音dī，公羊。羸，这里通累，缠绕束缚义。九三居下之终，当位应上，有刚亢之时义。小人为过于壮所累而危厉，君子避其壮（伤）。三、四、五互体为兑，兑为羊，有羊象，上震为竹木，有藩象。《象辞》“君子罔也”句，《周易》古本作“君子用罔也”。

九四，贞吉，悔亡。藩决不羸，壮于大舆之輹。

《象》曰：“藩决不羸”，尚往也。

【讲解】 筮遇九四，吉祥，没有憾悔。藩篱被公羊冲破了，羊角没有被拘累纠缠。大车的輹木过于强刚反被戕伤。

《象辞》说，所谓藩篱被公羊冲决，说明羊角不羸弱而未被拘累纠缠。九四象征向前进取。

尚，上。尚秉和《周易尚氏学》说：“尚往，言上进居五。”上卦为震为大途，三、四、五互为兑，为附决，有“藩决”之象。九四变为六四而全卦为泰，上为坤，坤为舆，有大舆壮輹之象。

六五，丧羊于易，无悔。

《象》曰：“丧羊于易”，位不当也。

【讲解】 筮遇六五，在有易之地走失了羊，没有遗憾。

《象辞》说，所谓在有易之地走失了羊，是因六五以柔居阳不当。

“丧羊于易”的易，指有易，顾颉刚《周易卦爻辞中的故事》说：“这里所说的‘易’，便是有易。”（《燕京学报》1929年第6期）殷之先祖王亥牧牛羊于有易之地，被有易部落首领杀害。易通埸（音yì），来知德《周易集注》云，易，即埸，田畔地之谓。所谓“丧羊于易”，即在田畔走失羊群。三、四、五互体为兑，兑为羊，有羊之象。六五以柔居于上卦中位，失其壮，有丧羊之象。

上六，羝羊触藩不能退，不能遂，无攸利。艰则吉。

《象》曰：“不能退，不能遂”，不详也。“艰则吉”，咎不长也。

【讲解】 筮遇上六，公羊抵触藩篱，羊角被藩篱拘累纠缠，退不得，进不得，进退两难，没有什么吉利可言。只有艰苦努力，才可获吉祥。

《象辞》说，所谓退不得，进不得，进退两难，上六象征做事有错失，在于不审慎周详而妄动。艰苦努力才可获吉祥，上六象征这种错失不会久长。

遂，与退义对应，可释为进。详，周详，详备，有审慎义。《经典释文》：“详，审也，审慎也。”上六为大壮之终，触藩无退无进，呈两难之境。而守柔、缓进，艰而有吉。《周易浅述》释上六，言其“以柔居刚，不能刚而强为刚，则无利”。是。

【小结】 遁、大壮互为综卦。遁卦艮下乾上，以九五为主爻，阳刚中正得位，与六二中正而应。而全卦以君子能遁，则身退而道亨，小人不可以阴之浸长，而遽迫于阳刚为主旨，教人隐遁、谦退而自守，颇通老庄哲学之义理。大壮卦既说守正处壮，必获吉祥，又述过于刚盛，必受戕伤之理，强调刚柔、壮弱相济，以“正”为是。

卦三十五

䷢ 晋（坤下离上）

明出地上，顺而丽乎大明

晋：康侯用锡马蕃庶，昼日三接。

【讲解】晋卦卦辞：康侯出征告捷，俘获敌方众多马匹，献给武王。武王昼夜之间多次接到战利品。晋，帛书本作溍。

康侯，周武王之弟，名封，初封于康地，称康侯、康叔。锡，赐，献。蕃庶，众多貌。

《彖》曰：晋，进也。明出地上。顺而丽乎大明，柔进而上行，是以"康侯用锡马蕃庶，昼日三接"也。

【讲解】《彖辞》说，晋卦象征上进、升起。全卦上为离，离为火为日，火即光明，下为坤，坤为地。全卦为太阳从地平线升起之象。坤为地为顺，离为火为丽，象喻随顺于上又附丽于上之太阳。晋卦六五以柔爻居尊，象征臣之美德。所以，兆象为康侯进献许多马匹，周武王一昼夜之间多次接纳。

晋卦下坤上离，下地上日，朝阳喷薄之象。以文字言，晋之象者，旦。甲骨文𣅀，像旭日升起于地平线，有晋升之义。离上坤下，日从地出，而升于天，故曰"明出地上"。坤顺丽乎离明，喻顺德之臣追随大明之君。

《象》曰：明出地上，晋。君子以自昭明德。

【讲解】《象辞》说，太阳初升的光明普照大地，这是晋卦的兆象。君子观悟晋卦，昭显自我光辉灿烂的品操德行。

初六，晋如摧如，贞吉。罔孚，裕无咎。

《象》曰："晋如摧如"，独行正也。"裕无咎"，未受命也。

【讲解】 筮遇初六，太阳初升被乌云遮盖的样子，吉利。没有俘获，可以宽以待日，没有咎害。

《象辞》说，太阳初升被乌云遮盖，初六象征事虽受挫而不可失其正道（按：言初六有趋二之时义）且独自践行。所以宽以待日，没有咎害，初六象征处事未接受急欲上进的指令。

摧，挫败、摧折，此指阳光被掩，有阳光被乌云遮盖之义。如，语气助词。罔，无。孚，俘。裕，宽裕缓进，有待时之义。

初应于四，有晋升之象。二、三、四互体为艮为止，有始进而被摧之象。初应四，故吉。下卦坤地宽广，故初有裕象。初无比，有独行之象，初居最下，应四不应五（按：六五为全卦主爻），故"未受命也"。

六二，晋如愁如，贞吉。受兹介福，于其王母。

《象》曰："受兹介福"，以中正也。

【讲解】 筮遇六二，太阳升起而阴云在天，景象暗淡的样子，吉利。承受宏大福泽滋养，福泽来自王母。

《象辞》说，所谓承受宏大福泽滋养，是说六二象征中正之道。

愁，指景象惨淡。兹，滋。介，大义。尚秉和《周易尚氏学》云，“坤为母”，“王母谓二。言二虽不宜于进，然得中为坤本位，必受此大福也。旧解谓王母指六五”，“误也”。三、四、五互体为坎为忧，六二欲进有愁象。二居中得正，故吉。六五以柔居尊位，虽未得正，而有王母之象。二虽未应于五，而六二得中得正，有受兹介福之象。《象辞》意在主中正柔和缓进之德，愁字未出现于《象辞》，但观悟此爻义，以躁进为可忧。愁者，言进之艰难。

六三，众允，悔亡。

《象》曰："众允"之志，上行也。

【讲解】 筮遇六三，做事公允，获众人信任，没有遗憾。

《象辞》说，做事公允，获众人信任的志向，是说六三有缓缓上进的意思。

允，公允，信。《周易本义》："三不中正，宜有悔者。以其与下二阴皆欲上进，是以为众所信而'悔亡'也。"

九四，晋如鼫鼠，贞厉。

《象》曰："鼫鼠"，"贞厉"，位不当也。

【讲解】 筮遇九四，鼫鼠出没，窃食田稼，贞问的结论是危厉。

《象辞》说，所谓鼫鼠危殆之兆象，是指九四居位不当。

鼫，音 shí，硕鼠，又称五技鼠，蔡邕《劝学篇》："鼫鼠五能，不成一技。"《周易集解》引《九家易》云，此"游不度渎，不出坎也。飞不上屋，不至上也。缘不极木，不出离也。穴不掩身，五坤薄也。走不先足，外震在下也。五伎皆劣，四爻当之。

故曰‘晋如鼫鼠’”。爻辞以鼫鼠之象说晋义，明九四无柔德却居坤体之上，而阻晋进之途，其位、时不当。

六五，悔亡，失得勿恤。往吉，无不利。

《象》曰：“失得勿恤”，往有庆也。

【讲解】 筮遇六五，筮得的结果是没有遗憾，是失是得不必忧虑。行动起来，吉利，没有什么不好。

《象辞》说，所谓得还是失不必忧虑，是说六五象征行动必有喜庆。

恤，忧虑，惊恐。以柔居阳，有悔。但离明在上，坤顺在下，悔可亡。离中虚，爻有柔性故主失得有度。失得，《周易集解》与《周易尚氏学》误为矢得，今改。

上九，晋其角，维用伐邑，厉吉，无咎，贞吝。

《象》曰：“维用伐邑”，道未光也。

【讲解】 筮遇上九，兆象为兽角长大，预示宜于攻伐都邑，有危厉而终吉祥，无错失却有遗憾。

《象辞》说，上九宜于攻伐都邑的兆象，象征王道宜于柔进而不宜刚躁，假如攻伐躁进，便证明王道未曾发扬光大。

角，兽角。维，语助词。王弼《周易注》：“处进之极，过明之中，明将夷焉。已在乎角，而犹进之，非亢如何?”上九下应六三，六三与二、初为坤为地，有邑象，上离为戈兵，有攻伐之象。

卦三十六

䷣ 明夷（离下坤上）

明入地中，内难而能正其志

明夷：利艰贞。

【讲解】明夷卦卦辞：人遇艰危之时去占筮，吉利。

《彖》曰：**明入地中，明夷。内文明而外柔顺，以蒙大难，文王以之。“利艰贞”，晦其明也。内难而能正其志，箕子以之。**

【讲解】《彖辞》说，明夷卦下为离，离为火为明，上为坤为地。太阳下山、黄昏到来之象，象征光明的毁伤。内卦象征文明光华，外卦象征柔顺美德，可以蒙受大灾大难，周文王以此度过忧患之时。所谓人遇艰危之时就去占筮，象征自我掩隐其明智。艰难起于内部，身临其间，能磨砺、振作志向，殷朝大贤箕子以此自晦其明而守持正固。

明夷卦象征光明毁伤，《周易集解》引郑玄云：“夷，伤也。日出地上，其明乃光，至其入地，明则伤矣，故谓之明夷。”又引荀爽云：“明在地下，为坤（地）所蔽，大难之象。”《彖辞》以文王被囚羑里而演《易》，箕子被暴逆纣王囚禁自晦其明（装疯）为例释明夷之旨，象昏君在上而贤明蒙暗，处蒙难之时而不失其正。文王、箕子，天下之榜样。内难，指箕子为纣所囚。

《象》曰：**明入地中，明夷。君子以莅众，用晦而明。**

【讲解】《象辞》说，光明隐没于大地之下，黑暗降临，为明夷之大旨。君子用以治理天下、取信于百姓，自掩其明则心智光明，内存智慧。

莅众，犹言近众、治众。

初九，明夷于飞，垂其翼。君子于行，三日不食，有攸往，主人有言。

《象》曰：**“君子于行”，义“不食”也。**

【讲解】 筮遇初九，黑夜降临，鸟翼低垂，在暗夜之中飞翔。君子出行，蒙暗之时，多天不吃东西而有所前行，所投宿人家有责难之言。

《象辞》说，出行不求于食，喻君子不妄求禄利。

下离为雉，有飞翼低垂之象。《象辞》所谓“义不食也”，与爻辞“三日不食”语相对应，兼具禄食义。

六二，明夷，夷于左股，用拯马壮，吉。

《象》曰：**六二之吉，顺以则也。**

【讲解】 筮遇六二，黑夜降临，左大腿有伤，难以行走，乘坐马匹自拯壮健，吉利。二变而下离变乾，有马象。初为足，二居足之上，为股。二、三、四互体为坎，“坎主左方，左股之象也”（李鼎祚《周易集解》）。

《象辞》说，六二所谓吉利，象征既柔顺又内守正则。居中得正，以阴为柔顺而守中正之则。

九三，明夷于南狩，得其大首。不可疾，贞。

《象》曰：“南狩”之志，乃大得也。

【讲解】 筮遇九三，黑夜降临，在南地狩猎除害，得以消灭首恶。占问的结果是，不可过于急进，宜待时而动。

《象辞》说，所谓在南地狩猎而消灭首恶的志向，是大有所获的意思。

大首，《周易正义》释为闇君，有首恶义，指上六所喻。离在文王八卦方位图中居南，为戈兵，有南狩之象。《周易浅述》：“九三以刚居刚，明之极而屈于至暗之下，正与上六为应，故有向明除害，得其首恶之象。”

六四，入于左腹，获明夷之心，于出门庭。

《象》曰：“入于左腹”，获心意也。

【讲解】 筮遇六四，进入左方腹地，正遇黑夜降临。出门在外，宜小心谨慎。

《象辞》说，所谓“入于左腹”的喻义，是让人懂得做事宜小心谨慎的意思。

朱熹《周易本义》：“此爻之义未详。窃疑左腹者，幽隐之处。”陈梦雷《周易浅述》则说：“坤为腹，左者隐僻之所。又，右前而左后，六四隔六五，是五入其右，四入其左矣。四在坤体之下，四变互巽为入，有入于左腹之象。”可从。

六五，箕子之明夷，利贞。

《象》曰：箕子之贞，明不可息也。

【讲解】 筮遇六五，殷末箕子佯狂而自晦其明，占问的结果是吉利。

《象辞》说，殷末箕子占问的喻义是，人格内在光明不可止息。

六五以柔居阳，失正而居上坤之中，自晦其明之象。箕子，商纣叔父，封国于箕地。《史记·殷本纪》云，“纣愈淫乱不止，微子数谏不听”，比干强谏而遭剖心之刑。“箕子惧，乃详（佯）狂为奴”，自毁其明。武王灭商，“纣走”，“赴火而死”。武王“杀妲己，释箕子之囚，封比干之墓”。

上六，不明，晦。初登于天，后入于地。

《象》曰：“初登于天”，照四国也。“后入于地”，失则也。

【讲解】 筮遇上六，不是光明而是黑暗，太阳早晨升起于东天，黄昏在西天沉落于大地。

《象辞》说，“初登于天”，指照耀天下四方邑国；“后入于地”，象征治理天下如黑暗而无光明，是失治理正则。

尚秉和《周易尚氏学》云：“明夷之初为晋，晋日在地上而为昼，故曰‘初登于天’。乃晋覆成明夷，日在地下而为夜，故曰‘后入于地’。”又云：“坤为国（引者按：指明夷卦上卦象国土），震卦数四（指三、四、五互体为震；震卦中爻原为明夷卦六四），故曰‘四国’。”“上（指上六）为四、五所格，不能应三（指九三），故曰‘失则’。”此解甚善。而称“上为四、五所格，不能应三，故曰‘失则’”，显然有违于爻位说。说明通晓易理如尚秉和者，有时亦难以自圆。其实，按爻位之说，上六逆应于九三，不具失则义。

【小结】 晋、明夷互为综卦。晋，旭日东升；明夷，夕阳西沉。前者为旦，后者为百（昏）。晋卦主晋升之旨，强调“明出地上”“丽乎大明”的辉煌、刚健与精进气质，反对刚亢过甚，推崇“柔进而上升”之道；明夷卦说光明毁伤之暗，以“明入地中”为喻象，倡言“利艰贞”即处世艰危而依然内明祛暗、外守正固的人格理想。

卦三十七

䷤ 家人（离下巽上）

男女正，天地之大义，正家而天下定

家人：利女贞。

【讲解】家人卦卦辞：女子占问的结果是吉利。本卦辞缺兆象记录。

《彖》曰：家人，女正位乎内，男正位乎外。男女正，天地之大义也。家人有严君焉，父母之谓也。父父，子子，兄兄，弟弟，夫夫，妇妇，而家道正。正家而天下定矣。

【讲解】《彖辞》说，家人卦喻义是女子当位在家庭，男子当位在家庭之外。男女正当其位，这是天地阴阳的根本道理，所谓天经地义。一个家庭有严正的家长，这就是父母。父亲是父亲，儿子是儿子，兄长是兄长，幼弟是幼弟，丈夫是丈夫，妻子是妻子，家庭每个成员所遵守的伦理礼义不可错越，家庭秩序、家庭伦理就中正无偏、正气旺盛。家道中正，天下就安定了。

李鼎祚《周易集解》引荀爽："父谓五，子谓四，兄谓三，弟谓初；夫谓五，妇谓二也。各得其正，故'天下定矣'。"可

参。此卦说明内正而外无不正之理。六爻初应四、二应五。六二中正，象女正位乎内；九五中正，象男正位乎外。儒家有正心、诚意、修身、齐家、治国、平天下之说，以齐家即正家道为大义，此乃卦之主旨。《大学》：“修身而后家齐，家齐而后国治，国治而后天下平。”

《象》曰：风自火出，家人。君子以言有物而行有恒。

【讲解】《象辞》说，家人卦上为巽为风，下为离为火，有风自火出即风起火旺之象。君子观悟此卦，明言之有物而行必有恒的人生之理。

王弼《周易注》：“家人之道，修于近小而不妄也。故君子以言必有物，而口无择言；行必有恒，而身无择行。”

初九，闲有家，悔亡。

《象》曰：“闲有家”，志未变也。

【讲解】 筮遇初九，防备闲邪之事发生而保全家道，没有遗憾。

《象辞》说，所谓防备闲邪之事发生而保全家道，初九象征闲邪初始之时一定要防微杜渐。

闲，《经典释文》引马融释为防，有防备偏邪义。李鼎祚《周易集解》引荀爽云：“初在潜位，未干国政，闲习家事而已。”

六二，无攸遂，在中馈，贞吉。

《象》曰：六二之吉，顺以巽也。

【讲解】 筮遇六二，女子在家中主持宴饮之事，没有错失，吉利。

《象辞》说，六二吉利，乃上应九五为顺应、上卦为巽风而巽顺之故。

高亨注：遂，借为坠。“无攸遂”，即无所坠失。馈，《周礼·天官·膳夫》郑注：“进物于尊者曰馈。”有赠食于上之义，此释为宴饮。六二以柔居阴得中，有女子正位于内之象，故“贞吉”。

九三，家人嗃嗃，悔厉，吉。妇子嘻嘻，终吝。

《象》曰：“家人嗃嗃”，未失也。“妇子嘻嘻”，失家节也。

【讲解】 筮遇九三，一家人关系严正有序，安不忘危，可获吉祥。妇人、子女嬉闹无节，最后导致憾惜。

《象辞》说，一家人关系严正有序，未丧失正常的家庭伦理。妇人、子女嬉闹无常、没大没小，这是丧失应有的家庭礼节。

嗃，音 hè，孔颖达《周易正义》：“严酷之意也。”《周易集解》引侯果曰：“嗃嗃，严也。嘻嘻，笑也。”九三性刚而不中，有严厉有序之象，亲比于二、四，故吉。此说家道应严正有序，其失多在于无度。

六四，富家，大吉。

《象》曰：“富家，大吉”，顺在位也。

【讲解】 筮遇六四，兆象预示一家人富起来，大吉大利。

《象辞》说，一家人富起来而大吉大利，六四承顺、亲比于九五，其位得当。

富，作动词用。六四柔爻居阴得位，应初承五又亲比于五，故大吉而“顺在位”。

九五，王假有家，勿恤，吉。

《象》曰：“王假有家”，交相爱也。

【讲解】 筮遇九五，兆象预示丈夫回到家里，不用忧恤，吉祥如意。

《象辞》说，丈夫平安回家，象征九五、六二互亲互爱。

王，指九五，一家之主，此指丈夫。假，《周易本义》释为至也，临、达义。家，家室。九五得中得正，有夫象。九五下应六二，夫妇相和之象，家人以亲和为本。

上九，有孚，威如，终吉。

《象》曰：威如之吉，反身之谓也。

【讲解】 筮遇上九，有俘虏，在俘虏面前威严的样子，终获吉祥。

《象辞》说，所谓威严的吉利，是指治家者应反躬自省、严于律已。

王弼《周易注》：“故家人之道，尚威严也。家道可终，唯信与威。身得威敬，人亦如之。反之于身，则知施于人也。”阳爻性实。刚居上，有威之象，故吉。

卦三十八

䷥ 睽（兑下离上）

化睽为合，求同存异

睽：小事，吉。

【讲解】 睽卦卦辞：筮得此卦，小心谨慎做事，可获吉祥。睽，楚竹书作楑；帛书本作乖，帛书《系辞》作谲。

《彖》曰：**睽，火动而上，泽动而下。二女同居，其志不同行。说而丽乎明，柔进而上行，得中而应乎刚，是以“小事吉”。天地睽而其事同也，男女睽而其志通也，万物睽而其事类也，睽之时用大矣哉！**

【讲解】《彖辞》说，睽卦上为离为火，下为兑为泽，有火燃而炎上、泽水潜而润下之象。离为中女，兑为少女，二女同居一处，她们的志向、行为却不相同。然而睽卦下兑为说（悦），上离为明为附丽，有愉悦依附光明之象；六五柔性得中，应于九二刚性，便是卦辞所谓小心谨慎做事可获吉祥的缘故。天与地有乖睽的一面，但共同化生万物；男与女有乖睽的一面，而交合、感应的志趣相通；万物之间乖睽，它们却禀受天地而化育，因阴阳之气交合而生，有合一的一面。睽卦所象征的时义、时用是根本的啊！

睽卦火上泽下，两相乖异，中女、少女，其志非同。兑阴在三，离阴在五，失正。这是柔居刚位，仅小事之吉而已。天上地下为睽异，而化育万物之事同；男、女异体，然夫唱妇随其志通；万物异殊，而此感彼应为同一。睽，音 kuí,《序卦》:“睽者，乖也。”睽卦喻相反相成之理。

《象》曰：**上火下泽，睽。君子以同而异**。

【**讲解**】《象辞》说，睽卦上为离为火，下为兑为泽，象征乖睽背离。君子观悟此卦，求大同存小异。

李鼎祚《周易集解》引荀爽云：“大归虽同，小事当异。百官殊职，四民异业，文武并用，威德相反，共归于治。故曰‘君子以同而异’也。”

初九，悔亡。丧马，勿逐，自复。见恶人，无咎。

《象》曰：**“见恶人”，以辟咎也**。

【**讲解**】 筮遇初九，没有悔恨，以兆象推断，马匹走失，不用沿着走失的道路去追逐寻找，马匹自己会回来的。命中注定要遇见恶人，但没有咎害。

《象辞》说，所谓遇见恶人，反预示可以躲避咎害。

解读此爻，关键在于解读为何丧马、见恶人而无咎、辟（避）咎，明相反者相成之易理。丧马，非人之愿，与人之愿乖睽，急逐反致马远，故勿逐，静待马之自复，喻睽消。恶人本与己睽违，勿与交恶，如陈梦雷《周易浅述》所言：“来者不拒，虽恶人亦见，斯善于处睽者也。”故可无咎、辟咎。辟，避之本字。初九、九四无应，有悔。而刚居阳，当位，悔可亡矣。下为兑，为毁折，有丧象。

九二，遇主于巷，无咎。

《象》曰："遇主于巷"，未失道也。

【讲解】 筮遇九二，兆象指示在小巷里遇见主人，没有咎害。

《象辞》说，在小巷里遇见主人，象征没有违背消睽之正道。

九二爻变互体三、四，为艮为径路，有巷之象。二、五应，有睽消之趋势，九二以刚履中而失当，居中而亲比于三，故"无咎"而"未失道"。

六三，见舆曳，其牛掣，其人天且劓。无初有终。

《象》曰："见舆曳"，位不当也。"无初有终"，遇刚也。

【讲解】 筮遇六三，大车拖拉难进，拉车的牛被牵制而寸步难行，驾车的驭者被黥额、削鼻，开始运气不佳，终获吉祥。

《象辞》说，出现大车拖拉难进之象，六三喻义在于其时位不当。开始运气不好而终获吉祥，喻义在于六三应于上九。

舆，大车。掣，牵制义。天，李鼎祚《周易集解》引虞翻："黥额为'天'。"黥，音 qíng，古时罪犯额上刺字之刑。劓，音 yì，古时罪犯割鼻之刑。无初有终，即初无终有。三、四、五互体为坎，有舆象。二、三、四互体为离，有牛象。离为目，有见象。六三应上九，有天（黥额）、劓（割鼻）之象。六三以不正之阴柔，承、乘于不正之阳刚（九四），故喻义如是矣。

九四，睽孤。遇元夫，交孚。厉，无咎。

象曰："交孚"，"无咎"，志行也。

【讲解】 筮遇九四，瞪大眼睛注视孤儿。路遇大丈夫与人交战，有所俘获。虽危险但无咎害。

《象辞》说，交战而俘获，没有咎害，是说九四象征志在实现消睽好合之道。

孤，幼而无父曰孤。元，大。交，相交，这里指交战。《周易浅述》云：“九四无应，上下皆阴柔，小人有睽孤之象。初九同德，有遇元夫交孚之象。”此释并非无懈可击。九四亲比于六三、六五，何以“睽孤”？九四无应于初九，如何与象征元夫的初九“交孚”？

六五，悔亡，厥宗噬肤，往何咎？

《象》曰：“厥宗噬肤”，往有庆也。

【讲解】 筮遇六五，没有憾惜。兆象为登临宗庙吃祭祀祖神的祭品肉类，长此以往，有什么咎害吗？

《象辞》说，登临宗庙吃肉这种祭品，象征长此以往必有福泽，值得庆贺。

厥，帛书本《周易》作登，可从。宗，宗庙。肤，借为肉。六五以柔居阳，有悔。然居中处尊应九二，故“悔亡”。祭祖神圣，上古在祭祖后食祭品，心有忐忑，故发问“往何咎”。据英国文化人类学家马林诺夫斯基《巫术科学宗教与神话》一书，澳洲原始部落等有“供献牺牲与宗礼聚餐”等“图腾宴”习俗。（上海社会科学院出版社，2016 年，第 36—39 页）中国古时，亦有祭祀后的祭品为人所食以与神灵感应、求其佑助的习俗，这一爻辞所言，便是这种文化习俗的遗录。

上九，睽孤，见豕负涂，载鬼一车，先张之弧，后说之弧。匪寇，婚媾。往，遇雨则吉。

《象》曰：遇雨之吉，群疑亡也。

【讲解】 筮遇上九，兆象为瞪眼注视孤儿，看见小猪浑身污泥，车上满载鬼怪，开始张弓搭箭射击，后来放下弓弦，原来不是强盗贼寇，而是婚媾的人群。往前走，遇到下雨的话，就吉祥。

《象辞》说，所谓遇到下雨就吉祥，上九象示种种狐疑幻觉的消失。

豕，小猪。涂，污泥。说，脱之借。亡，无。上九应六三，本非孤，而上九睽卦已终，时值不利、孤而多疑之时，故有“睽孤”之象。三、四、五互体为坎，为水，有豕且涂之象。又坎为弓，为狐疑，先张弓后脱弓，喻疑之去。上变爻为震有归妹之义，婚姻之象，坎水为雨，遇雨则吉，指上九下应六三。此爻为终，具始睽、疑亡而终合之义。王弼《周易注》释此爻义甚切，其文云：“处睽之极，睽道未通，故曰‘睽孤’。已居炎极，三居泽盛（引者按：指下卦兑之六三），睽之极也。以文明之极，而观至秽之物，睽之甚也。豕负涂，秽莫过焉。至睽将合，至殊将通，恢诡谲怪，道将为一。未至于治，先见殊怪，故见豕负涂，甚可秽也。见鬼盈车，吁可怪也。先张之弧，将攻害也，后说（脱）之弧，睽怪通也。四黥其应（指九四、初九无应亦不应于上九），故为寇也。睽志将通，匪寇婚媾。往不失时，睽疑亡也。贵于遇雨，和阴阳也。阴阳既和，群疑亡也。”

【小结】 家人、睽互为综卦。家人卦主和，以中正为家道制度。家道穷之必乖，睽矣。睽卦之体，二女同居，志不相和。睽卦之德，上火下泽，相反相成，九二应六五、六三应上九，意谓人际遇睽异而终有解脱之道。家人卦有“正位”“齐家”之说，尤重女子守正持家之道，阐扬先儒所谓正心、诚意、修身、齐家、治国、平天下的社会人文理想；睽卦述离、兑乖睽而终趋合之途，阐扬化睽为合、求同存异之理。

卦三十九

䷦ 蹇（艮下坎上）

蹇，难也，济蹇出险而合于时宜

蹇：利西南，不利东北。利见大人，贞吉。

【讲解】 蹇卦卦辞：筮遇此卦，向西南方，吉利；向东北方，不吉利。有利于出现圣贤、大人，占问的结果，吉利。蹇，楚竹书作訐；帛书本作蹇或寋；汉石经作蹇。

蹇，音jiǎn，《序卦》："蹇者，难也。"蹇具险难义，本义为跛足。此卦辞记录了两个筮例。

《彖》曰：**蹇，难也，险在前也。见险而能止，知矣哉。蹇，"利西南"，往得中也。"不利东北"，其道穷也。"利见大人"，往有功也。当位"贞吉"，以正邦也。蹇之时用大矣哉！**

【讲解】《彖辞》说，蹇卦象征人生道路艰险，险难总在前面。险境出现而能坚定不移，这是有智慧。蹇卦所谓险难，因时而变。所谓利于走向西南方的平野之地，往前获得中正之道；所谓不利于走向东北方的艮山之处，意味着人生处于穷途末路。所谓有利于出现圣贤、大人，象征往前必能化蹇难而建功。蹇卦六二、九五爻居位正当，守持正固，吉祥，象征可以中正之道治理邦国。蹇卦所体现的时间、时用意识是根本的啊！

知，智。《彖辞》以文王八卦方位说解蹇义。坤在西南，为平野之地，故利；艮在东北，为山险之处，故不利。好比坤卦卦辞称“西南得朋”而“东北丧朋”。蹇卦六爻除初不得位之外，其余五爻皆得位之爻，有见险待时而变之义。二、五正应，且二得中得正，五亦如是，故有出东北之险难而入西南之平顺义。初虽未当，而阴柔居下，亦善待于此时。蹇卦六爻皆具时正之义，则邦可正，蹇难可祛。上卦为坎，为险难，下卦为艮，为止而不往，此非畏难不前之象征，而是知难待时之智。《周易集解》引荀爽云：“西南谓坤，乾动往居坤五，故‘得中也’。”“东北，艮也。艮在坎下，见险而止，故‘其道穷也’。”“谓五当尊位正。居是，群阴顺从，故能正邦国。”蹇难当在危厉之时，亦正生机之时，此之谓“蹇之时用大矣哉”。

《象》曰：山上有水，蹇。君子以反身修德。

【讲解】《象辞》说，蹇卦艮下坎上，艮为山坎为水，有山上有水之象。君子观悟此卦，人生艰难之时而能反思自身言行，修正道德。

初六，往蹇，来誉。

《象》曰：“往蹇，来誉”，宜待也。

【讲解】 筮遇初六，往前走险阻重重，待时而动，必载誉而归。

《象辞》说，往前走险难而必载誉而归，是说应该待时而动。于此，陈梦雷《周易浅述》解说甚切：“往，上进也；来，止而不进。蹇，行之难也。故诸爻皆以往、来为言。他爻来字，指下一爻而言。初无可来，以不进为来……往则犯难，来则有见险能止之誉也。”

六二，王臣蹇蹇，匪躬之故。

《象》曰："王臣蹇蹇"，终无尤也。

【讲解】 筮遇六二，王朝臣仆躬身王事，为蹇难所困而努力济蹇，并非为求一己之私利。

《象辞》说，王朝臣仆为蹇难所困，六二象征终究无所忧患。

蹇蹇，蹇而又蹇，言蹇难深重。蹇卦上体为坎，二、三、四互体为坎，坎为险陷，有蹇蹇之象。故笔者释为躬身王事为蹇难所困而努力济蹇。尤，忧。六二上应九五，有臣仆辅君王之象。六二柔顺而中正，象济蹇之臣者，故无忧。

九三，往蹇，来反。

《象》曰："往蹇，来反"，内喜之也。

【讲解】 筮遇九三，前往而有蹇难，返回。

《象辞》说，前往有蹇难而返回，是说内卦艮遇险而止，时势却令人欣喜。

反，返。内，内卦，指艮卦。之，指九三。艮卦二阴从一阳，九三为艮体主爻。尚秉和《周易尚氏学》云，九三据"二阴（引者按：初六、六二）则利也，故曰'往蹇，来反'"，"内谓下二阴。阴欲承阳，故曰'内喜之'"。

六四，往蹇，来连。

《象》曰："往蹇，来连"，当位实也。

【讲解】 筮遇六四，前往艰难，返回依然艰难。

《象辞》说，所谓"往蹇，来连"，是说六四以柔居阴，阴柔不足以济蹇。往、来互为艰难。来连，指蹇难接二连三。亦可如是解读：六四既属二、三、四互坎之上，又处蹇卦上卦坎体之下，双坎之谓，故往蹇，来连也。六四、九三亲比，有比连共济之象。六四当位，所谓济蹇，实至名归。

六四得位履正，当其本实。虽遇于难，而终有济之时。

九五，大蹇，朋来。

《象》曰："大蹇，朋来"，以中节也。

【讲解】 筮遇九五，处境非常艰难，有朋友前来相助。

《象辞》说，处境非常艰难，朋友前来相助，是说九五象喻阳刚中正的君德与气节。

李鼎祚《周易集解》引干宝云："在险之中而当王位，故曰'大蹇'。此盖以托文王为纣所囚也。承上据四应二，众阴并至。此盖以托四臣能以权智相救也，故曰'以中节也'。"

上六，往蹇，来硕。吉，利见大人。

《象》曰："往蹇，来硕"，志在内也。"利见大人"，以从贵也。

【讲解】 筮遇上六，前往艰难，返回则大功告成。吉利，有利于天下出现圣贤。

《象辞》说，前往艰难，大功告成，是说上六应九三，上六亲比于九五,九五下应六二,九三、六二皆属内卦，因而说上六志向，在于与内卦诸爻合力济难。所谓有利于天下出现圣贤，是说上六比于九五,九五居于尊贵的君位，上六具有随从尊贵君主的时义与德性。

硕,《尔雅·释诂》释为大。上六以柔居阴，位当而居蹇卦之终，往则济蹇出险。下应九三，亲比九五，有共济建硕之功。

卦四十

䷧ 解（坎下震上）

解者，缓也，应时排忧解难以中和

解：利西南。无所往，其来复，吉。有攸往，夙吉。

【讲解】 解卦卦辞：筮遇此卦，往西南方，吉利。不要有所作为，及时退回，吉利。可以有所作为，而及早去做，吉利。解，楚竹书作繲。

《序卦》："解者，缓也。"《周易浅述》称："解，难之散也。在险能动，出乎险之外，故为解。"夙，早义。西南，文王后天八卦方位之坤卦，为《周易》编纂者所重。坤卦卦辞"西南得朋"，蹇卦与解卦卦辞皆言"利西南"等，当可注意。

《彖》曰：解，险以动，动而免乎险，解。解，"利西南"，往得众也。"其来复吉"，乃得中也。"有攸往，夙吉"，往有功也。天地解而雷雨作，雷雨作而百果草木皆甲坼。解之时大矣哉！

【讲解】《彖辞》说，解卦坎下震上，坎为险陷而震为雷动，有身陷险境而能奋动自振之象。只有奋动振作，才能免于坎险，这便是解卦的象征意义。解卦筮得结果在有利于西南方，是因为在文王八卦方位图中西南为坤位，坤为众，因此往西南方，解难脱险，必得众人相助。及时返回而吉利，那是阴阳和谐而得中和的缘故。有所作为而及早去做而吉利，说明适时解难济险，必获成功。解卦震雷坎雨、阴阳交感而和畅缓解，天地化育，雷雨大作。雷雨大作，于是各种果实种子破壳而出，草木植物破土萌发，绽放新枝绿叶。解卦卦义是说，自然宇宙、人类社会的蹇难总有破解、缓解之时，解卦所象征的时间意识是易理的根本。

坼，裂也，有分义。“乃得中也”的得中，指九二，但此爻实际仅居中而未得中，因而《彖辞》所言得中，原则上以释为阴阳和谐而得中和为宜。陈梦雷《周易浅述》：“得中……愚意谓指两阳爻也。”即指九二、九四。九二在下坎之中，九四在三、四、五互坎之中，确矣。甲坼，《周易浅述》误为甲拆。

《象》曰：雷雨作，解。君子以赦过宥罪。

【讲解】《象辞》说，上震为雷，下坎为水，解卦象征雷雨大作，险难散解。君子观悟此卦，用以放免过错，宽恕罪行。

宥，宽恕。尚秉和《周易尚氏学》：“坎为罪过，震为解，故赦过宥罪。”这是将解卦下坎上震之义作了引申。陈梦雷《周易浅述》：“此所以推广天地之仁也。雷雨交作，天地以之解万物之屯；赦过宥罪，君子以之解万民之难。”

初六，无咎。

《象》曰：刚柔之际，义无咎也。

【讲解】 筮遇初六，没有咎害。此爻辞无兆象记录，仅有判词。

《象辞》说，初六上应九四，是刚爻、柔爻之际的相应，就纾险解难而言，没有错失。

际，遇。柔居下之初，喻方解之时，宜静勿躁，不宜过刚过柔。初六虽未得位但上应九四，故“无咎”。

九二，田获三狐，得黄矢，贞吉。

《象》曰：九二贞吉，得中道也。

【讲解】 筮遇九二，以兆象推断，田狩猎获许多狐狸，得到以黄铜为矢镞的箭，吉利。

《象辞》说，九二所谓占问，吉利，象征守持正固，得中正之道。

朱熹《周易本义》：“卦凡四阴，除六五君位，余三阴，即三狐之象也。”陈梦雷从之。黄矢，以黄铜为矢镞之箭。九二居下之中，有刚直之性德。《周易浅述》说“居中自能守正”，实际居中不等于守正。《象辞》所言“中道”，与《易传》一般所尊崇且运用的爻位说不符，可证《易传》诸篇所持解《易》之则不一，断非一时、一人所撰。

六三，负且乘，致寇至。贞吝。

《象》曰：“负且乘”，亦可丑也。自我致戎，又谁咎也？

【讲解】 筮遇六三，由兆象推断，携带物品乘车而行，招致强盗前来抢劫。占问的结果是悔吝。

《象辞》说，所谓携带物品乘车而行，也可以称之为愚蠢而不值得赞美。自身行为不当而导致强盗手持凶器抢劫，引起兵戎之灾，这错失归咎于谁呢？

六三，下卦之终，未当位。王弼《周易注》称此爻“乘二负四，以容其身，寇之来也，自己所致”，咎由自取。

九四，解而拇，朋至斯孚。

《象》曰：**“解而拇”，未当位也。**

【讲解】 筮遇九四，解开被束缚的大足趾，友朋前来而有所俘获。

《象辞》说，解开被束缚的大足趾，九四象征所居时位未当。

而，尔，你。帛书本《周易》此处作其。《经典释文》引陆绩，称拇为足大趾。斯，代词。九四刚居阴，时位不当，亲比六三，犹为三所缚，与初应，因而申说解脱之义。

六五，君子维有解，吉。有孚于小人。

《象》曰：**君子有解，小人退也。**

【讲解】 筮遇六五，君子的系缚得以解脱，吉利。小人遭到惩罚。

《象辞》说，君子的系缚得以解脱而解难释险，使得小民百姓皆因君子人格感动而敬退、畏服。

维，系。《周易集解》作惟。孚，俘，转义为罚。退，敬退，因敬而退。

上六，公用射隼于高墉之上，获之，无不利。

《象》曰：**“公用射隼”，以解悖也。**

【讲解】 筮遇上六，公侯之箭去射停落在高大城墙之上的猛禽，射中而捕获，没有不吉利的。

《象辞》说，公侯射击猛禽之象，象征悖逆、险难已被解除。

隼，鸷鸟。墉，城墙。悖，逆。《系辞下》云：“隼者，禽也。弓矢者，器也。射之者，人也。君子藏器于身，待时而动，何不利之有?”上六居卦之终，上震有公象。六三互二、四为离，有飞禽之象。上六无应于六三，则敌，故有射隼之象。此爻“一方面表明上六‘射隼’，正当其时，故‘无不利’；另一方面又揭示上六处‘解’之极，危难虽已舒解，但新患或将又萌，故当预藏成器，随时警惕，不可因一时之‘解’，而忘他日之‘蹇’”(黄寿祺、张善文《周易译注》)。可从。猛禽为凶鸟，停落在城墙之上，主凶。公侯拔箭射获，故象示“无不利”而“解悖”也。

【小结】 蹇、解互为综卦。蹇卦，以人生处险难之时，济蹇出险，应以时宜为旨，教人以临险处难而应对有度、活得自在的人生策略。蹇卦下艮上坎，喻坎险于前、止而未进之义，而九五刚正，六二上应之，具化蹇克难之力而应时平坎。解卦主旨，申说人生须时时排解忧厉，纾解险难，因时而速缓得宜，追求中和之境。解卦下坎上震，喻临蹇出险之机。蹇坎不可避免，而解之有道，以中正而待时行动、动必无妄为要。

卦四十一

䷨ 损（兑下艮上）

损益盈虚，与时偕行，修身之准则

损：有孚，元吉。无咎，可贞。利有攸往。曷之用？二簋可用享。

【讲解】损卦卦辞：筮遇此卦，有俘获，大吉大利。没有错失，可心的占问，有利于有所作为。祭祀用什么，用多少祭品？两簋粗茶淡饭就可以了。

孚，此为俘字假借。可，可心，深得吾心。曷，何，疑问代词，有什么、多少义。簋，音guǐ，古时食具。享，享祭。

《彖》曰：损，损下益上，其道上行。损而“有孚，元吉。无咎，可贞。利有攸往。曷之用？二簋可用享”，二簋应有时，损刚益柔有时。损益盈虚，与时偕行。

【讲解】《彖辞》说，损卦兑下艮上，象征减损在下而增益在上。损卦本为泰卦，即六三、上九同时爻变，损九三以益上六，为泰。损下益上，阳德上行。所谓“有孚，元吉。无咎，可贞。利有攸往”，是说心有诚信，大吉大利，没有咎害，可心的占问，有利于有所作为。当损益之时，用什么来表达？两簋粗薄祭品可以用来祭祀神灵。两簋之供献，象征损刚益柔应合有时，阳刚减损，阴柔增益，损下益上都须宜时。损有余以补不足，事物益、损之变，是与时间同时运化的。

王弼《周易注》："艮为阳（引者按：上卦），兑为阴（下卦）。凡阴，顺于阳者也。阳止于上，阴说（悦）而顺。损下益上，上行之义也。"《周易浅述》："损下体本乾皆实，在所当损（下兑本为乾体）；上体本坤皆虚，在所当益（上艮本为坤体），此所以损下益上，而合于道之当然也。"损益之道，本蕴在于时宜，何时损何时益，依时而行，非妄力所能为。

《象》曰：山下有泽，损。君子以惩忿窒欲。

【讲解】《象辞》说，损卦上艮山下兑泽，有山下有泽之象，象喻减损之道。君子观悟此卦，控抑忿懑，窒息邪欲。

《周易浅述》："君子观山之象以惩忿，盖忿之来气涌如山，况多忿如少男乎？故惩忿当如摧山。观泽之象以窒欲，盖欲之溺浸淫如泽，况多欲如少女乎？故窒欲当如防泽。忿之不惩，必至于迁怒，欲之不窒，必至于贰过，君子修身所当损者，莫切于此。"

初九，巳事遄往，无咎。酌损之。

《象》曰："巳事遄往"，尚合志也。

【讲解】 筮遇初九，祭祀这件事应赶快举行，没有错失，可以考虑减少祭品。

《象辞》说，祭祀这件事应赶快举行，不怠慢神灵，象征初九上应六四，与其同一志向。

巳，《周易集解》作祀。《周易本义》作已，有误。遄，《周易集解》引虞翻释为速。尚，上，指六四。初九刚居阳，得位，上应四，故无咎。此损之初，不宜自损过甚，当酌时而行。

九二，利贞。征凶。弗损，益之。

《象》曰：“九二，利贞”，中以为志也。

【讲解】 筮遇九二，这是吉利的占问。征伐，凶险。不损人而有助益。

《象辞》说，九二是吉利的占问，象示以守中为志向。

朱熹《周易本义》：“九二刚中，志在自守，不肯妄进，故占者利贞，而征则凶也。弗损，益之，言不变其所守，乃所以益上也。”

六三，三人行，则损一人。一人行，则得其友。

《象》曰：一人行，三则疑也。

【讲解】 筮遇六三，三个人结伴而行，而走失一人。一个人独自出行，却在路上得到朋友帮助。本爻无判词。

《象辞》说，一个人独自出行，可以独行其是。三个人结伴而出，反而主张不一，遇事疑疑惑惑，难作决断。

六三柔居阳，不当，居下兑之终，应悦于上九，有“一人行，则得其友”之象。如果象征三人的群阴即三、四、五都欲上应于九，则必损上九，此所谓“三人行，则损一人”。这是说有余者必损，有不足者必益的道理。阳损阴益，天之理也。阴阳对待，谓二，三则余其一，故当损矣。

六四，损其疾，使遄有喜，无咎。

《象》曰：“损其疾”，亦可喜也。

【讲解】 筮遇六四，减损他的疾患以增益健康，使他迅速康复，这是喜庆之事，没有咎害。

《象辞》说，减损他的疾患以增益健康，六四象征阴柔应于初九阳刚，令人欣喜。

六四以柔居阴，无刚健可言，有疾象。下应初九得阳刚之益，故言“损其疾”。损柔受刚而喜。损其疾，《周易浅述》作损具疾，误。

六五，或益之十朋之龟，弗克违，元吉。

《象》曰：六五元吉，自上祐也。

【讲解】 筮遇六五，有人进献价值十朋的大宝龟，不要推辞，这是最吉利的事情。

《象辞》说，六五至为吉祥，吉祥来自老天爷的佑助。

十朋，古时以贝为币，双贝为朋，十朋为二十贝。此言龟之价值昂贵。《周易集解》引虞翻云：“（十朋之）十，谓神、灵、摄、宝、文、筮、山、泽、水、火之龟也。”可备一说。又引崔憬云：“元龟价直（值）二十大贝，龟之最神贵者以决之。”《周易浅述》云：“按《食货志》两贝为朋，元龟长尺二寸，大贝十朋，朋直二百一十六，十朋直二千一百六十，大宝也。”六五应九二，虚中居尊，有受益之喻。

上九，弗损，益之，无咎。贞吉。利有攸往，得臣无家。

《象》曰：“弗损，益之”，大得志也。

【讲解】 筮遇上九，不要损人而应助人，没有咎害。这是吉利的占问。可以有所作为，有掳获却无家可归。

《象辞》说，不要损人而应助人，上九象征以刚居阴终而不损于下（指六三），损阳益阴之时，只有此爻大得守持、安稳之心志。

臣，此处指俘虏。卦辞“有孚”之孚，为俘。九二爻辞有“征凶”之言，征言征伐，与臣对。《礼记·少仪》：“臣则左之。”孔颖达疏：“谓征伐所获民虏者也。”上九本应减损，居卦之终以益下，而上九惠而不费，不待损己即可益人，有施惠于天下之志，此所谓得臣众而无私家一隅之念。

卦四十二

䷩ 益（震下巽上）

损上益下，凡益之道，与时偕行

益：利有攸往，利涉大川。

【讲解】 益卦卦辞：筮遇此卦，有利于有所行动，渡涉大江大河，吉利。

《彖》曰：**益，损上益下，民说无疆。自上下下，其道大光。“利有攸往”，中正有庆。“利涉大川”，木道乃行。益动而巽，日进无疆。天施地生，其益无方。凡益之道，与时偕行。**

【讲解】《彖辞》说，益卦，减损在上，增益在下（按：正与损卦相反），小民百姓因而欣喜无比。由上施惠于下，人生之道，光芒四射。有利于有所行动，是说九五刚居阳而守中得正，因而喜庆。所谓渡涉大江大河吉利，是说上巽象木船渡水，以木德畅行。所谓增益，由下震奋动、上巽逊顺所体现。内震外巽，犹雷迅风烈，雷激风起，两相助益而日日进取无可限量。天恩普施，地泽化生，增益而泽被天下，无有偏失。凡事物增益之正道，与时间一同向前运行。

说，悦。下下，前作动词用，后为名词。木道，指巽为木，巽象木德。无方，没有方位、方所，指一切方位、方所。

《周易集解》引蜀才云：“此本否卦（䷋）。案：乾之上九下处坤初，坤之初六上升乾四，‘损上益下’者也。”可备一说。王弼《周易注》：“震，阳也；巽，阴也。巽非违震者也。处上而巽，不违于下，‘损上益下’之谓也。”亦可通。九五中正、应二，同德之行。震在后天八卦方位的东方，东配木，巽又为木，因而有木舟济险之象，此即“木道乃行”。《周易正义》：“天施气于地，地受气而化生，亦是‘损上益下’义也。其施化之益，无有方所。”可参。

《象》曰：风雷，益。君子以见善则迁，有过则改。

【讲解】《象辞》说，益卦巽上震下，象征风激雷动，互为增益。君子观悟此卦，向往、钦羡体现善心的行为，有了过失就改正。

李光地《周易折中》：“雷者，动阳气者也，故人心奋发，而勇于善者如之；风者，散阴气者也，故人心荡涤，以消其恶者如之。”

益卦虚之上而实之下，雷风相益。下卦雷震，奋励不已；上卦巽风，潜顺逊气，其进无疆。震，一阳于下，天阳之上为益；巽，一阴在下，地阴之下为益，相益正逢其时。

初九，利用为大作，元吉，无咎。

《象》曰：“元吉，无咎”，下不厚事也。

【讲解】 筮遇初九，大兴土木，大吉大利，没有错害。

《象辞》说，所谓大吉大利，没有错害，初九象征居下而原本不能当任大事。

作，此为营造义。《尚书·康诰》：“周公初基，作新大邑于东国洛。”中国古代称建筑为宫室，称大兴土木为营造。古有大木作、小木作之称，指建筑、营造。厚，优待、重视义，与厚此薄彼之厚同义。初九以刚居阳，阳性为大，应四。下为震体，雷动，有大作之象。《周易译注》“下不厚事也”一句缺佚下字。

六二，或益之十朋之龟，弗克违，永贞吉。王用享于帝，吉。

《象》曰：“或益之”，自外来也。

【讲解】 筮遇六二，有人进献价值十朋即二十贝的大宝龟，不能推辞。占问结果是永保吉祥。君王祭祀天帝，吉利。该爻辞记录了两个筮例。

《象辞》说，有人进献大宝龟，六二象征此时增益之道来自外部。

帝，蒂，本义为花蒂，引申为天帝、上帝义。六二以柔居阴，中正，上应九五，故吉。《周易浅述》：“外，不专指五。五固正应，而二之柔顺中正，人孰不愿益之？‘或’者，众无定主之辞。”

六三，益之用凶事，无咎。有孚。中行告公用圭。

《象》曰：益用凶事，固有之也。

【讲解】 筮遇六三，以圭璧祭神而助益于解救凶灾之事，没有咎害，有所俘获。仲衍告诉公侯，应该用圭璧来祭神。

《象辞》说，以圭璧祭神以助益于解救凶灾之事，六三象征固有诚信之心可保助益之道。

中行，高亨《周易大传今注》说：“中行似为人名，似即微子之弟仲衍。公当是周之某公。”可参。六三以柔居阳，未当，处下之终，无中正之行。六四爻辞又有中行之语，两个中行应为同一人。六三、六四两个中行之后均接一告（动词）字，从语法分析，应为主谓结构。圭，珪，玉器之名。朱骏声《六十四卦经解》云："汤七年旱，此天行人事所有之凶也。"古时以圭璧献祭于神灵，以救凶年，为巫事。六三处二、三、四互体坤之中，互体坤而下体震，即地陷，震而为凶灾之象。震又为玉圭之喻。

六四，中行告公从，利用为依迁国。

《象》曰："告公从"，以益志也。

【讲解】 筮遇六四，仲衍告诉公侯，应随从天命，依照天帝的旨意迁都。这样做，吉利。

《象辞》说，告诉公侯随从天命以迁都，六四用以象征增益、助益的心志。

为依，凭依，依照。六四志在益下，故"告公从"。高亨《周易大传今注》说：六三、六四"二爻爻辞所记为周助殷迁国（引者按：国指都邑）之故事"。"今按中行当为人名，疑即仲衍。""仲衍乃微子启之弟。"此即《吕氏春秋·当务篇》所记纣之同母者三，长为微子启，次为仲衍，又次为受德即纣。仲衍又称微仲。"余疑微子本在殷，被封于宋时，由殷迁宋，遇凶事，乃遣仲衍求助于周公，周公遂助之迁国。爻辞所记即此事，中行即仲衍，公即周公也。"

九五，有孚惠心，勿问，元吉。有孚，惠我德。

《象》曰："有孚惠心"，"勿问"之矣。"惠我德"，大得志也。

【讲解】 只要有仁惠之心被俘获（意思是，只要虔诚地相信占筮），即使不进行占问，也一定大吉大利。只有对占筮一心一意，才会报答我的虔德。

《象辞》说，只有对占筮一心一意，才会报答我的虔德，这是没有疑问的了。报答我的虔德，九五象征大得增益即损上益下的心志。

九五刚中，得正应二，皆受其恩泽。大德不德，不言其德，故勿问之矣。

上九，莫益之，或击之。立心勿恒，凶。

《象》曰："莫益之"，偏辞也。"或击之"，自外来也。

【讲解】 筮遇上九，无人助益却有人攻击，不持久执着于自己的心志，凶险。

《象辞》说，没有人助益，是说上九有违自损而益他之道，妄行求益，是偏私之举。因而，莫益之是偏辞。由于偏私，有时打击会从外部袭来。据爻位说通则，上九应六三，但上九、六三皆不得位，《象辞》在于申说妄求自益、必损他人且易受他人攻击的道理。

【小结】 损、益互为综卦。损卦兑下艮上，为损下益上，损下乾刚为柔，益上坤柔为刚；益卦震下巽上，为损上益下，卦体以雷激风怒之象，喻两相助益义。损下益上谓之损；损上益下谓之益。损卦言说修身之准则，损阳益阴，损实益虚，损有余以益不足，实为阴阳调和、刚柔相济；益卦主要从增益、助益说损益之道，其义与损卦卦义互补。损上益下，损下益上，损己惠人，惠人益己，损益之理互转。以损人而益己、偏私而取利为不取。

卦四十三

䷪ 夬（乾下兑上）

五阳决一阴，刚决柔也，健而说，决而和

夬：扬于王庭，孚号有厉。告自邑，不利即戎。利有攸往。

【讲解】 夬卦卦辞：有关俘虏的号令发布于朝廷，筮得的结果是有危厉。由邑都颁发告示，立刻出兵打仗，不吉利。有所准备，是吉利的。

夬，音guài。扬，《广雅·释诂》释为举。引申为宣布、发布。

《彖》曰：夬，决也，刚决柔也。健而说，决而和。"扬于王庭"，柔乘五刚也。"孚号有厉"，其危乃光也。"告自邑，不利即戎"，所尚乃穷也。"利有攸往"，刚长乃终也。

【讲解】《彖辞》说，夬卦的喻义是决断，意思是阳刚裁决阴柔。夬卦下为乾为健，上为兑为悦，有刚健而愉悦、果决而调和之象。所谓有关俘虏的号令发布于朝廷，从爻位看，全卦一柔乘凌五刚，象征小人侵犯君子。所谓天下知晓此事有危险，则君子以果决之道制裁小人罪恶，必致天下光明。所谓由邑都颁发告示，立刻出兵打仗不吉利，说明崇尚武力会走上穷途末路。所谓有所准备，喻示阳刚之气渐长，最后一定战胜阴柔。夬卦一柔凌居五刚，有厉之象。五阳一阴，阳盛而阴衰，有君子夬决小人之象。孚，俘。夬者，果决。《周易本义》称，君子果决小人之罪，此乃必正名其罪。李鼎祚《周易集解》引虞翻云："阳决阴，息卦也。刚决柔，与剥旁通。乾为阳，为王，剥艮为'庭'，故'扬于王庭'矣。"阳息而阴消，君子道长，有刚长义，君子之道，无虞而光大。尚武者必穷，此卦未主"即戎"即用兵义。

《象》曰：泽上于天，夬。君子以施禄及下，居德则忌。

【讲解】《象辞》说，夬卦上兑为泽，下乾为天，有泽水汽蒸于天宇之象。君子观悟此卦，用以普施恩泽于普通百姓，施恩德以自威，而必为君子所深忌。

禄，俸禄，此指恩泽。居德，居积恩德以自威。忌，禁。《说文》引申为憎恶。尚秉和《周易尚氏学》云："下乾，二至四,三至五，皆乾，乾多故曰居德，居德则忌者。"

初九，壮于前趾，往不胜，为咎。

《象》曰：不胜而往，咎也。

【讲解】 筮遇初九，脚趾前端受伤，不能向前走路，筮得结果为有咎害。

《象辞》说，所谓脚趾受伤而不能走路，初九象征命运不济，有咎害。

壮，通戕，伤。姤卦卦辞："姤，女壮。"即伤也。

初九下之始，虽当位而居下无势，倘勇决而前，则难胜其任。

九二，惕号，莫夜有戎，勿恤。

《象》曰："有戎，勿恤"，得中道也。

【讲解】 筮遇九二，因恐惧而呼号，暮夜有敌兵进犯，不必忧虑。

《象辞》说，有敌兵来犯不必忧虑，九二象征获得居中之道。

《周易集解》引虞翻云："惕，惧也。二失位故'惕'。"莫，暮。戎，古代兵器总称，引申为征伐。恤，忧虑。《周易本义》："九二当决之时，刚而居柔，又得中道，故能忧惕号呼以自戒备，而'莫夜有戎'，亦无可患也。"

九三，壮于頄，有凶。君子夬夬，独行遇雨，若濡，有愠，无咎。

《象》曰："君子夬夬"，终无咎也。

【讲解】 筮遇九三，人的颧骨受伤，有凶险。君子非常果决，独自行动以避不测。途中遇到下雨，好像淋湿了，心中有怨气而无咎害。

《象辞》说，所谓君子十分果决，九三象征终究没有咎害。

頄，音 qiú，《经典释文》释为颧。夬夬，夬而又夬，十分果决。九三居下卦之上，重刚而不中。乾为首，有戕伤于面目、颧骨之象。重刚者，象夬夬也。九三应上六，有决然独行之象。上六处于兑体，兑为泽水，有雨象、濡象。九三应上六，故"终无咎"。

九四，臀无肤，其行次且。牵羊悔亡，闻言不信。

《象》曰："其行次且"，位不当也。"闻言不信"，聪不明也。

【讲解】 筮遇九四，臀部因受伤而皮开肉烂，行走徘徊难进。但牵着羊可保没有悔惜而交好运，听到闲言碎语不要相信。

《象辞》说，行走徘徊难进，是说九四居位不宜，时机不利。听到闲言碎语不要相信，九四象征耳不聪目不明。

次且，即趑趄，音 zī jū，举步欲前犹豫不进之貌。四爻变与五、六互体为坎，有臀象。上兑为毁折，有无肤象。九四不中不正，以刚处阴，不当之位，有臀无肤而行趑趄之象。上卦兑为羊，有羊象。羊者，祥也；羊为吉利之象，故“牵羊悔亡”。

九五，苋陆夬夬，中行，无咎。

《象》曰：“中行，无咎”，中未光也。

【讲解】 筮遇九五，决然锄去马齿苋，在道路中间行走，没有咎害。

《象辞》说，在道路中间行走没有咎害，九五亲比于上六，但又过于亲近上六，虽居中得正但中正之道并未发扬光大。

苋陆，马齿苋，曝之难干，感阴气之多者，脆易折，喻上六小人。九五刚居阳得中得正，故有果决像锄去马齿苋一般除却小人之象。李鼎祚《周易集解》引虞翻：“而五处尊位，最比小人，躬自决者也。夫以至尊而敌于至贱，虽其克胜，未足多也。处中而行，足以免咎而已，未为光益也。”

上六，无号，终有凶。

《象》曰：无号之凶，终不可长也。

【讲解】 筮遇上六，不是号咷而是暗自饮泣，终于有凶险。

《象辞》说，不是号咷而是暗自饮泣所象征的凶险，是说上六象征高居其位而终于难保长久。

一柔孤阴在上之终，必为五刚所决，此君子、小人消长之时势明矣。

卦四十四

䷫ 姤（巽下乾上）

姤，遇也，应时而遇合，天下大行也

姤：女壮，勿用取女。

【讲解】 姤卦卦辞：筮遇此卦，女子受伤，男子便不宜迎娶婚配。

姤，音gòu。楚竹书作敂；帛书本作狗、坸、句。取，娶。勿用，意为占筮结果不太吉利。

《彖》曰：**姤，遇也，柔遇刚也**。**“勿用取女”，不可与长也**。**天地相遇，品物咸章也**。**刚遇中正，天下大行也**。**姤之时义大矣哉！**

【讲解】《彖辞》说，姤卦的喻义是遇合。姤卦下巽为长女为柔，上乾为男为刚，有阴柔相遇于阳刚之象。所谓男子不宜迎娶婚配，预示如果婚配则不能天长地久。天阳地阴、天刚地柔相遇应合，天下万事万物都生机盎然，文章灿烂，章美无比。九五以阳刚居中得正应合于阴柔，人伦之道畅行无阻于天下。姤卦所象喻的时间意义确是根本的道理。

所谓“柔遇刚”，非特指初六居于阳位，而是指下巽为长女之柔与上乾为男为刚相遇。王弼《周易注》以为指全卦一柔遇五刚，即女遇男也，一女而遇五男。章，文章，章美之义。“六爻皆以初阴取义，遇非正道，故惟近者得之而正应反凶。”“此全卦六爻，无非扶阳抑阴之意也。”“一阴而遇五阳，女德之不贞而壮之甚者，取以自配，必害乎阳，故戒以勿取也。”（陈梦雷《周易浅述》）此卦义充满男权思想，有看贱女性之嫌。按：《周易浅述》关于姤卦的卦符有误。

《象》曰：天下有风，姤。后以施命诰四方。

【讲解】《象辞》说，姤卦下巽为风，上乾为天，有天穹之下清风吹拂之象。帝王于是发布命令，告示天下。

后，君主。诰，诰命，指君主赐爵、授官等诏令，尊上告卑下者，为诰。《周易集解》引翟玄：“天下有风，风无不周布，故君以施令告化四方之民矣。”

初六，系于金柅，贞吉。有攸往，见凶。羸豕孚蹢躅。

《象》曰：“系于金柅”，柔道牵也。

【讲解】 筮遇初六，命运像车下有坚固有力的车闸一样平安、吉祥。有所行动，会出现凶险的结果。体弱小猪被捕获而徘徊不前。

《象辞》说，命运像车下有坚固有力的车闸一样平安，是说初六象征阴柔之道必为阳刚所牵合。

金，黄铜。柅，音 nǐ，《周易正义》引马融云：“在车之下，所以止轮令不动者也。”金柅，王弼《周易注》：“金者，坚刚之物，柅者，制动之主，谓九四也。”初六上应九四，故云“系于金柅”。羸，瘦弱义，不同于前述大壮卦所谓“羝羊触藩，羸其角”之羸为牵累纠缠义。豕，小猪。蹢躅，音 dí zhú，徘徊不前貌,《周易集解》作蹢踬。

九二，包有鱼，无咎，不利宾。

《象》曰：“包有鱼”，义不及宾也。

【讲解】 筮遇九二，庖厨有鱼，没有咎害，但拿来做菜招待宾客就不吉利。

《象辞》说，庖厨中有鱼拿来待客没有害处但不吉利，意思是说九二无应于初六，所以不宜拿鱼来招待宾客。

包，庖，厨房。李鼎祚《周易集解》引虞翻：“鱼谓初阴，巽为鱼。二虽失位，阴阳相承，故‘包有鱼，无咎’。”九二以鱼为喻，初六上应九四而无应于九二，因而王弼《周易注》云：“擅人之物，以为己惠，义所不为，故‘不利宾’也。”

九三，臀无肤，其行次且。厉，无大咎。

《象》曰：“其行次且”，行未牵也。

【讲解】 筮遇九三，臀部皮开肉烂，行走徬徨难进。有危险但无大错失。

《象辞》说，行走徬徨难进，九三象征其立身行为孤孑无应，没有牵助。

该爻辞“臀无肤，其行次且”与夬卦九四爻辞同。下巽有股象。九三为下卦之终，过刚而未中，无应于上九，有“臀无肤”之象。

九四，包无鱼，起凶。

《象》曰：无鱼之凶，远民也。

【讲解】 筮遇九四，庖厨之中没有鱼，预示会发生凶险之事。

《象辞》说，庖厨之中无鱼的凶险，是说九四象征疏远百姓，丧失民心。

起，发生义。九二以鱼喻，九四应于初六，与九二无亲比，因而九四有“包无鱼”之象。无鱼者，失人心之喻，凶必起矣。

九五，以杞包瓜，含章。有陨自天。

《象》曰：九五含章，中正也。“有陨自天”，志不舍命也。

【讲解】 筮遇九五，用枸杞子与甜瓜一起烧煮，味道甘美。有陨石从天而降。

《象辞》说，九五爻辞所谓口中味道甘美，象征人格的内在美善，守中居正。有陨石从天而降，说明人不能舍弃、违背天命。

杞，杞子，枸杞的果实。陨，陨石，陨落，通殒。在中华古巫文化中，陨石雨作为一种自然现象，有凶险义。《左传·庄公七年》：“夜中星陨如雨。”含章一词，曾出现于坤六三爻辞。

易学家释此爻义，多有歧见。《周易集解》引虞翻云：“杞，杞柳。”《周易正义》引马融云：“大木也。”《周易本义》称：“高大坚实之木也。”进而释包为包裹之义，引申为遮蔽。《程氏易传》：“杞，高木而叶大，处高体大而可以包物者，杞也。”“九五尊居君位，而下求贤才，以至高而求至下，犹以杞叶而包瓜，能自降屈如此。”可备一说。杞子和煮于甜瓜，有甘美内含之义。九五刚居阳，得中得正，九五无承无据无比无应，故爻辞取“有陨自天”之象，有凶义。

上九，姤其角，吝，无咎。

《象》曰：“姤其角”，上穷吝也。

【讲解】 筮遇上九，遭遇尖角的抵触，有憾惜，而无错失。《象辞》说，遭遇尖角的抵触，上九象征人处穷途末路而有憾惜。

上九未当，处姤卦之极，有角之象，喻吝道。不为阴邪所犯，无应于初，无相遇之机，因而“无咎”，类似本卦九三“无大咎”。

【小结】 夬、姤互为综卦。夬卦兑上乾下。兑泽在乾天之上，势若水泽从高处溃决。五阳在下，一阴将消，为阳之决阴。以果决为喻，以公正、阳刚之气魄决断事宜，具君子决小人之理。姤卦乾上巽下。五阳在上而孤阴始生于下，喻一女遇五男、遇合未当之义。初六之阴，其位不当，本宜静正自守，却有妄往之象，故凶；九五得中得正，主卦于上，有阳明含章之吉美。全卦主旨，在于申说遇合之理。遇合应契时宜，守正而合礼，以妄遇为戒，刚遇中正，天下之大行也。

卦四十五

䷬ 萃（坤下兑上）

欢聚之象，聚以正也

萃：亨[1]。王假有庙，利见大人，亨，利贞。用大牲，吉。利有攸往。

【讲解】 萃卦卦辞：筮遇此卦，可以祭祖。君王到宗庙去祭祖，有利于天下出现圣贤。祭祖，吉利的占问。用牛作为牺牲，吉利。有利于有所作为。萃，楚竹书作啐；帛书本作卒。

假，《周易集解》引虞翻释为至。用大牲，指以牛为祭。《说文》："牛，大牲也。"杀牛以祭，古时为重大祭礼。

《彖》曰：萃，聚也。顺以说，刚中而应，故聚也。"王假有庙"，致孝享也。"利见大人，亨"，聚以正也。"用大牲，吉"，"利有攸往"，顺天命也。观其所聚，而天地万物之情可见矣。

【讲解】《彖辞》说，萃卦象征欢聚。下卦为坤为顺，上卦为兑为说（悦），全卦象征顺从而和悦。九五喻阳刚之美善，下

---

① 唐陆德明《经典释文》云，此卦卦辞"王假有庙"语前无亨字，"马（融）、郑（玄）、陆（绩）、虞（翻）等并无此（亨）字"。

应六二，所以欢聚。所谓到宗庙祭祖，是向祖神进献至孝之心。所谓有利于出现圣贤，命运亨通，象征欢聚而守中正之道。所谓用大牺牲祭祖，吉利，有利于有所作为，说明欢聚遵循天命。观悟萃卦所言述的欢聚，关于天地万物的和合、会聚的情情实实就会领悟、明了。

萃卦下坤上兑，泽水流遍坤地，有润泽而欢聚义。主爻九五居中正而下应六二，欢聚之象顿现为全卦本旨。祖神，全族和合、相聚的精神象征，故祭以重礼。内坤纯阴且二、三、四互艮为门阙，有宗庙之象，坤为牛，有大牲之象。五、二正应，利见大人，聚正之时。来知德《周易集注》："尽志以致其孝，尽物以致其享。"

《象》曰：**泽上于地，萃。君子以除戎器，戒不虞。**

【讲解】《象辞》说，泽水滋润大地，这是萃卦的喻义。君子用以解除兵戎、争斗而和合、欢聚，为的是戒惧不测的兵祸。

除，《周易集解》引虞翻释为修治，转义为解除。虞，臆想，猜测。

初六，有孚，不终，乃乱乃萃。若号，一握为笑。勿恤，往，无咎。

《象》曰：**"乃乱乃萃"，其志乱也。**

【讲解】 筮遇初六，有所俘获而未能有始有终，此由行动紊乱、妄聚所引起。好像哭号，却在握手之际相逢一笑。不要忧虑，有所作为，没有咎害。

《象辞》说，所谓紊乱而妄聚的意思，初六象征心志迷惘而错乱。

初六未当，应于四而性柔未能自守，因而"有孚，不终"。

无承无比，妄聚者，乱。二、三、四互为艮为手，上兑为说（悦），故有一握为笑之象。

六二，引吉，无咎。孚乃利用禴。

《象》曰："引吉，无咎"，中未变也。

【讲解】 筮遇六二，开弓射猎，吉利，没有咎害。以俘虏为献而进行夏祭，是吉利的。

《象辞》说，所谓开弓射猎，吉利而无咎害，六二象征中正之道没有改变。

引，本义为开弓。禴，音 yuè，古时四时祭中的夏祭。孚，俘，甲骨卜辞与金文皆作孚。甲骨文写作（《甲骨文合集》三九五），双手捉子之状。

六三，萃如嗟如，无攸利，往无咎，小吝。

《象》曰："往无咎"，上巽也。

【讲解】 筮遇六三，相聚的样子，嗟叹的样子，不吉利。前往没有咎害，而有小遗憾。

《象辞》说，所谓前往而没有咎害，是六三上承（顺）于九四、九五的缘故。

六三无应于上之极，亲比于九四，承于九四、九五。三、四、五互体为巽。巽为顺，故有"上巽"之言。

九四，大吉，无咎。

《象》曰："大吉，无咎"，位不当也。

【讲解】 筮遇九四，大吉大利，没有咎害。

《象辞》说，大吉大利，没有咎害，但九四居位不当。

九四刚居阴，不当，但据六三、六二、初六，萃聚三阴，故大吉而无咎害。项安世《周易玩辞》:“(九四)无尊位而得众心(引者按:指六三、六二、初六),故必大吉而后可以无咎矣。”此解以爻位说为据,然而同样依爻位说,既然其位不当,又何“大吉,无咎”之有?

九五,萃有位,无咎,匪孚。元永贞,悔亡。

《象》曰:“萃有位”,志未光也。

【讲解】 筮遇九五,萃聚正当其位,没有咎害,不用惩罚。占问长期之事,没有遗憾。

《象辞》说,萃聚正当其位,九五象征天下欢聚的志向尚未发扬光大。

九五居中正之位,应时而荟萃,足以萃天下而无咎,但其隔四而无相聚于众阴,与上六仅为逆比,因而称其“志未光也”。注意:九五爻辞言无咎、悔亡,而《象辞》则发挥称“志未光”。既然九五得中得正,又为何称“志未光”?《象辞》这一引申,与爻义不符。

上六,赍咨涕洟,无咎。

《象》曰:“赍咨涕洟”,未安上也。

【讲解】 筮遇上六,悲叹时运不济、涕泪交流,没有错失。

《象辞》说,所谓悲叹时运不济、涕泪交流,上六居上位,预示未获安宁。

赍,长吁短叹。涕洟,《玉篇》:“目汁出,曰涕。”《说文》:“洟,鼻液也。”

上六处兑之终,有兑口吁叹、涕泪交流之象,当位而乘凌于九五,萃极而欲聚无时。

卦四十六

䷭ 升（巽下坤上）

地中生木，柔以时升，君子性德之升华

升：元亨，用见大人，勿恤。南征，吉。

【讲解】 升卦卦辞：筮遇此卦，可以祭祀祖神，宜于天下出现圣贤。不要忧虑。向南方征讨、进军，吉祥。升，帛书本作登。

《彖》曰：**柔以时升。巽而顺，刚中而应，是以大亨。“用见大人，勿恤”，有庆也。“南征，吉”，志行也。**

【讲解】《彖辞》说，在适宜的时机使阴柔之道得以升华。升卦下体为巽，上体为坤，有巽入、和顺之象，九二以刚居中而上应六五，所以大为亨通。所谓宜于天下出现圣贤，不要忧虑，象征正值吉时，上升而有福庆。所谓向南方征伐而吉利，象征升华的志向畅行无阻。

升卦巽下坤上，巽为木，坤为地，有木植大地长而益高之象。升卦在六十四卦序中次于萃，萃聚而必有升。物之积聚而高，升之象。六五为升卦主爻，应九二，大亨之象。王弼《周易注》：“柔以其时，乃得升也。”

《象》曰：地中生木，升。君子以顺德，积小以高大。

【讲解】《象辞》说，大地上生长草木，象征事物上升。君子观悟此卦，因而遵循草木生长于大地的德性，积小善为大德，以升华自己的情操。

《周易集解》引荀爽云："地谓坤，木谓巽。地中生木，以微至著，升之象也。"

升与晋不同。晋卦以日升为喻，升卦以木升为喻，前者辉煌，后者灿烂。

初六，允升，大吉。

《象》曰："允升，大吉"，上合志也。

【讲解】 筮遇初六，神灵应允于升迁，大吉大利。

《象辞》说，所谓神灵应允于升迁，大吉大利，是说初六象征顺承上之二阳（九二、九三），以实现应合的志向。

李鼎祚《周易集解》引《九家易》："谓初失正，乃与二阳允然合志，俱升五位，故曰'上合志也'。"

允，诚、信义。卜辞中时见该允字，意为神灵应诺。

九二，孚乃利用禴，无咎。

《象》曰：九二之孚，有喜也。

【讲解】 筮遇九二，以俘虏为人牲举行夏祭，吉利，没有错失。

《象辞》说，所谓对神灵的以俘为祭，是指九二象征正值喜庆之时。

九二、六五为应，往升于五，以见信任，故亨。陈梦雷《周易浅述》："萃六二以中虚为孚，此以中实为孚。二变互坎为隐伏，鬼神祭祀之象。以刚中之臣（引者按：指本爻），应柔中之主（指六五），至诚相感，可以不事文饰，犹禴祭之简质，可达于神也。”

九三，升虚邑。

《象》曰：“升虚邑”，无所疑也。

【讲解】 筮遇九三，登临一座空城。此爻无判词。

《象辞》说，所谓登临一座空城，是说九三象征上升之时没有疑虑。

九三当位，进临于坤而应上六，当升之时，故“无所疑也”。

六四，王用亨于岐山，吉，无咎。

《象》曰：“王用亨于岐山”，顺事也。

【讲解】 筮遇六四，周文王来到岐山祖地祭祀祖神，吉利，没有咎害。

《象辞》说，所谓周文王来到岐山祖地祭祀祖神，是说六四象征做事敬慎，顺随祖训，不忘根本。

六四当位而未居尊，象周文王在祖地岐山祭祖之象，祭祖敬上慎终追远，有升之象。亨，享之假借，享祭义。

六五，贞吉，升阶。

《象》曰：“贞吉，升阶”，大得志也。

【讲解】 筮遇六五，占问的结果是吉利，登临台阶拾级而上。

《象辞》说，占问吉利，登临台阶拾级而上，是说六五象征人之上升的志向完美实现。

上坤为地土，有阶之象，六五柔居阳位中正，有正固自守之象。

上六，冥升。利于不息之贞。

《象》曰：冥升在上，消不富也。

【讲解】 筮遇上六，暗夜登临，命运不济。奋进不息，吉利。

《象辞》说，冥夜登临向上，是说上六象征事物上升趋势会因时消亡而不能长富不止。

冥，幽暗义。息，休止义。富，高亨《周易大传今注》以为福字通假，“上位者冥夜不息，以求上升，其所努力者是正道，则可消灭不福而得福也”。

【小结】 萃、升互为综卦。萃卦坤下兑上，水润泽地、万类群聚而生之象。上兑（悦）下顺，九五、六二皆得中得正，且相呼应，萃聚之时，理势之亨，体现先秦儒家以中正为则的群体意识。升卦巽下坤上，巽木生于地中，内逊而外顺，顺势而升之象，正升之旨。九二、六五皆居中且相应，故无咎。全卦阐君子顺德、积小以高大之理，强调君子仁德升华是人文进步之本。

卦四十七

䷮ 困（坎下兑上）

困而不失其所亨，君子以致命遂志

困：亨。贞，大人吉，无咎。有言不信。

【讲解】 困卦卦辞：筮遇此卦，可以祭祀。占问于神灵，结果为大人命运吉祥，没有咎害。他人闲言碎语，不必采信。

《彖》曰：困，刚掩也。险以说，困而不失其所亨，其唯君子乎！“贞，大人吉”，以刚中也。“有言不信”，尚口乃穷也。

【讲解】《彖辞》说，困卦象征困穷之时，阳刚之气被掩藏、遮蔽。困卦下坎为险陷，上兑为说（悦）乐，象征身陷险阻而悦乐依然。处于困境之时而不丧亨通即身心通泰。此种人生境界，唯有君子才能达臻。“贞，大人吉”的意思是说，守持正固的操行，是大人的吉善品格，以九五阳刚居中象征。所谓他人闲言碎语不必采信，说明偏信他人言词，会陷入困穷之境。

掩，掩盖。刚掩，指上兑为阴，下坎为阳，阴掩蔽阳，为刚掩之象。李鼎祚《周易集解》引虞翻：“兑为口，上变口灭，故‘尚口乃穷’。”尚，上。

《象》曰：泽无水，困。君子以致命遂志。

【讲解】《象辞》说，困卦上兑为泽，下坎为水，水在泽下，泽上无水，象征困穷之时。君子观悟此卦，以全部生命的投入来实现志向。

致命，谓至于命。陈梦雷《周易浅述》："水下漏则泽枯，故曰无水。致命，委致其身也。委命于天，以遂我之志。"

初六，臀困于株木，入于幽谷，三岁不觌。

《象》曰："入于幽谷"，幽不明也。

【讲解】 筮遇初六，臀部挨打，人被杖责，幽闭于监牢之中，多年不见天日。

《象辞》说，所谓幽闭于监牢之中，是说初六象征处困穷之时未能做到心志明敏。

株木，高亨释为"刑杖"，幽谷喻牢狱，黑暗如幽谷。觌，音dí，相见。初六处下，不能行而坐困，有臀之象。初六居下，有坐则以臀为下之象。坐而不能行，故困。初六在坎体之下，时应冬寒，株木萧条，困于株木之象。坎险之最下，有入于幽谷之象。与九四为应，而九四未当，且为九二、六三所阻（意为二、三爻皆具困象），未得遽遇，故曰"三岁不觌"。

九二，困于酒食，朱绂方来，利用亨祀。征凶，无咎。

《象》曰："困于酒食"，中有庆也。

【讲解】 筮遇九二，人在困穷之时，喝酒吃饭都成了问题。穿上刚刚由天子所赐的朱绂祭祀祖神，吉利。征伐有凶险，但没有错失。

《象辞》说，所谓困穷之时喝酒吃饭都成问题，是说九二象征居中才有福庆。

朱绂，红色蔽膝。绂，音 fú，古时缝于深衣之膝前部位以为装饰，有社会等级的象喻意义。周代天子、诸侯、公卿皆穿朱绂之饰的祭服祭祖。不同朱绂所示地位不同，诸侯、公卿的朱绂，由天子所赐。《周易尚氏学》："言将膺锡（赐）命也，博雅绂绶也。朱绂贵人所服，以祭宗庙者，故用以亨祀则利也。然五不应故征凶，得中亦无咎。"九二刚陷坎中，无应于五，乃居中而非得中之象。《象辞》所谓"中有庆也"之中，以释居中为妥。

六三，困于石，据于蒺藜，入于其宫，不见其妻，凶。

《象》曰："据于蒺藜"，乘刚也。"入于其宫，不见其妻"，不祥也。

【讲解】 筮遇六三，为巨石所困而不得行进，被蒺藜所纠缠而不能摆脱，走进自己的家门而见不到妻子，凶险。

《象辞》说，被蒺藜所纠缠而不能摆脱，是说六三象喻阴柔乘凌九二阳刚。走进家门见不到妻子，喻义为六三乃不祥之兆。

蒺藜，一年生草本植物，有毛，有刺。宫，宫室，中国古代建筑总称，此指居室。六三柔居阳，不中不正不应，下坎为险陷，喻石与蒺藜之困。位在九二之上，有乘刚之象。六三变爻而为大过之象，凶险。

九四，来徐徐，困于金车，吝，有终。

《象》曰："来徐徐"，志在下也。虽不当位，有与也。

【讲解】 筮遇九四，前来之时慢慢吞吞、犹犹豫豫，被铜制的车子所困阻，遗憾但终究有好结果。

《象辞》说，缓缓而来，犹豫不决，是说九四具有下应于初六的心志。虽然九四居位不当，但总会有收获、报答。

金车，铜制之车，喻九四。困于金车，指九四下应初六而为六三所乘。九四刚居阴，位未当，但正如王弼《周易注》所云："然以阳居阴，履谦之道，量力而处，不与二争，虽不当位，物终与之，故曰'有终'也。"

九五，劓刖，困于赤绂。乃徐有说，利用祭祀。

《象》曰："劓刖"，志未得也。"乃徐有说"，以中直也。"利用祭祀"，受福也。

【讲解】 筮遇九五，穿天子所赐具红色蔽膝之饰的祭服进行祭祀，却犹豫不决，心神不定。唯慢慢而有序进行则必悦乐，如此祭祀，吉利。

《象辞》说，所谓祭祀犹豫不决，心神不安，是说九五象喻济困之志尚未实现。慢慢、有序祭祀必有悦乐，用以表示九五中正、刚直的品格。祭祀吉利，象征受福匪浅。

《经典释文》："荀、王肃本劓刖作臲卼，云不安貌。"即上六爻辞所言"臲卼"，有危而心神无定、进退未决义。高亨《周易大传今注》在引用《经典释文》后云："劓刖乃借为臲卼耳。"李鼎祚《周易集解》引虞翻："割鼻曰劓，断足曰刖。四动时震为足，艮为鼻，离为兵，兑为刑，故‘劓刖’也。”亦可备一说。说，悦乐，有学人释“说”通“脱”，未妥。《周易集解》引崔憬：“居中以直，在困思通，初虽暂穷，终则必喜，故曰‘乃徐有说’。”九五中正，无应于二，为上六所乘，逆比于上而无比于四，故既有济困，又有困穷之象。

上六，困于葛藟，于臲卼，曰动悔。有悔，征吉。

《象》曰：“困于葛藟”，未当也。“动悔”，“有悔”，吉行也。

【讲解】 筮遇上六，被葛草藤蔓所纠缠，身心处于焦虑不安之中，倘若贸然行动，会后悔。如果有所悔悟，出兵征讨，吉利。

《象辞》说，被葛草藤蔓所纠缠，是说上六爻位不当。贸然行动，后悔；如果悔悟，吉利。上六象征前行必获吉祥。

藟，音 lěi，藤蔓。臲卼，音 niè wù，不安、不定貌。此卦上卦为兑为泽，泽，水草之区，水在泽下，水枯而草木丛集，故纠困。处困之极，动则有悔。倘自悔其所为，则不终于困，往而可以得吉，困极而通者，吉行也。爻辞“曰动悔”之曰，疑衍文，与大畜九三爻辞“曰闲舆卫”之曰为衍文同。

卦四十八

䷯ 井（巽下坎上）

井养而不穷也，君民相养之德

井：改邑不改井。无丧无得，往来井井，汔至，亦未繘井，羸其瓶，凶。

【讲解】 井卦卦辞：城邑可以改造、搬迁，但井田模式不能改变，水井不能搬迁。汲水，水井不见枯竭；不汲水，井水不会满溢。井水可供来来往往之人反复汲水为饮。汲水，以绳索提拉水瓶到井口而尚未出井之时，水瓶倾覆，则有危险。井，楚竹书作汬；帛书本作井。

邑，都城。《孟子·滕文公上》："方里而井，井九百亩，其中为公田，八家皆私百亩，同养公田。"井，甲骨文作井，中间一点，指公田所在。《说文》依《孟子》"方里而井"说，称八家一井，指殷周井田制以八家合为一块井田，而非八家合用一口水井。这既为土地制度，也是居住制度。否则，《孟子》为何说"方里而井"？里者，居也。古时有八夫为井与九夫为井的区别。都邑制度诞生于井田制。"古代所谓'九夫为井'是恒值，即一块井田必包括九个'一夫'，然而邑（里）的范围大小却是变迁的。在笔者看来，这便是《周易》井卦卦辞关于‘改邑不改井’的深层文化学和历史学意义。”（拙文《井卦别释》，中国台湾《中华易学》第17卷第9期）井卦原以井田兼水井之象释易理。《易传》的发挥，并非井卦本蕴。井字在战国楚竹书《周易》中写作汬，舍弃了井卦以井田为喻的本蕴。繘，音jú，绳索。汔，干涸之义。

《彖》曰：**巽乎水而上水，井。井养而不穷也。“改邑不改井”，乃以刚中也。“汔至，亦未繘井”，未有功也。“羸其瓶”，是以凶也。**

【讲解】《彖辞》说，井卦下为巽为顺，上为坎为水，有遵循水的渗透性而挖井汲水之象。水井养人，功德无量。所谓城邑可以改造、搬迁，井田模式不能改变，水井也不能搬迁，是说井卦九二、九五比喻君子阳刚居中的品格。所谓汲水之水瓶提拉到井口而尚未出井之时，是说人格修养功德未就。所谓水瓶倾覆，便是此卦主凶的缘故。

《周易浅述》：“（井卦）初柔，象泉源。三二刚，象泉。四柔，井之中。五刚，泉之上出。上柔，井口。有全井之象。”全卦以井德喻君子人格，所谓“无丧无得”，比于君子美德“养而不穷”。

《象》曰：**木上有水，井。君子以劳民劝相。**

【讲解】《象辞》说，井卦下巽为木，上坎为水，木上有水之象。君子观悟此卦，因而为民效劳，劝勉民众彼此相助。

《周易浅述》：“劳民者，以君养民，劝相者，使民相养，皆井养之义。”

初六，井泥不食，旧井无禽。

《象》曰："井泥不食"，下也。"旧井无禽"，时舍也。

【讲解】 筮遇初六，井底淤泥壅塞，无井水可供饮用。废弃的枯井，无养于人。

《象辞》说，所谓井底淤泥壅塞，无井水可供饮用，是说初六象征所居污下，为时所弃。所谓枯井无养于人，是说初六有被时机抛弃的喻义。

禽，擒，本义为获。尚秉和《周易尚氏学》云："禽，获也。无水故无所得。"

九二，井谷射鲋，瓮敝漏。

《象》曰："井谷射鲋"，无与也。

【讲解】 筮遇九二，在井口用箭射杀井水中的小鱼，汲水之瓶破损漏水。

《象辞》说，所谓在井口射杀小鱼，是说九二无应于九五，象征孤立无助。

谷，山口出水之处。井谷即井口。鲋，《周易集解》引虞翻云："小鲜也。"又云："'瓮敝漏'者，取其水下注不汲之义也。"

九三，"井渫不食"，为我心恻。可用汲，王明并受其福。

《象》曰："井渫不食"，行恻也。求"王明"，受福也。

【讲解】 筮遇九三，井水清澈但没人饮用，使我内心隐隐地感到遗憾可惜。清澈的井泉可以汲取，君王圣明，天下同受福泽。

《象辞》说，所谓井水清澈无人饮用，象喻这种行为让人悱恻难安。所谓盼求君王圣明，是君王降福、泽被天下的意思。

渫，音 xiè，去污浊而使水清洁。《周易浅述》："渫，去泥也，渫则清而可食矣。" 九三以刚居阳，应于上六而未正，二、三、四互体为兑，为口，三再变为震，反用不食之象。坎为险陷，有忧恻之象。三、四、五互体为离，君王圣明之喻。

六四，井甃，无咎。

《象》曰："井甃，无咎"，修井也。

【讲解】 筮遇六四,兆象为修治水井，没有咎害。

《象辞》说，所谓修治水井，没有咎害，是说六四以修井之象，喻去污之义。

甃，音 zhòu,《周易集解》引虞翻云："修治也，以瓦甓垒井称甃。"《周易浅述》："三之渫，修于内以致洁；四之甃，修于外以御污。内外交修，济物及人之本也。"

九五，井洌，寒泉食。

《象》曰：寒泉之食，中正也。

【讲解】 筮遇九五，井水清洌，洁净、清凉的井泉可供饮用。

《象辞》说，所谓寒洌井泉可供饮用，是说九五象征中正之道。

九五阳刚中正，井养之德已成。

上六，井收，勿幕。有孚，元吉。

《象》曰：元吉在上，大成也。

【讲解】 筮遇上六，从水井汲水完毕，不封闭井口。有所惩罚（警戒），大吉大利。

《象辞》说，井卦上六爻位，大吉大利，表示井养大功告成。

收，成。幕，盖。《周易浅述》："幕，蔽覆也，盖井之具也。"孚，俘，引申为罚。《周易浅述》又云："故他卦言水，皆以险言之，独井泉在冬而温，乃天一之真性也。"然自井汲水，因井无蔽覆，亦险耳，故有所警戒，大吉大利。

【小结】 困、井互为综卦。困卦，坎下兑上，水在泽下，故困。以卦画言，上六据于二阳，九二陷于二阴，皆以阴掩阳，困。然全卦又喻临困而悦，二、五刚居中且九五得正，有处困不畏而亨之大旨，言人处穷途、困厉之时，具忧困而解困意识以及识困、济困的人生意志与策略。井卦，巽下坎上，有坎下巽风之象。初柔象泉之源，刚阳象泉之涌，四阴为井之中，五阳示泉之汲取，上柔有井口之象。以井养而不穷，宣说君民相养之德。

卦四十九

䷰ 革（离下兑上）

大亨以正，天地革而四时成，顺乎天而应乎人

革：巳日乃孚，元亨。利贞，悔亡。

【讲解】革卦卦辞：筮遇此卦，祭祀之日，以人俘祭祀祖神，这是吉利的占问，没有憾惜。革，帛书本作勒。

巳，祀，《周易本义》、阮元刻《周易》等作巳，《周易尚氏学》等作己，误。孚，俘。

《彖》曰：**革，水火相息。二女同居，其志不相得，曰革。“巳日乃孚”，革而信之。文明以说，大亨以正，革而当，其悔乃亡。天地革而四时成。汤武革命，顺乎天而应乎人。革之时大矣哉！**

【讲解】《彖辞》说，革卦上兑为泽水，下离为丽火，象征水火相互息长。上兑为少女，下离为中女，象征两女子同居一处，心志不相投，这便是革变的意义。所谓祭祀之日，以人俘祭祖，象征变革，从而取信于民众。离火为文明，泽兑为悦乐，文明伴随悦乐，以守持正固之德使万物至为亨通。变革而正当时，一切憾惜就会消亡。天地不断变革运行，四时循序运化交替。商汤代替夏桀，周武代替殷纣，这是天命，顺应了天的意志又应合于人的意愿。革卦所表达的时间意识是此卦喻义的根本啊！

革卦泽上火下，火燃而水蒸，水决而火灭，犹二女同居而异心，变革之时必然到来。内有文明离德，外具和兑之气，又有水火相息之象，因而“大亨以正，革而当”。朝代更替，帝王革变，顺乎天时与人心。革，剧烈之变。

《象》曰：**泽中有火，革。君子以治历明时**。

【讲解】《象辞》说，泽水伴以离火，革卦象征变革之时。君子观悟此卦，用以修治历法，辨明四时更替之则。

君子观悟变革之象，推明星辰之迁化，以治历数，明四时之序而教人应时而革。

初九，巩用黄牛之革。

《象》曰：**“巩用黄牛”，不可以有为也**。

【讲解】 筮遇初九，用黄牛的皮来包裹、固定。此爻缺判词。

《象辞》说，所谓用黄牛的皮包裹、固定，初九象喻此时不可妄为、盲动。

巩，固。取象于黄牛之革（皮），喻变革之难，未逢其时。

王弼《周易注》：“在革之始，革道未成，固夫常中，未能应变者也。此可以守成，不可以有为也。”初爻变而为艮止，有固结无变之象。

六二，巳日乃革之，征吉，无咎。

《象》曰：**巳日革之，行有嘉也**。

【讲解】 筮遇六二，祭祀的日子改变，出兵打仗吉利，没有错失。

《象辞》说，祭祀日子改变，六二象喻此时祭者行为嘉美。

六二以柔居阴得正且上应九五，文明之主，正逢革变之佳时，故有此吉筮。俞琰《俞氏易集说》："必往于巳日当革之时，则其行有嘉美之功。行释'征'字，嘉释'吉，无咎'。"六二应九五，故"行有嘉"。《周易注》误巳为己。

九三，征凶，贞厉。革言三就，有孚。

《象》曰："革言三就"，又何之矣。

【讲解】 筮遇九三，出兵征伐有凶险，占问结果是危厉。革命要讲究三就，像周武王那样，克商之初缓缓变革政事，以防剧变，才能有所俘获。

《象辞》说，所谓革命要讲究三就，九三象喻逢时变革，又何必操之过急。

"革言三就"，李鼎祚《周易集解》引崔憬云："是以武王克纣，不即行周命，乃反商政，一就也；释箕子囚，封比干墓，式商容闾，二就也；散鹿台之财，发巨桥之粟，大赉于四海，三就也。"九三应上六，上六为兑口，故为言之象。九三刚居阳，又居离之极，刚健恃强，有躁急之性，故戒以"征凶，贞厉"。《象辞》以武王三就之政喻渐变之理，是"有孚"即胸有成竹、内怀实诚的表现。

九四，悔亡。有孚，改命，吉。

《象》曰：改命之吉，信志也。

【讲解】 筮遇九四，没有遗憾。有所俘获而改变命运，吉利。

《象辞》说，有所俘获，改变命运而吉利，九四有尊崇心志的喻义。

改命，改变命运。爻辞体现了殷周之际巫文化关于人之命运的典型理念，承认命运即所谓命中注定的存在，又宣说改命的可能，即通过巫的“作法”，借助神灵之力（降神）以改变人的命运与处境。信，信用、信守。《象辞》将爻辞的意义作了道德理念的阐发，有道德救世的思想，此所言“志”，心志，主要指道德之心。

九五，大人虎变，未占，有孚。

《象》曰：“大人虎变”，其文炳也。

【讲解】 筮遇九五，大人推行变革之策，如虎一般威猛而彪炳其时，不必占问，已信其有所俘获。

《象辞》说，所谓“大人虎变”之象，九五象征顺天应人、天下文明之德炳然如炬。

《象辞》所言虎变，喻变之如虎德，威而彪然、炳然。此《周易正义》所言“不劳占决，信德自著”。虎变与后文豹变对应。九五刚居阳得中正之尊，喻大人贤者。炳，如日火之光燃。《周易集解》引马融：“大人虎变，虎变威德，折冲万里，望风而信。”

上六，君子豹变，小人革面。征凶。居，贞吉。

《象》曰：“君子豹变”，其文蔚也。“小人革面”，顺以从君也。

【讲解】 筮遇上六，君子变革，如豹一样斑然有致。小人因而洗心革面，顺应天时。此时出征，凶险。而安居守业，可获吉祥。

《象辞》说，所谓“君子豹变”，象征道德文章之变，文采如蔚。所谓“小人革面”，上六顺天时以应人，庶民百姓应合于君王以改变自己的人生路向。

面，向。革面，改变路向。《周易浅述》：“虎文疏而著，故曰炳；豹文密而理，故曰蔚。”九五以正道为革之标准；上六以从道为革，有小人之象。

卦五十

䷱ 鼎（巽下离上）

革故而鼎新，君子以正位凝命

鼎：元吉，亨。

【讲解】 鼎卦卦辞：筮遇此卦，大吉大利，可以祭祀鬼神。

《彖》曰：鼎，象也。以木巽火，亨饪也。圣人亨以享上帝，而大亨以养圣贤。巽而耳目聪明，柔进而上行，得中而应乎刚，是以元亨。

【讲解】《彖辞》说，鼎卦卦符，是鼎器的象征。鼎卦下巽为木，上离为火，干柴烈火，象征燃木煮食以养人。圣人以鼎器烹煮食品，用来祭祀天帝神灵，而大力烹烧食饮之物，以涵养天下圣贤的身心。巽德顺应尊上，上为离火之象喻，全卦喻耳聪目明。六五以柔居上卦之中，有进取之义，得居中位，下应九二阳刚之贤，所以亨通之至。

亨饪之亨，为烹，不同于亨通之亨与享祭之享。《周易集解》引荀爽曰："木火相因，金在其间，调和五味，所以养人，鼎之象也。"六十四卦卦符大多抽象地象喻易理。而鼎卦、颐卦等，在卦形上有某些器物的具象因素。《周易本义》云，鼎卦像烹饪之器，卦下阴为足，二、三、四阳为腹，五阴为耳，上阳为铉，有鼎之象。《周易浅述》云，鼎卦以卦体言，下植为足，中实为腹，对峙于上为耳，横亘于上为铉；以上下卦言，中虚在上，下有足以承之，皆为鼎象，取义则从木从火，烹饪之义。所谓“以养圣贤”的养，以理解为涵养身心为宜。鼎固然有烹制食物的功能，为养身之器，但更重其人文意义，鼎乃祭礼之重器。在商代，祭祀天帝、祖神，都离不开鼎，故更具养心功能。

《象》曰：**木上有火，鼎。君子以正位凝命。**

【讲解】《象辞》说，鼎卦下为巽木，上为离火，有以火燃木之象，象喻君子人格。君子观悟此卦，用来守正崇高人格品位，专注而执着于伟大使命。

正，此作动词用，守正。凝，作动词用，凝视，转义有专注、执着之义。命，天命，转义有使命之义。

初六，鼎颠趾，利出否。得妾以其子，无咎。

《象》曰：**“鼎颠趾”，未悖也。“利出否”，以从贵也。**

【讲解】 筮遇初六，鼎足倒转，倾倒鼎器之中食物，吉利。娶小妾而生儿子，没有错害。

《象辞》说，鼎足倒转以倾倒食物，初六喻示没有违逆常理。倾倒食物吉利，是说初六顺从尊显贵要。初六在下之初，有趾之象。鼎腹外实而内虚，内有否恶之物。以柔居阳不正，有妾象。以贱位而上应九四，象喻弃秽纳新，因生子而“从贵”。从贵，纳珍馐以祭义。

九二，鼎有实，我仇有疾，不我能即，吉。

《象》曰：**“鼎有实”，慎所之也。“我仇有疾”，终无尤也。**

【讲解】 筮遇九二，鼎器装满食物。我的仇人身患疾病，不能与我匹敌，吉利。

《象辞》说，鼎器装满食物之象，是说九二有慎行之喻。我的仇人身患疾病，是说九二象征事物的发展，终将不令人忧虑。

九二阳刚，有实义。实，食。仇，《尔雅·释诂》释为匹。尤，忧。九二、六五有应，与爻辞言仇相矛盾。有的易解，将仇字释为匹配，指我之妻妾，值得推敲。

九三，鼎耳革，其行塞，雉膏不食。方雨，亏悔。终吉。

《象》曰："鼎耳革"，失其义也。

【讲解】 筮遇九三，鼎器的铉坏了，不能提也不能抬，祭祀活动停止，由野鸡肉熬成的膏羹不能供献于神灵之前。这时正好下雨，甘雨消灾，没有憾惜，终于可获吉祥。

《象辞》说，鼎器的铉坏了，九三象征事物的发展丧失时宜。

其，指祭礼。雉，野鸡。亏，消。义，宜。《周易集解》引虞翻云："鼎以耳行，耳革行塞，故'失其义（宜）'也。"九三爻变下体为坎，三变互四、五还是坎，坎为水，有雨象。鼎者，祭礼之重器，故九三有祭义。

九四，鼎折足，覆公餗，其行渥，凶。

《象》曰："覆公餗"，信如何也。

【讲解】 筮遇九四，祭礼的鼎折断了足，鼎中王公用以祭神的珍馐打翻了，鼎器与地面一片沾染而龌龊的样子，凶险。

《象辞》说，倾翻了王公鼎器中的美食珍馐，便谈不上对神灵的虔敬与忠信了。

餗，音 sù，《周易正义》：“餗，糁也，八珍之膳。”渥，沾湿，沾染。九四居上卦之下，失位，应初比五但六五乘凌其上，主凶。九四爻变而二、三、四互体为兑，为毁折，有折象。九四爻变互三、五为震，有覆象。

六五，鼎黄耳金铉，利贞。

《象》曰：“鼎黄耳”，中以为实也。

【讲解】 筮遇六五，青铜鼎的耳铉坚固呈金黄色，占问结果是吉利。

《象辞》说，青铜鼎有黄色的耳铉，六五尊处中位，下应九二获阳刚之实。

铉，举移鼎器之物具，所谓鼎杠。六五居尊而未得中正，但下应九二，故“利贞”。

上九，鼎玉铉，大吉，无不利。

《象》曰：玉铉在上，刚柔节也。

【讲解】 筮遇上九，青铜鼎的鼎杠以玉为饰，大吉之象，没有不吉利的。

《象辞》说，所谓以玉为饰的鼎杠在上，上九有刚柔相济的喻义。

玉铉，以玉为饰的鼎杠。刚柔得节，项安世《周易玩辞》：“凡烹饪之事，以刚柔得节为功。亨人曰：‘掌共鼎镬以给水火之齐。’齐即节也。”齐，济。上九爻变而上体为震，震为玉，有玉象。上九以刚居阴位，本为失位，此释为“刚柔节”即刚柔相济义，为《象辞》不遵爻位说之一例。

【小结】 革、鼎互为综卦。革卦离下兑上，离为中女而兑为少女，二女同居而志未相得，喻革变之必要。其内卦离喻文明，外卦兑喻和悦，而革变须遵中正之道。革卦有革命之思，具制天命以尽人事之喻义，主张顺天应人，守持正固，依时机而迟速有节，不可妄为。鼎卦巽下离上，巽为风而离为火，风助火势为以鼎烹饪之象。古时改朝换代，必铸鼎以示。革、鼎互综，有鼎革义。鼎卦始终以鼎器为象，以革故鼎新为主旨，以鼎折足、覆𫗧之喻义为戒，立鼎乃国之重器的威权。

卦五十一

䷲ 震（震下震上）

守宗庙社稷，君子以恐惧修省

震：亨。震来虩虩，笑言哑哑。震惊百里，不丧匕鬯。

【讲解】 震卦卦辞：可以祭祀。巨雷骤起，天下畏怖，祭祀者却言笑愉悦。雷震惊天动地，响彻百里，祭祀者敬肃镇静而继续祭神，不放下手中匕、鬯等祭祀之器。震，帛书本作辰。

虩虩，音 xì xì，《经典释文》引马融释为恐惧貌。笑言哑哑，《经典释文》释哑哑为笑声，即"哑言而笑"（徐志锐《周易大传新注》）。匕，匙、勺类取食器。鬯，音 chàng，古时祭神之酒，引申为盛酒器。震为雷，雷动之气也，既喻神灵（祖神）的无上权威，又喻祭祀者内心的敬畏之情。

《彖》曰：**震，亨。"震来虩虩"，恐致福也。"笑言哑哑"，后有则也。"震惊百里"，惊远而惧迩也。"不丧匕鬯"，出可以守宗庙社稷，以为祭主也。**

【讲解】《彖辞》说，震卦象征大亨之运由祭神而来。巨雷骤起，天下畏怖，有恐惧、警惕而致幸福、好运到来的意思。祭时言笑愉悦，是说祭时笑言哑哑的背后，有支配笑言哑哑的神圣原则在。雷震惊天动地，响彻百里，象征祭者警省于古远而惧惕于当前。宗族男性主持祭礼，象征可以继承祖宗伟业，治理天下社稷，便是祭礼的主题。

震为长男，祭之主也。震而又震，喻祖宗威权之重与祭者内存敬惧。祭礼神圣而肃穆，以虔诚之心敬畏于神，以震为吉。雷震使人畏怖，却大气磅礴，雷霆万钧，为施福于人之吉兆，因而祭祀者"笑言哑哑"。

《象》曰：洊雷，震。君子以恐惧修省。

【讲解】《象辞》说，惊雷响彻云天，一个又一个，有威震不断的喻义。君子观悟此卦，内心敬畏、惕惧，修德自省。

洊，音jiàn，一而再，再而三。《周易浅述》："上下皆震（引者按：指上下卦），重袭而至，故曰洊。恐惧存于心，修省见于事，恐惧继以修省，所以尽畏天之实，象雷之洊也。"

初九，震来虩虩，后笑言哑哑，吉。

《象》曰："震来虩虩"，恐致福也。"笑言哑哑"，后有则也。

【讲解】 筮遇初九，巨雷骤起，天下畏怖，祭祀者内心敬畏而愉悦，吉利。

《象辞》说，巨雷骤起，天下畏怖，因内心敬畏祖神而福泽自来，这是子嗣敬畏于祖神这一原则的缘故。

爻辞的后字，指随后；《象辞》的后字，为背后义。初九为一卦之主，《彖辞》《象辞》与爻辞有相同处。爻之吉，通彖之亨。

六二，震来，厉。亿丧贝，跻于九陵。勿逐，七日得。

《象》曰："震来，厉"，乘刚也。

【讲解】 筮遇六二，震雷骤作，危厉之象。遗失大量财币，当时正登临在极高的山陵上。不必刻意追寻、搜找，七天之内必然失而复得。

《象辞》说，所谓震雷骤作，危厉，六二乘凌于初九，所以有此危厉的占筮结果。

亿，喻数量之巨。贝，古时货币。跻，登上。九，周人崇拜数九，所谓数以九为纪，喻极度。九陵，九皋，高地。六三爻变则下体为离，有贝象。二、三、四互体为艮山，有升临之象。

六三，震苏苏。震行无眚。

《象》曰："震苏苏"，位不当也。

【讲解】 筮遇六三，雷震之时，心绪不宁。雷声大作，不遭灾变。

《象辞》说，所谓雷震之时，心绪不宁之象，六三居位不当。

苏，通穌。苏苏，帛书本《周易》作疏疏。高亨《周易大传今注》："苏苏，迟缓之貌。眚，灾也。爻辞言：巨雷作而苏苏迟缓，则雷行不致击人，无灾。"可从。六三柔居阳位，为下体之极，位失当。

九四，震遂泥。

《象》曰："震遂泥"，未光也。

【讲解】 筮遇九四，雷击下坠于大地。此爻缺判词。

《象辞》说，所谓雷击下坠于大地，九四象喻阳刚之气不得振扬而光大。

遂，有的本子作隊（队）。队，坠。尚秉和《周易尚氏学》说："遂，隧之省文，隧即坠也。"九四失位，陷于上下二阴之中。三、四、五互体为坎，为陷。九四爻变而二、三、四互体为坤，为土为泥，因而有遂（坠）泥之象。九四本阳，陷于上下二阴之中，故"未光"。

六五，震往来，厉。亿无丧，有事。

《象》曰："震往来，厉"，危行也。其事在中，大"无丧"也。

【讲解】 筮遇六五，雷震忽左忽右，忽前忽后，忽上忽下，忽近忽远，危厉。只要心存畏惧、惕敬之心，没有什么巨大的损失，有吉利时机进行祭祖之事。

《象辞》说，所谓雷震往来无常，危厉，六五喻人应有危惧之心才可有所作为。为人做事守持中道，一切都不会丧失。

六五柔居尊位而比四，时宜尚佳，故"亿无丧"。该"亿无丧"与六二"亿丧贝"之亿，帛书本《周易》皆作意，即亿。《周易集解》引虞翻："事，谓祭祀之事。"

上六，震索索，视矍矍，征凶。震不于其躬，于其邻，无咎。婚媾有言。

《象》曰："震索索"，中未得也。虽凶无咎，畏邻戒也。

【讲解】 筮遇上六，雷震之时步履艰难，两眼惶恐不安，是出兵打仗必遭凶险的征兆。雷震不在我处发动，只在邻近地方电闪雷鸣，没有咎害。筮遇此爻，若主筮婚姻，则必有口角争端。

上六得位而无应，故“婚媾有言”。王弼《周易注》：“处震之极，极震者也。居震之极，求中未得，故惧而索索，视而矍矍，无所安亲也。已处动极而复征焉，凶其宜也。若恐非己造，彼动故惧，惧邻而戒，合于备豫，故无咎也。”

《象辞》说，雷震之时步履艰难，上六象示未得中正之道。此爻虽然凶险却没有错失，雷震在近地发动，尚未危及人自身，这一兆象喻示警戒之义。

索，绳索绞纠貌，引申为步履踉跄难行。矍，音jué，目光惊恐四顾貌。

卦五十二

䷳ 艮（艮下艮上）

时止有序，动静不失其时，其道光明

〔艮〕：**艮其背，不获其身。行其庭，不见其人。无咎。**

【讲解】 艮卦卦辞：筮遇此卦，停留在人背后，看不见人的全身。行走在他的庭院，见不到他的家人。没有错害。卦辞原文“艮其背”前缺一艮字，今补。艮，帛书本作根。

《彖》曰：**艮，止也。时止则止，时行则行，动静不失其时，其道光明。艮其止，止其所也。上下敌应，不相与也。是以“不获其身。行其庭，不见其人。无咎”也。**

【讲解】《彖辞》说，艮卦上下体都是艮，有停止、抑制的意思。宇宙的自然时间无有穷时，没有静止的时候，但人生社会的人文时间可止可行。人生必须依时而行，应抑制，静止之时就抑制、静止；应有所作为，就有所作为。无论行动还是静待，都不违背人文时机的规律。时间之道，指示人生的光明之路。所谓静止于人的背后，这种静止、抑制适得其所。艮卦上下六爻，没有任何相应关系，彼此敌对而不相亲与。所以卦辞所谓看不见人的全身，行走在他的庭院，见不到那人，没有错害，是说人应当止其邪欲而静止其心。

《周易浅述》：“艮一阳止于二阴之上，阳自下升，至上而止，其象为山，取坤地而隆其上之状，亦止而不进之意也。人以面前为身，后为背，一身皆动，而背则静，耳目口鼻皆有欲，唯背无欲，止之至也。”《彖辞》反复申说“艮其背”义，有祛邪欲而静心智之旨。

《象》曰：兼山，艮。君子以思不出其位。

【讲解】《象辞》说，艮卦艮下艮上，艮为山，象喻两山重叠，有强调静止、抑制的意义。君子观悟此卦，用来思考不逾越本位的道理。

内外皆为山象，喻险阻重重而静止、宜时之义。

初六，艮其趾，无咎，利永贞。

《象》曰：“艮其趾”，未失正也。

【讲解】 筮遇初六，脚趾迈出之时即有所抑制，没有错失。占问久远之事，吉利。

《象辞》说，所谓脚趾迈出之时就抑制，意思是初六象喻没有丧失人生正路。

初六失位，当止。当止而强行，非正。当止则止，则正未失。

这一爻在于申述当止邪于未萌、将萌之道。

六二，艮其腓，不拯其随，其心不快。

《象》曰：“不拯其随”，未退听也。

【讲解】 筮遇六二，小腿抬起之时就止步不前，不跟随在别人后面，他的心中不痛快。

《象辞》说，所谓不跟随在别人后面，是说有未能退一步而听从的意思。

拯，通承，取也。六二中正承九三却无应，故爻辞言不随。九三过刚未中，止于下体之终而邪欲熏心，六二止其欲而未能，因而“其心不快”。退听，《周易集解》诸本作违听。听，从也。值得注意的是，按爻位说，六二中正，且承比于九三而仅无应，占问起码应为小吉，但该爻有“其心不快”之象。“艮其腓”，是止其欲的象征。“不拯其随”，象征六二不愿随从于九三所象征的“薰心”，则何以“其心不快”?《象辞》所谓六二“不拯其随”，是九三“未退听”于六二的缘故。既然九三不肯“退听”于六二，为何六二又有“艮其腓”即止其欲之象？可见，一是爻位说未能合于一切卦爻辞的本义，二是爻位说以象数理念、意图处处申说道德正理，则必然有解说不通的地方。其原因，卦爻辞本是筮辞，原本并非依道德伦理之义而设立，期望如《易传》那般，处处以伦理解读卦爻辞，必然会遇到困难。

九三，艮其限，列其夤，厉，薰心。

《象》曰：“艮其限”，危“薰心”也。

【讲解】 筮遇九三，腰部动弹不得，背脊皮肉分裂，心智昏昏，危厉。

《象辞》说，所谓腰部动弹不得，预示邪欲像香草熏染一般令人迷醉，危险。

限，界，《周易集解》引虞翻云：“限，腰带处也。”三、四爻居卦中部，故曰腰。夤，音 yín，夹脊肉。列，《周易集解》诸本作裂。薰心，《周易集解》作阍心。阍，借作惛，心智迷乱。

《象辞》所言薰，指香草。作动词，熏染、熏灼义。九三得位，三、四、五互体为震为动，艮止之反，故危。

六四，艮其身，无咎。

《象》曰："艮其身"，止诸躬也。

【讲解】 筮遇六四，控制他的身体不使妄动，没有咎害。

《象辞》说，所谓控制他的身体不使妄动，是说六四象喻自我控制。

躬，身体。六四柔居阴，得位，故无咎。《周易正义》："明能静止其身，不为躁动也。"《周易浅述》："以阴居阴，时止而止，有艮其身之象，可以无咎矣。"

六五，艮其辅，言有序，悔亡。

《象》曰："艮其辅"，以中正也。

【讲解】 筮遇六五，阻止其乱说话，说话有条有理，没有灾祸。

《象辞》说，所谓阻止其乱说话，六五象示得中得正。

《周易浅述》："然柔而得中，言不轻发，发必有秩，秩之德音，故为'艮其辅，言有序'之象。"又云："以其中，故可兼正。"六五仅居中而非得中得正之爻，按爻位说，《象辞》所谓中正之言欠妥。

上九，敦艮，吉。

《象》曰："敦艮"之吉，以厚终也。

【讲解】 筮遇上九，为人敦实静和，吉利。

《象辞》说，所谓为人敦实静和的吉利之象，象征事物的敦厚品格达到终极。

上九为成艮之主，为当止之境。全卦六爻以人为喻，故上九爻辞敦艮之义可作如是解。而依爻位说，上九以阳爻居阴，又何以为吉?

【小结】 震、艮互为综卦。震卦，震下震上；艮卦，艮下艮上。震为动，艮为止，其义相反相成。震卦以雷震、祭祖为喻，阐恐惧修省、时时处处警惕自身的君子人格修为之道。中国古时以祀为要，祭神尤其祭祖，为君子第一修养。震卦以祭祖为象，源自远古祖先崇拜，尔后转变为君君、臣臣、父父、子子的政教、伦理规范。艮卦以止为义，亦有政教、道德须循规蹈矩的意思，要求人生行止有序，动静不失其时，其道便光明，蕴含睿智的人文时间意识，要求人的思想、行为不出其时位，抵制邪思邪行。

卦五十三

䷴ 渐（艮下巽上）

以鸿渐设喻，明渐进之理，可以正邦也

渐：女归吉，利贞。

【讲解】渐卦卦辞：女子出嫁，吉祥，这是吉利的占问。渐，楚竹书作澌。

《彖》曰：**渐之进也，女归吉也。进得位，往有功也。进以正，可以正邦也。其位刚得中也。止而巽，动不穷也。**

【讲解】《彖辞》说，事物渐渐发展进取，这是所谓女子出嫁吉祥的喻义。渐卦九五爻正处在渐进得位之时，象征有所作为必获成功。以中正之道渐进，可以振奋国事，端肃民心。九五为刚爻居于中位。渐卦下艮为止，上巽为风为顺，象示事物静以待时而无妄躁。相时而动，伺机而行，就不会陷入困穷之境。

归，女子成年出嫁为归。渐卦后即为归妹卦，归妹一词，有嫁女之义。《周易本义》认为"渐之进"的之字疑衍，可从。朱骏声《六十四卦经解》云，渐者，渐水名，"渐江，今浙江也，借为趋字，进也。渐卦否三之四……渐与归妹反对卦，又旁通卦，故取象女归"。

《象》曰：山上有木，渐。君子以居贤德善俗。

【讲解】《象辞》说，渐卦下艮为山，上巽为木，象喻山上有树木渐渐生长而有渐进之义。君子观悟此卦，因而渐渐积聚仁德善行、良风美俗。

尚秉和《周易尚氏学》说："居，积也。居贤德，即积贤德也。坎为积（引者按：指二、三、四互为坎），艮为贤，巽为风俗。有贤德，故以善俗，居贤德善俗，皆非猝然可能之事，皆渐义也。"有人释"善俗"的善字为动词，《经典释文》引王肃本原作善风俗，可备一说。

初六，鸿渐于干，小子厉，有言，无咎。

《象》曰：小子之厉，义无咎也。

【讲解】 筮遇初六，大雁渐渐飞临水岸。雁飞长在前幼在后，幼者有危险，唯恐失群而鸣叫，象喻长者不敢躁进，没有咎害。

《象辞》说，所谓幼小鸿雁有危险，初六象喻此时人的行为宜时而没有咎害。

干，水涯也，岸也。小子，此喻幼雁。言，指幼雁鸣叫。初六柔居阳位，为渐进之始。二、三、四互体为坎，有水象；三、四、五互体为离，有飞鸟象。互体离、坎，有大雁在水岸之象。下卦艮为少男，小子之象。义，宜。

六二，鸿渐于磐，饮食衎衎，吉。

《象》曰："饮食衎衎"，不素饱也。

【讲解】 筮遇六二，看到大雁渐渐飞临水边磐石，饮水吃食，很欢乐的样子，吉利。

《象辞》说，所谓大雁饮水吃食很欢乐的样子，六二象喻自食其力，不白白依靠他人来果腹。

《周易集解》引虞翻："艮为山石，坎为聚，聚石称磐。"故有大石义。衎，音 kàn，朱熹《周易本义》："衎衎，和乐意。"素，白色之织物。《诗经·魏风·伐檀》："不素餐兮。"《古周易订诂》："素犹空也，与《诗》'素餐'之素同。"《周易集解》引虞翻："素，空也。承三应五，故'不素饱'。"六二柔中得正，以其渐故吉。

九三，鸿渐于陆，夫征不复，妇孕不育，凶。利御寇。

《象》曰："夫征不复"，离群丑也。"妇孕不育"，失其道也。利用御寇，顺相保也。

【讲解】 筮遇九三，大雁渐渐飞临大土堆，为丈夫出征没有回家、妻子不能孕育生子之凶兆。但筮得此爻，有利于抵御敌寇。

《象辞》说，丈夫出征没有回家，是说九三具有离群索居而无匹配的喻义。妻子不能孕育生子，是说九三失正，逆应于六四而非女归之正道。有利于抵御敌寇，是说九三爻变而二、三、四互体为坤，有《周易浅述》所言"行险而顺，欲御寇贼以相保守"的意思。

陆，大型土山。《尔雅·释地》："广平曰原，高平曰陆。"丑，类之谓。

六四，鸿渐于木，或得其桷，无咎。

《象》曰："或得其桷"，顺以巽也。

【讲解】 筮遇六四，大雁渐渐飞临树林，有的栖息在大树枝干的平柯上，没有咎害。

《象辞》说，所谓有的大雁栖息在大树平柯之上，是说六四象征平安、顺遂。

桷，音 jué，大树横向生长的主要枝干。六四得位比五，为上巽之初，九三爻变而二、三、四互体为坤，坤为顺，有顺巽之象。

九五，鸿渐于陵，妇三岁不孕。终莫之胜，吉。

《象》曰："终莫之胜，吉"，得所愿也。

【讲解】 筮遇九五，大雁渐渐飞临丘陵，是妻子多年不能怀孕的凶兆。这种恶运不会一直延续下去，终究会吉利。

《象辞》说，所谓恶运不会延续而终究会吉利，九五象征夫妇、阴阳和合的愿望一定会实现。

九五得中居尊，处艮山之上，有鸿雁渐陵之象。三、四、五互体为离而中虚，为女子不孕之象。五、二皆中而正且相应，有吉象。《周易本义》："陵，高阜也。九五居尊，六二正应在下，而为三、四所隔，然终不能夺其正也。故其象如此，而占者如是则吉也。"

上九，鸿渐于陆，其羽可用为仪，吉。

《象》曰："其羽可用为仪，吉"，不可乱也。

【讲解】 筮遇上九，大雁渐渐飞临大土堆，梳理它的羽毛，好比人修饰美丽的仪表，吉利。

《象辞》说，所谓梳理羽毛以美饰仪表而吉利，上九象喻人的高尚情怀，纯正而不错乱。

上九爻辞"鸿渐于陆"，与九三爻辞同。学界以为此陆字指高山，不同于九三之陆指土堆，以为渐卦象征渐进之义，因而爻义自初至六都是向上的。可商。渐卦象喻渐进，固然不错，但不能由此反证自初至上的取象都是向上的。一个显例是，九三为“鸿渐于陆”，而六四却说“鸿渐于木”，从陆到木是否必是后者高于前者，不一定。在取象上，没有必要将九三的陆字释为土堆而上九释为高山。《周易本义》说：“胡氏（胡瑗）、程氏（程颐）皆云，陆当作逵，谓云路也。”可从。此爻取象为大雁飞翔于云天，确是最高之象。古人编纂每卦六爻爻辞时，其实并非按后代的爻位说来编写，如果都要这样做，那么六十四卦每卦的爻辞就没法编列了。六十四卦中，除如乾卦与咸卦等取象做到自下而上外，其余就难说了。所谓按爻位递增自下而上取象，并非规律性的取象原则。按爻位说，该卦上九失位、无应、无比，应是大凶之爻，爻辞却说吉，可见《周易》六十四卦每卦六爻的吉、凶之类判词，并不一定与爻位的阴、阳相应。

卦五十四

䷵ 归妹（兑下震上）

天地之大义，人伦之终始

归妹：征凶，无攸利。

【讲解】归妹卦卦辞：出兵打仗凶险，没有什么吉利的。

《彖》曰：**归妹，天地之大义也。天地不交，而万物不兴。归妹，人之终始也。说以动，所归妹也。“征凶”，位不当也。“无攸利”，柔乘刚也。**

【讲解】《彖辞》说，少女嫁人，喻天地之间万物生成、阴阳调和的根本道理。如果天阳、地阴之气不相交合，万事万物就不会发生、兴起。少女嫁人，象人类终而复始生生不息。归妹卦兑下为少女为和悦，震上为长男为雷动，和悦而振奋，便是归妹卦的本义。所谓出兵打仗凶险，是说归妹卦九二、六三、九四、六五都居位不当的缘故。所谓没有什么吉利的，是说阴柔乘凌于阳刚之上。

大义，根本之义。征，征伐。人之终始，指人类自始至终以阴阳交合为本而生息繁衍，且为人伦之根本。所谓归妹，女大当嫁，人伦之终始也。王弼《周易注》：“阴阳既合，长少又交，天地之大义，人伦之终始。”李鼎祚《周易集解》引崔憬：“中四爻皆失位，以象归妹非正嫡，故‘征凶’也。”又引王肃云：“以征则有不正之凶，以处则有乘刚之逆，故‘无所利’矣。”

《象》曰：泽上有雷，归妹。君子以永终知敝。

【讲解】《象辞》说，大泽之上惊雷震动，归妹下卦为兑为泽，上卦为震为雷，取象于少女出嫁，令人和悦而振奋。君子观悟此卦，用以指导人生，自始至终永远恪守夫妇之道，且懂得淫佚的弊害。

归妹卦体下为兑上为震，为泽上有雷之象。永，用作动词。敝，弊。李光地《周易折中》：“泽上有雷，不当以泽从雷取象，当以泽感雷取象。盖取于阴气先动，为归妹之义。”此言切中易理。

初九，归妹以娣，跛能履，征吉。

《象》曰：“归妹以娣”，以恒也。跛能履吉，相承也。

【讲解】 筮遇初九，少女出嫁做了小妾，跛子能够艰难地行走，出兵打仗，吉利。

《象辞》说，所谓少女出嫁做小妾不做正室，这是婚嫁的常道正理（按：一夫多妻、重男轻女之言）。所谓跛子能够艰难地向前行走，吉利，是说初九象喻位卑承随居尊的道理。

娣，妹，与姊相对。《国语·晋语》韦昭注：“女子同生，谓后生为娣，于男则言妹也。”古时亲姐妹同嫁一夫，以妹为偏室，称娣。《周易本义》：“初九居下而无正应，故为娣象。然阳刚在女子为贤正之德，但为娣之贱，仅能承助其君而已，故又为‘跛能履’之象。”

九二，眇能视，利幽人之贞。

《象》曰："利幽人之贞"，未变常也。

【讲解】 筮遇九二，人的一只眼睛瞎了还能看见东西，这是有利于幽静自守的占问。

《象辞》说，所谓有利于幽静自守的占问，九二象示没有改变妇人贞节的常道。

眇，音 miǎo，瞎了一只眼。九二刚居阴而处中，朱熹《周易本义》云，象"女之贤也。上有正应，而反阴柔不正，乃女贤而配不良，不能大成内助之功，故为'眇能视'之象。而其占则'利幽人之贞'也。幽人亦抱道守正而不偶者也"。

六三，归妹以须，反归以娣。

《象》曰："归妹以须"，未当也。

【讲解】 筮遇六三，以低贱身份出嫁的少女，欲成正室而不能，只得回归本位，嫁作小妾。

《象辞》说，所谓以低贱身份出嫁的少女，是因六三爻位不当。

须，《周易本义》："女之贱者。"陈梦雷《周易浅述》从之，并称："须，或作待，或作斯须，皆未当。"进而释曰："初九在下为娣，六三居下之上，非娣也。然阴柔而不中正，为说之主，女之贱者也。以此于归，人莫之取，有反归为娣之象。"

九四，归妹愆期，迟归有时。

《象》曰：愆期之志，有待而行也。

【讲解】 筮遇九四，少女嫁人误了佳期，迟迟未嫁，但以后会有良辰吉时。

《象辞》说，所谓少女嫁人延误佳期，有等待以后再嫁的心志，九四象喻万事进行在于等待时机。

愆，超过，有延误义。九四以刚居阴，无应，有贤女嫁人误期之象。

六五，帝乙归妹，其君之袂，不如其娣之袂良。月几望，吉。

《象》曰："帝乙归妹"，"不如其娣之袂良"也。其位在中，以贵行也。

【讲解】 筮遇六五，帝乙嫁女，那个正妻的服饰，不如小妾的服饰华美。月亮即将圆满无缺，是吉利的兆象。

《象辞》说，所谓帝乙嫁女，不如那个小妾的服饰华美，是因六五居上卦中位，以高贵品德大行屈尊、谦卑之礼。

帝乙，商君主，太丁子，纣王之父。袂，衣袖，臂之衣饰。几望，接近于望月之时，几，几乎。月望，阴之盈，盈则敌阳。几望，未至于盈。六五居尊应二，有帝乙嫁女之象。

上六，女承筐，无实，士刲羊，无血，无攸利。

《象》曰：上六"无实"，承虚筐也。

【讲解】 筮遇上六，夫妇祭祖，女子捧着空筐，筐中没有祭品；男子屠羊，却是流不出鲜血的死羊，没有什么吉利。

《象辞》说，上六爻辞所谓筐里没有祭品，是说手里拿的是空筐，象征人生空空如也。

刲，音 kuī，刺也。李鼎祚《周易集解》引虞翻："震为士（引者按：长男），兑为羊（少女），离（上六爻变，四、五、上互体为离）为刀，故‘士刲羊’。三四复位（三、四同时爻变）成泰，坎象不见，故‘无血’。三柔乘刚，故‘无攸利’也。”古时女子出嫁三月后，助夫祭祖。《礼记·昏义》云：“昏礼者，将合二姓之好，上以事宗庙，而下以继后世也。”

【小结】 渐、归妹互为综卦。艮下巽上，艮为止，巽为顺，未遽进之象，渐之谓。艮为山，巽为木，山上植木之象，其长以渐。渐卦明事物渐进之理。全卦六爻，又以鸿渐取象设喻，肯定天下万类渐变之则，而将事物突变之道不自觉地摒弃在人文视野之外。此中国古代一大基本人文思维特点。归妹取象于少女嫁人，与渐卦卦辞“女归吉，利贞”之义相应。反复申说妇道，是对女子人伦的约束，旨在发挥“归妹，天地之大义也”的阴阳调和而生成的哲理。归妹卦结构为兑下震上。兑为泽，震为动，雷震阳刚而兑泽阴柔，相从之象。九二应六五，皆居中，故有帝乙归妹之象。

卦五十五

䷶ 丰（离下震上）

天地盈虚，与时消息，丰大之理

丰：亨。王假之。勿忧，宜日中。

【讲解】 丰卦卦辞：筮遇此卦，可以祭神，君王亲临祭地礼拜。没有忧虑烦心的事。祭神适宜于安排在正午时分。丰，帛书本、汉石经作豊。

亨，享祭。假，至，莅临。《周易正义》："假，至也。丰，亨（享）之道，王之所尚，非有正者之德不能至之，故曰'王假之'也。"《周易浅述》："全卦上震下离，有日出东方光明盛大之势，故有亨象。日之在东，其象非王者不能当，故有'王假之'之象。坎为加忧，离卦坎之反，有勿忧之象。日自东至中，其势皆盛，过此则昃矣，故有'宜日中'之象。"

《彖》曰：丰，大也。明以动，故丰。"王假之"，尚大也。"勿忧，宜日中"，宜照天下也。日中则昃，月盈则食。天地盈虚，与时消息，而况于人乎？况于鬼神乎？

【讲解】《彖辞》说，丰卦象喻丰硕、盛大、盈满。丰卦下离为火为明，上震为雷为动，有道德文明、宏大而通贯输送于人之行为的意义。所谓君王亲临祭地拜神，说明君王崇尚先祖宏大、伟美的道德。所谓没有忧虑，适宜于在正午时分祭祀，象征君王美德像太阳一般如日中天，宜于照临天下。在自然界，太阳到了正午时分就开始西斜，月亮圆了就亏缺。天地的运化总是从盈盛走向亏虚，从亏虚回归盈盛，随着时间的推进而互为消长、生息。这又何况人、何况鬼神呢？这意思是说，人与鬼神的运化、发展，也是“与时消息”的。

昃，音 zè，太阳西斜、落山。食，月食，这里指月缺。丰卦明盛大、丰硕之理势。全卦震上离下，震为雷为动，离为日，有日出东方、恢弘盛乾之象。坎为忧，离为坎之反，故“勿忧”。

《象》曰：**雷电皆至，丰。君子以折狱致刑**。

【讲解】《象辞》说，惊雷伴随着离火一齐到来，天下辉煌而盛大，这是丰卦的喻义。君子观悟此卦，因而仿效雷震之威、电火之明，以审断刑狱，惩治犯人。

折狱，断狱，折犹断也。致刑，实施刑罚，致犹用也。这是以雷震比刑，以电火比明而明察的意思。

初九，遇其配主，虽旬无咎，往有尚。

《象》曰：**“虽旬无咎”，过旬灾也**。

【讲解】 筮遇初九，遇到日蚀、初亏之时，日蚀阴影与日光相匹而均等，没有咎害。以前往为上策。

《象辞》说，所谓日蚀阴影与日光相匹而势均，没有咎害，一旦打破了这一均势，灾祸就降临。

黄寿祺、张善文《周易译注》据传统易解，以为配主指九四，释旬为均。释初九爻辞为：“遇合相匹配之主，尽管阳德均等也不致咎害，前往必受尊尚。”言之尚有据。所谓“两者阳德均等”，指初、四均为阳爻。高亨《周易大传今注》读配为妃，称“妃犹妻也，配主谓女主人。虽，汉帛书《周易》作唯。按虽读为唯，尚借为赏”。将这一爻辞解读为：“出行则遇其女主人，唯一旬之内无咎，且往而得赏。”可备一说。笔者考虑丰卦以日中取象，每爻爻辞皆与日象有关，故有此释。廖名春释此爻兆象为日蚀初亏，可从。王弼《周易注》：“旬，均也。虽均无咎，往有尚也。初、四俱阳爻，故曰‘均’也。”初、四无应，为敌、为均，有日蚀之象。尚，上。

六二，丰其蔀，日中见斗，往得疑疾。有孚发若，吉。

《象》曰：“有孚发若”，信以发志也。

【讲解】 筮遇六二，日食将太阳遮住了，阴影丰大。正午时分，北斗七星显现于天穹。想要有所行动，又满腹狐疑、痛苦不堪。有俘获者可以发落，吉利。

《象辞》说，所谓有俘获者可以发落，六二象喻内心诚实而发明丰大的心志。

蔀，音 bù，王弼《周易注》：“蔀，覆、暧，障光明之物也。”疾，此指痛苦，与《管子·小问》“凡牧民者，必知其疾”之疾同义。若，语助词。《周易浅述》：“日中而昏，则斗可见矣。六二当丰之时，离明之主而上应六五柔暗之君，故有‘丰其蔀，日中见斗’之象。二以阴居阴而五又阴，故有往得猜疑疾恶之象。然二有文明之德，中虚之诚，人皆信之，终当有以发其蔀而行其志，故有‘有孚发若’之象。”可参，然其六二上应六五之说有误。

九三，丰其沛，日中见沬，折其右肱，无咎。

《象》曰："丰其沛"，不可大事也。"折其右肱"，终不可用也。

【讲解】 筮遇九三，兆象是日食丰大的阴影像幡幔一般完全遮蔽了太阳。时值正午，连星星都在天穹显现。虽右臂折断而无咎害。

《象辞》说，所谓日食丰大的阴影像幡幔一般，说明筮遇此爻时机不利，面临大事要办时，不可轻举妄动。所谓折断右臂，指九三象喻人遇此时终究不可有所作为。

沛，《经典释文》释为旆。王弼《周易注》："沛，幡幔，所以御盛光也。"《周易集解》引虞翻："日在云下称沛。沛，不明也。"沬，音 mèi，通昧。惠栋《周易述》："沬者，斗杓后小星。小星见则日全蚀矣。"九三应上六，上六柔暗而未中，蔽甚于六五，又甚于六二，有丰沛见沬之象。九三爻变而二、三、四互体为艮，艮为手，有肱之象。三、四、五互体为兑，兑为毁折，有折肱之象。

九四，丰其蔀，日中见斗。遇其夷主，吉。

《象》曰："丰其蔀"，位不当也。"日中见斗"，幽不明也。"遇其夷主"，吉行也。

【讲解】 筮遇九四，日食阴影丰大而遮住太阳，正午时分，北斗七星显现于苍穹。遇日光微露之象，吉利。

《象辞》说，所谓日食阴影丰大而遮住太阳，是说九四居位不当。所谓正午时分，北斗七星显现于天穹，九四象征天时未明、幽暗蒙昧。所谓遇到日光微露之象，是指吉利的时运来了，可以有所作为。

此爻"丰其蔀，日中见斗"文辞与六二同。初九称"遇其配主”，此言“遇其夷主”，夷主与配主相对应。《周易正义》云：“夷，平也，四应在初，而同是阳爻，能相显发而得其吉，故曰‘遇其夷主，吉’也。言四之与初交相为主者，若宾主之义也。”从初九看，九四为主；从九四看，初九为主。二阳爻相敌，故以旬、夷表示均、平之义。而《周易正义》称“四应在初”，有误。因为相敌无应，故二者为配主、夷主的均、平关系。九四与六二皆言“丰其蔀，日中见斗”，九四指日全食渐消而日光微明，六二指日全食将至而日光微明。

六五，来章，有庆誉，吉。

《象》曰：六五之吉，有庆也。

【讲解】 筮遇六五，日食消退而阳光普照，光辉灿烂，时来运转，当福庆之时，值得称誉，吉利。

《象辞》说，六五爻辞所谓吉利，是指爻象表示有福庆，有好运。

章，从音从十。音，声之文。十，《周易》古筮法以自一至十的十数之和演《易》，称“大衍（演）之数五十（引者按：应为“五十有五”，金景芳考定，《易传》脱“有五”二字，可从），其用四十有九”。十为古筮法演卦十个数字之终，引申有完美义。音之完美者，章，故章具美义。六五居尊，质柔而能致天下之明，象喻日全食阴影消尽而得明之义。

上六，丰其屋，蔀其家，窥其户，阒其无人，三岁不觌，凶。

《象》曰：“丰其屋”，天际翔也。“窥其户，阒其无人”，自藏也。

【讲解】 筮遇上六，日全食来临之时，巨大、沉重的黑暗之中看不见自己的房舍，找不到家门，见不着窗户，四周好似没有人烟，一切好比多年之久笼罩在黑暗之中，凶险。

《象辞》说，所谓房舍被笼罩在日全食巨大、沉重的黑暗之中，上六象征人生处在穷极之时，好比在天上飞行、飘荡一般令人恐惧。所谓黑暗与寂静之中见不着窗户，好像四周没有人烟，是指上六象喻人生有时自我蒙暗、自我遮蔽。

觌，音 dí，见。此爻居丰卦之极，得位而未中，取象于日全食，可见古人对此凶象深感恐惧。

卦五十六

䷷ 旅（艮下离上）

人生逆旅，旅之时义大矣哉

旅：小亨，旅，贞吉。

【讲解】旅卦卦辞：筮遇此卦，可举行薄祭，可出外旅行。这是吉利的占问。旅，楚竹书作遊。

《彖》曰：**旅，小亨，柔得中乎外，而顺乎刚，止而丽乎明，是以"小亨，旅，贞吉"也。旅之时义大矣哉！**

【讲解】《彖辞》说，所谓筮遇此卦而可举行薄祭，是指此卦六五爻以阴柔之性德，居于外卦（上卦）中位而承于上九所象喻的刚健。旅卦下艮为止，上离为丽为火，象征人生道路有规有矩而美好光明。这便是谦退、谨慎可使人生之旅亨通、正固、吉利的意思。旅卦所象喻的时间、时机意识是根本的。

朱熹《周易本义》："旅，羁旅也。山止于下，火炎于上，为去其所止而不处之象，故为旅。"卦辞所言旅，实指旅行、旅人。《彖辞》《象辞》引申为人生之旅。人生如寄，故为旅耳。小，《周易集解》引虞翻谓柔，自无不可。柔与刚相对，刚应称为大，而此卦爻辞无一大字，可见释小为柔似欠依据。从亨为享祭看，小亨（即小祭）在卦辞中的意思应为薄祭，在《彖辞》中可释为谦退、谨慎。

《象》曰：山上有火，旅。君子以明慎用刑而不留狱。

【讲解】《象辞》说，旅卦艮下离上，艮为山离为火，象征山上烈火熊熊。君子观悟旅卦，治理刑狱，明察秋毫，审慎果决而不拖延。

初六，旅琐琐，斯其所，取灾。

《象》曰："旅琐琐"，志穷灾也。

【讲解】 筮遇初六，行旅之中鄙猥琐细、贪小图利又离乡背井，是自取灾祸。

《象辞》说，所谓行旅之中鄙猥琐细、贪小图利，是说初六象喻人的志向猥陋穷迫、自取灾变。

琐琐，《经典释文》引郑玄谓小。王肃释为幼小貌。《周易尚氏学》云："计谋褊浅之貌。""盖往来猥琐，劳弊不安也。"阴柔居下之初，无远大之旨，限于琐屑是矣。斯，高亨释为离，可从。所，居处。

六二，旅即次，怀其资，得童仆，贞。

《象》曰："得童仆，贞"，终无尤也。

【讲解】 筮遇六二，旅者寄居在客舍，怀里揣藏钱财，得到童仆的侍奉，为此而算了一卦。

《象辞》说，所谓得到童仆侍奉，算了一卦，指六二象征人之命运终究没有忧患。

即，就。次，舍。即次，就居、寄居。六二得中得正，下卦为艮为门，即次得安之象。二、三、四互体为巽，巽为利市，有怀资之象。艮为少男，有童仆之象。

九三，旅焚其次，丧其童仆，贞厉。

《象》曰："旅焚其次"，亦以伤矣。以旅与下，其义丧也。

【讲解】 筮遇九三，行旅途中，其寄居的客舍被焚毁，侍奉的童仆不见，占问的结果是危厉。

《象辞》说，所谓旅舍焚毁之象，象喻时机不利，便是必遭伤害的命运。九三刚居下卦之终，无应于上，好比旅人刚亢过甚，喻义是丧失时机。

《周易折中》："居刚而用刚，平时犹不可，况旅乎？以此与下，焚次、丧仆，固其宜也。"六二居中故得仆，而九三过刚无应，故焚次而丧仆。

九四，旅于处，得其资斧，我心不快。

《象》曰："旅于处"，未得位也。"得其资斧"，心未快也。

【讲解】 筮遇九四，旅人在寄旅之处获得资财，而我内心不快乐。

《象辞》说，所谓旅人在经常寄旅之处获得资财，但我心不快这一兆象，是与九四居位不当相对应的。

处，居。九三称"旅焚其次"，九四称"旅于处"，处不同于次。处，常住；次，暂住。资斧，《周易译注》引《释文》释为齐斧。《周易尚氏学》以为资、齐音同通用。齐，利也。因而资斧当作齐斧，即利斧。可备一解。巽卦上九有"丧其资斧"言，这里资斧当释为资财，如以利斧斩棘为释，似未妥。高亨《周易大传今注》云："资，货也；斧，铜币之作斧形者。资斧犹言钱币也。"

六五，射雉，一矢亡，终以誉命。

《象》曰：“终以誉命”，上逮也。

【讲解】 筮遇六五，兆象为射猎野鸡，丢失了一支箭，终究可以称扬天命。

《象辞》说，所谓终究可以称扬天命，是说六五象喻上应于天命。

雉，野鸡。誉，称扬，赞誉。命，令，天命。逮，及。

六五处尊位，承于上九，为离之中，离为文明为雉。坎有矢象，而离为坎之反，故有矢亡之象。《周易浅述》：“然柔顺文明，又得中道，火体光明，其性炎上，互得兑巽，兑为口为誉，巽为命、令，有誉闻外著、宠命正上之象。”又云：“上逮为得天。”

上九，鸟焚其巢，旅人先笑后号咷。丧牛于易，凶。

《象》曰：以旅在上，其义焚也。“丧牛于易”，终莫之闻也。

【讲解】 筮遇上九，鸟巢为雷火所击而焚，旅人见了，先是觉得好玩而大笑，后来想起自己旅寄在外、有家难归而号啕大哭，在有易之地丢失牛群，凶险。本爻有两个筮例。

《象辞》说，用旅卦此爻居于旅卦上位来象征，它的时宜正与鸟巢焚毁之象相配。所谓在有易之地丢失牛群，是说上九所喻示的凶险之大，是无人听说过的。

此卦上离为火为雉，上九有鸟焚其巢之象。三、四、五互体为兑为口，兑在上九之下，上九有号咷之象。上九爻变，使上离变为震，震为大途，故有丧牛于易之象。上九失位而过刚，处旅之上卦即离之终，故主凶。

【小结】 丰、旅互为综卦。丰卦取象于日食，主旨在于阐明丰大之时，宜守持中正，不使过甚之理。六爻大略：以六五为主爻，肯定“来章”之吉美。初九阳息于下，诫以未可求丰过甚。六二中正，强调内存仁信。九三居离之极，未得位，以不可做大事为戒。九四以刚居阴幽不明，与初九为敌，反而吉行，盖因九四、初九均、平之故。上六以柔暗为卦之终，主凶。然全卦离下震上，离为日，震为动，日出东方之象，又以六二为文明居中之象，为全卦日食之喻，增添了火体光明般的希望。旅卦艮下离上，艮山而离日，可状日出东山或日薄西山之象，寄旅者命运未卜，故必守中乃吉矣，过卑过亢皆取辱祸。初六不得位而有灾；九三得位而与上九不应，厉且丧；九四失位故我心不快；上九失位，大凶。唯六二得位得中，有“怀其资，得童仆”之幸；六五居中，亦有“誉命”之象。总之，旅卦描述了古人在人生问题上的焦虑与不安，寄忧于行旅生涯，而对人生并未丧失希望，肯定生活的安定。此与丰卦有异曲同工之妙。

卦五十七

䷸ 巽（巽下巽上）

谦顺而非盲从，中正而志行

巽：小亨。利有攸往，利见大人。

【讲解】巽卦卦辞：筮遇此卦，可举行薄祭。有利于有所作为，有利于天下出现圣贤。巽，帛书本作筭。

巽，逊之义。《周易本义》："一阴伏于二阳之下，其性能巽以入也，其象为风。"巽卦两巽重叠，有卑顺之义。小亨，《周易本义》称巽卦一阴为主爻，故其占为小亨。《周易尚氏学》："初、四皆承阳，故曰巽。巽，顺也。顺阳故小亨。"

《彖》曰：重巽以申命。刚巽乎中正而志行。柔皆顺乎刚。是以"小亨。利有攸往，利见大人"。

【讲解】《彖辞》说，巽卦巽下巽上，上下巽顺可以上达天命。阳刚性德大行中正之道，为人顺从而志向得以畅达。其阴柔品格在于下巽、上巽都表现为对阳刚性德的谦卑与顺从。这便是卦辞所谓可举行薄祭，有利于有所作为，有利于出现圣贤所引申、发挥的意蕴。

申，此有伸展、表达义。《礼记·郊特牲》："大夫执圭而使，所以申信也。”申命，申达天命之谓。巽卦象喻风。朱骏声《六十四卦经解》云：“风者，天之号令，君子之德风，故象之。随相从也。两巽相随，故申命。”小亨，这里指薄祭，《彖辞》又申谦卑、顺从而亨通之义。

《象》曰：随风，巽。君子以申命行事。

【讲解】《象辞》说，巽卦象喻和风美俗相随而至。君子观悟此卦，用以表达、申扬天命，行施清明政事。

初六，进退，利武人之贞。

《象》曰：“进退”，志疑也。“利武人之贞”，志治也。

【讲解】 筮遇初六，有进有退，这是有利于勇武者的占问。

《象辞》说，所谓有进有退，是说初六表示在实现进取这一志向时，应有反思、敬惧。所谓有利于勇武者的占问，是说初六象喻谦退、顺从、守持正固的人格与践行，实现天下大治。

进退，指因进而退。进取固然好，但唯进无退，则亢刚、躁进，不利。此爻居巽之下，并非主张无进，而是以退、顺为进。志疑，其义并非指犹豫不决，而是指人在进取之时，应时时处处具有关于进退的反思与敬惧精神，以免冒进。初六失位，卑巽之甚，而武人性刚，有刚柔互济之宜，故吉利。志治，志向修立。李鼎祚《周易集解》引虞翻：“动（引者按：初六爻变）而成乾，乾为大明，故‘志治’。‘乾元用九，天下治’，是其义也。”可从。

九二，巽在床下，用史、巫纷若吉，无咎。

《象》曰：纷若之吉，得中也。

【讲解】 筮遇九二，人因恐惧、神志失常隐伏在床下，请史祝、巫师来施行巫术以驱鬼，使鬼魅作祟之志混乱不明而不使为害，吉利，没有咎害。

《象辞》说，所谓巫人作法以使鬼魅作祟之志混乱不明而致吉利，是因为九二为得中之爻。

巽，为风为入，引申为隐伏。床，古时指坐榻，亦指安卧之具。《诗经·小雅·斯干》有“乃生男子，载寝之床”的记载。史，此指擅于卜筮的史官，故释为史祝。史，甲骨文作（一期乙三三五〇）、（一期人三〇一六）、（一期合四二二）等，从中从又（手）。本书前述，中为古时晷景装置。史的本义为立中，甲骨卜辞有立中之记，如“无风，昜日……丙子其立中，无风，八月”（胡厚宣《甲骨六录》双一五）。立中是一种巫的行为。纷，本义为旗旌之飘带，引申有盛多、纠结、混淆、混乱义。高亨《周易大传今注》云：“巽，伏也。床，病人之所卧也。周人室中无床，地上铺席，坐卧其上，有病而后设床。纷疑借为衅。衅是一种巫术，用牲血涂人身或房屋器物等，以驱逐鬼魅，清除不祥。若犹之也。爻辞言：病人伏在床下，当是室中有鬼魅，病人惊惧，用史巫衅之可愈，则吉而无咎矣。”此说可参。只是以纷借为衅，为一巫术，此解过于坐实。纷在此用如动词，有混乱其神志义。从《周易》剥卦初六爻辞所言“剥床以足”看，古时之床当有足，故此爻辞所言“巽在床下”，合乎情理。九二处中而失位，《象辞》称其“得中”，非也，说明战国爻位说初造之时，有关立则并未严格，故这里有得中言。

九三，频巽，吝。

《象》曰：频巽之吝，志穷也。

【讲解】 筮遇九三，愁眉不展地隐伏，有憾惜。

《象辞》说，所谓愁眉不展地隐伏，有憾惜，指九三象喻心志恰逢困穷之时。频，颦，皱眉不快貌。《周易集解》引荀爽云，此爻“乘阳无据，为阴所乘，号令不行，故‘志穷也’”。

六四，悔亡，田获三品。

《象》曰：“田获三品”，有功也。

【讲解】 筮遇六四，没有罪悔。春天打猎捕获三种猎物。

《象辞》说，所谓田猎捕获三种猎物之象，指六四象喻因巽之时而事业取得成功。

田，田猎。三品，三种。《穀梁传》：“春曰田，夏曰苗，秋曰蒐，冬曰狩。”田，此指春天打猎。又云：“一为干豆，二为宾客，三为充君之庖。”注云：“上杀中心，干之为豆实；次杀中髀骼，以供宾客；下杀中腹，充君之庖厨。尊神敬客之义也。”此干豆之谓，指古时的一种祭礼，以田猎所取猎物上品制成干肉盛于器皿（豆）供献于神灵。王弼《周易注》云：“获而有益，莫善三品，故曰‘悔亡，田获三品’。”三品，郑玄注云：“干豆，谓腊之以为祭祀豆实也；庖，今之厨也。”楼宇烈说：“此意谓，以田猎所得之物，一则晒成干肉，作为祭祀时之供品（原注：‘豆’是放供物的祭器）；二则为宴享宾客时之食品；三则为充作君主庖厨中之菜肴。”此爻阴柔无应，承、乘皆刚，时机不利，但得位，故“悔亡”。三、四、五互体为离，离为戈兵，故有田猎之象。

九五，贞吉。悔亡。无不利。无初有终。先庚三日，后庚三日，吉。

《象》曰：九五之吉，位正中也。

【讲解】 筮遇九五，占问的结果是吉利。没有罪悔，没有不吉利。起初没有好运，终而有了好结果。在庚前三天的丁日到庚后三天的癸日做事，是顺应天时的，吉利。

《象辞》说，九五爻象喻吉利，因此爻居于得正之位而得中正之故。

古时以天干纪日。甲、乙、丙、丁、戊、己、庚、辛、壬、癸为十天干。先庚三日，指丁；后庚三日，指癸。这里说的是巫术禁忌的人文理念。自丁至癸为七日，是一个周期循环。复卦卦辞云“七日来复”。在十二消息卦中，从剥卦一阳消到复卦一阳息，为七变。如蛊卦所言“先甲三日，后甲三日”。为七日，这是从时间运化的周期之变解读人的命运休咎。《周易本义》：“庚，更也，事之变也。先庚三日，丁也；后庚三日，癸也。丁，所以丁宁（叮咛）于其变之前。癸，所以揆度于其变之后。有所变更而得此占者，如是则吉也。”古人做事何等艰难，不仅要事先占问，而且做事之前必须提醒、叮咛，择定吉时良辰，揣度应变之策。

上九，巽在床下，丧其资斧。贞凶。

《象》曰：“巽在床下”，上穷也。“丧其资斧”，正乎凶也。

【讲解】 筮遇上九，隐伏在床下面，资财丢失。占问的结果是凶险。

《象辞》说，所谓隐伏在床下之象，正与上九所象示的处于极其困穷之时相应。所谓丢失资财之象，象喻贞问的凶险。

上九刚居阴而失位，喻上穷之时。《周易浅述》：“旅（卦）九四以阳居阴，得其资斧；此上九亦以刚居柔，丧其资斧，何也？旅道宜柔，故刚居柔者，得。巽戒过柔，巽之极而居柔，失所断矣。又，旅四离体为戈兵，巽上九在互离之外，故有丧资斧之象。”

卦五十八

䷹ 兑（兑下兑上）

和兑，是以顺乎天而应乎人

兑：亨。利贞。

【讲解】 兑卦卦辞：筮遇此卦，可举行祭祀。这是吉利的占问。兑，帛书本作夺。

《彖辞》：“兑，说也。”说，音 yuè，古悦字。兑是说的初文，并非兑现之兑。《说卦》：“说万物者莫说乎泽。”

《彖》曰：**兑，说也。刚中而柔外，说以利贞。是以顺乎天而应乎人。说以先民，民忘其劳。说以犯难，民忘其死。说之大，民劝矣哉！**

【讲解】 兑卦兑上兑下，象征和悦。九二、九五以刚健性德居于中位，上六以阴柔品格和兑于外。全卦象喻和悦，有利于人格的守持正固。所以和悦的性情，随顺天时天则，应合人性人情。君王、圣贤以和悦处世、治世，身先万民，不计辛苦，百姓细民也就忘记劳苦、悲患。在苦难、艰难之时，以和悦态度治理天下，待人接物，老百姓就将死难抛在脑后，赴汤蹈火。和悦作为人生大要，可以劝勉天下百姓。

兑卦卦体为坎之初爻变成兑，以和兑克坎险。坎为水，兑为泽。全《彖》大旨，以柔外有享通之道。下兑一柔近于外，而外卦刚中（指九五）则利于正；上兑一柔居于外，下兑一柔居于内，兑而又兑也。

《象》曰：**丽泽，兑。君子以朋友讲习**。

【**讲解**】《象辞》说，兑卦由两个兑体相互附丽，兑为泽，兑卦象征两泓泽水相互交融，象征和悦。君子观悟兑卦，以在朋辈、友好之间相互讲述、研习学问为人生一大快事。

王弼《周易注》："丽，犹连也。"朱熹《周易本义》："两泽相丽，互相滋益。朋友讲习，其象如此。"讲者，友朋之间相互启迪，以究其理；习者，后天习得以践其事。事与理合，情与辞洽，天下之兑悦，莫过于此。兑为口舌，有讲习之象。

初九，和兑，吉。

《象》曰：**和兑之吉，行未疑也**。

【**讲解**】 筮遇初九，和颜悦色，一团和气，吉利。

《象辞》说，所谓平和、愉悦的吉利之象，初九象示品德端直，行为不为人疑。

王弼《周易注》："居兑之初，应不在一，无所党系，和兑之谓也。说不在谄，履斯而行，未见有疑之者，吉其宜矣。"初九得位，以刚居下而无应无比，以刚健内质而不事邪媚，故"未疑"。

九二，孚兑，吉。悔亡。

《象》曰：**孚兑之吉，信志也**。

【**讲解**】 筮遇九二，有俘获，令人愉悦，吉利。没有过错。

《象辞》说，所谓有俘获而令人愉悦之象，九二象喻为人讲究诚信，以诚笃、信实为心志。

本经的孚，为俘。《周易本义》："刚中为孚，居阴为悔。占者以孚而说，则吉而悔亡矣。"《程氏易传》："心之所存为志，二刚实居中，孚信存于中也。"《周易浅述》："刚中为孚象。居阴比阴，与五未应，为悔。以刚中与五同德，不系于三之阴，则吉而悔亡之象。"以上以《易传》思想释孚字为诚信、诚笃。

六三，来兑，凶。

《象》曰：来兑之凶，位不当也。

【讲解】 筮遇六三，令人喜悦的事不正当地降临，凶险。

《象辞》说，所谓令人喜悦的事降临之所以凶险，是因为六三居位不当。

王弼《周易注》："以阴柔之质，履非其位，来求说（悦）者也。非正而求说，邪佞者也。"六三失位无应乘四，故凶。

九四，商兑，未宁，介疾有喜。

《象》曰：九四之喜，有庆也。

【讲解】 筮遇九四，商讨愉悦与否之事，内心未得宁和，与疾病相隔便有喜庆。

《象辞》说，所谓九四喜悦之象，是说有福庆之运。

王弼《周易注》："商，商量裁制之谓也。介，隔也。"介，界，有隔义，介然自守。九四比六三而与九五同类相敌，喻未能决然商度愉悦之事，故内心未宁。好在九四质本刚健，尚能与疾患相介（隔），故"有喜"。

九五，孚于剥，有厉。

《象》曰："孚于剥"，位正当也。

【讲解】 筮遇九五，时世剥危之时有所俘获，却有危厉。

《象辞》说，时世剥落、危厉之时，而诚笃于心，九五居位正当。

剥，剥落，与剥卦之剥同义。此指时世不利。从爻符看，剥，指上六剥九五。《周易浅述》："剥，指上六，阴能剥阳者也。……上六为说之主，虚说（悦）之极，他无系应，专附乎五，妄说（悦）以剥阳，九五信之，有孚于剥而致危厉之象。"九五中正，而为上六所乘凌，故"有厉"。

上六，引兑。

《象》曰："上六，引兑"，未光也。

【讲解】 筮遇上六，拉弓搭箭射猎，令人愉悦。

《象辞》说，上六所谓拉弓搭箭射猎，令人愉悦，象征正道尚未发扬光大。

上六阴柔，居兑之极，有剥九五之时势，虽不言凶吉，而训诫之义自显。引，拉弓之谓。"引，开弓视的也。伏艮为手，故引兑。言上六来就五阳以为悦，犹射者之志于的也。"（尚秉和《周易尚氏学》）三、四、五互体且九四爻变，为艮，有艮为手之象。

【小结】 巽、兑互为综卦。主张温顺、和悦地处世、为人，是这一对综卦的人文主题。巽卦卦义为逊顺，以阴柔性德为主调。六爻以二柔为主，但必以居中得位为善美，故九五吉，九二未得正，但处中，亦主吉。巽卦虽主谦从，而黜屈从、逊顺过甚之道，有柔中有刚、谦顺而非盲从之义。兑卦主旨为和兑。全卦四阳皆为二阴所悦。六三为下兑之主，柔居刚，动而求阳之悦，其恶易见，故凶；上六为上兑之主，以柔居柔，静而诱阳之悦，其恶难显，故未言凶咎与否。而全卦以九五为主爻，肯定以中正之道而求和兑之理。

卦五十九

䷺ 涣（坎下巽上）

风行水上，散聚有待于时宜

涣：亨。王假有庙。利涉大川，利贞。

【讲解】 涣卦卦辞：筮遇此卦，可举行祭祀。君王亲自到祖庙祭祀祖神。有利于渡涉大江大河，这是吉利的占问。涣，楚竹书作𩐨；帛书本作奂，帛书卷后《佚书》兼作奂、涣。

涣，水流貌。涣然冰释之涣，有水流义。《老子》："涣兮如冰之将释。"引申为散义、水势浩大义。《序卦》："说而后散之，故受之以涣。涣者，离也。"假，至。李光地《周易折中》称，假者，"盖尽诚以感格"，亦可备一说。有，于之义。

《彖》**曰：涣，亨。刚来而不穷，柔得位乎外而上同。"王假有庙"，王乃在中也。"利涉大川"，乘木有功也。**

【讲解】《彖辞》说，涣卦取象于涣然冰释之现象，水重新流动，象征命运亨通。九二性德刚健，居于下卦中位而与初六、六三往来不穷；六四以阴柔品格，得位居上（外）卦与九五亲比，具同志之时宜。所谓君王亲临祖庙祭祖，是说君王居九五中位得正，以实诚和衷心感动祖神。所谓有利于渡涉大江大河，是说乘木船渡涉江河必获成功。

涣卦坎下为水，水流为涣，下卦象示坎一阳爻来居于中而水流不困穷。“王乃在中也”的中，指九五为得中之爻，且中通衷，故有至诚而感格（感动）祖神之义。涣卦坎为水巽为木，木舟行渡于水上之象。君王亲临祖庙祭祖，因天下人心之涣散而求以重聚，王假于庙以敬畏于祖神，聚血族、家国之精神耳。

《象》曰：风行水上，涣。先王以享于帝，立庙。

【讲解】《象辞》说，涣卦巽上为风，坎下为水，风徐徐吹拂水面，碧波涟漪，象征涣然正值时宜。君王于是祭祀天帝，建立庙祭的规矩，以聚摄天下人心，使文章灿烂。

风行水上，有涣然之美。尚秉和《周易尚氏学》：“司马光云：扬子盖读涣为焕，案涣即有文义。”又说：“涣烂其溢目。注：涣烂，文章貌。是涣本有文义。故《归藏》作奂。《礼记·檀弓》：‘美哉，奂焉。’”

初六，用拯马壮，吉。

《象》曰：初六之吉，顺也。

【讲解】 筮遇初六，以壮健之马拯济，吉利。

《象辞》说，所谓初六象喻吉利，说明初六承顺于九二而不使涣散。

《周易本义》：涣初六“居卦之初，涣之始也”，故可拯之时也。“始涣而拯之，为力既易，又有壮马，其吉可知。”《周易尚氏学》：“郑（玄）云：‘拯，承也。’拯马即承阳（引者按：指九二）。”初六、九二同时爻变，为震体，震健故壮，吉。

九二，涣，奔其机，悔亡。

《象》曰："涣，奔其机"，得愿也。

【讲解】 筮遇九二，以水冲洗，文饰祖庙的几案，没有错悔。《象辞》说，所谓文饰祖庙几案使其涣然之象，九二象喻愿望实现。

机，本字为几，此言几案。《周易尚氏学》：奔、贲古通。"奔其机即贲其机。按机即几筵之几，庙中所用物。贲，文饰也。"贲作文饰解，如贲卦之贲，读 bì。古时贲字未曾分读，故此言奔、贲古通。得愿，《周易》以阴阳相谐为愿，九二据初六，二者亲比，阴阳相合，有聚涣之义。

六三，涣其躬，无悔。

《象》曰："涣其躬"，志在外也。

【讲解】 筮遇六三，以水冲洗，自身涣然，没有错悔。《象辞》说，所谓自身涣然之象，象喻心志应于外，志在天下而不为私。

六三应上九，虽无当，但其志在外不在私（躬）。

六四，涣其群，元吉。涣有丘，匪夷所思。

《象》曰："涣其群，元吉"，光大也。

【讲解】 筮遇六四，以水冲洗众物污浊，大吉大利。大水漫过小山丘，不是平常人所能想得到的。

《象辞》说，所谓以水冲洗众物污秽而大吉大利之象，是指六四象喻人格光明、正大。

群，从羊。羊本合群之动物。《诗经·小雅·无羊》："谁谓尔无羊，三百维群。"《说文》注："羊为群，犬为独。"据《论语·八佾》，古时有告朔之祭，每逢初一，杀羊以祭，称告朔。祭则趋吉避凶，羊者，祥也。群字从羊，已寓血族群团、不立私党而吉祥之义，因而涣聚其群为元吉。六四得位，上承九五，如小群散而大群合，以成丘山之涣然，非人所思及。《周易浅述》："六爻唯此最善而吉，盖初、二、三、上皆不得正，唯九五以刚阳得正，为济涣之主。四则以阴柔得正（引者按：得位），为辅君以济涣之臣也。"

九五，涣汗其大号。涣王居，无咎。

《象》曰："王居"，"无咎"，正位也。

【讲解】 筮遇九五，大汗淋漓，大哭一场。水冲王居而没有咎害。

《象辞》说，所谓君王其居涣然无咎之象，九五象喻其位中正，正处于尊显君王之位。

《周易本义》："汗，谓如汗之出而不反也。"涣汗其大号，《周易尚氏学》释为"颁布光显其号令"。又说："涣王居，言王居巍涣也。"九五刚居中正，当涣之时，能散其政令号示于天下。这是对爻义的发挥。据帛书本《周易》，高亨以为，"涣汗其大号"一语，应作"涣其汗大号"，意谓流汗又大哭。

上九，涣其血，去逖出，无咎。

《象》曰："涣其血"，远害也。

【讲解】 筮遇上九，血流出来了，凶险之兆。远走可以避祸，没有咎害。

《象辞》说，所谓流血之象，是说上九象征远离咎害。

逖，远义。下卦为坎，为血为加忧，上九下应于六三，忧惕之象。居涣之极，因刚性而能出乎恤惕，故无咎。

卦六十

䷻ 节（兑下坎上）

天地节而四时成，节以人文制度

节：亨。苦节，不可。贞。

【讲解】 节卦卦辞：筮遇此卦，可举行祭祀。祭礼过分节制，不可以，这是占问的结果。

《杂卦》："节，止也。然则节者，制度之名，节止之义。凡事因时宜而节，自具亨道，而过节太甚，则苦。"

《彖》曰：**节，亨。刚柔分而刚得中。"苦节，不可。贞"，其道穷也。说以行险，当位以节，中正以通。天地节而四时成。节以制度，不伤财，不害民。**

【讲解】《彖辞》说，节卦象征亨通。节卦上体为坎为阳卦，下体为兑为阴卦，有刚柔上下相别的时义，但其九二、九五是居中得中之爻，故亨通。祭礼制度过分节制，不可以，应守持正固。上九之时为节之极，节制之道必至困穷。下兑为欣悦，上坎为坎险，全卦象征以和悦的人生态度与情性去迎对艰险的环境。节卦六四、九五其位正当，喻节制正当此时。九五中正，象喻处世为人命运亨通。天地的运行、化生是有节制、规律可循的。一年四季周而复始，自成变化，节也。依据天时地利，人间的典章制度是有节律可循的，这样才能不劳民伤财。

以卦体而言，上下体阴阳相谐，二、五居中得中，自有亨道。以卦德而言，内卦兑，外卦坎，有悦而止而行险（坎）、止悦而不使妄蹈坎险故有节制之义。九五当位得中，中正而呈节制之义。人文制度所以有节、有止、有规、有矩，以象效天时、地利。

《象》曰：**泽上有水，节。君子以制数度，议德行**。

【讲解】《象辞》说，节卦下兑为泽上坎为水，象大泽之上水流有节，示节制之道。君子观悟此卦，用来制定、推行礼义制度，评判、讨论道德规范。

《周易》重象数。数本为劫数义，指命中注定。数在巫文化中本为此义。这里所谓数度，指典章制度、规范等本具天命所定之义。古时，数乃六义之一，其中已寓等级理念，故有节义。《周易正义》云："数度，谓尊卑礼命之多少。"又云："君子象节，以制其礼数等差，皆使有度；议人之德行任用，皆使得宜。"此言节之适度义。

初九，不出户庭，无咎。

《象》曰：**"不出户庭"，知通塞也**。

【讲解】 筮遇初九，不出家门，没有咎害。

《象辞》说，所谓不出家门之象，是指初九有知晓人生道路通畅则行、壅塞则止这一道理的喻义。初九得位，且应六四，故无咎。

九二，不出门庭，凶。

《象》曰：“不出门庭，凶”，失时极也。

【讲解】 筮遇九二，人不离家出走，有凶险。

《象辞》说，所谓不离家出走之象，是说九二失去吉时良辰的大好时机。

极，本义指宫室栋柱、主脊最高点。古时，宫室为人字形坡顶，坡顶之最高点，即栋之上，主脊之处，此亦宫室中位。九二处中而未得正，无应于五，六三反乘凌于上，无比于初，故凶。

六三，不节若，则嗟若，无咎。

《象》曰：不节之嗟，又谁咎也？

【讲解】 筮遇六三，行为不检点但能嗟叹悔悟，没有咎害。

《象辞》说，所谓行为不检点而能嗟叹悔悟，那还有谁会责备呢？六三居下兑之极，兑为口，故有嗟叹之象。

六四，安节，亨。

《象》曰：安节之亨，承上道也。

【讲解】 筮遇六四，安于节制之道以举行祭祀。

《象辞》说，所谓安于节制之道以祭祀，是指六四承于九五，象喻人应具有谦谨、顺承尊上的道德人格。

《周易浅述》：“九五当位以节，能节以制度者，四承君之节，顺而行之，有安节之象。柔顺得正，上承九五，有亨道矣。”

九五，甘节，吉。往有尚。

《象》曰：甘节之吉，位居中也。

【讲解】 筮遇九五，心甘情愿地有所节制，吉利。以有所行动为上策。

《象辞》说，所谓甘于节制的吉利，指九五居位中正。

甘，甜美，与下一爻苦节之苦对应。《周易浅述》："甘者，味之中。节以中为贵，中则人说（悦）之而不至于苦。九五居中得正，所谓当位以节、中正以通者，故有甘节之象。其占则吉。"

上六，苦节，贞凶。悔亡。

《象》曰："苦节，贞凶"，其道穷也。

【讲解】 筮遇上六，人以行为节制为苦事，占问的结果是凶险。没有错悔。

《象辞》说，所谓人以行为节制为苦事，占问的结果是凶险，指上六所象喻的节制之道正处于困穷之时。

苦节，以节为苦。王弼《周易注》："过节之中，以至亢极，苦节者也。""以斯修身，行在无妄，故得悔亡。"其一，以节制为苦事而不愿受节制，可能放诞无度，故凶；其二，行为节制过甚而苦。此指第一义。但若取第二义，亦通。如兼取此二义，亦可备一说。悔亡一语，有人疑为衍文。

全卦言节即节制。《杂卦》释节为止，此以节制释节义，节止义近节制。

【小结】 涣、节互为综卦。按《序卦》，人心和兑而舒放，故兑卦之后为涣卦。涣卦六爻三阴三阳，以刚柔比合、济涣为主。内卦为坎，外卦为巽，风行水上之象，喻散聚有度、形涣而神聚，皆合于时宜。涣散须有度，故受之以节。全卦初九应六四、九五得中得正，尚自然之节律有序，明人生用节有道。道德规范以持节为要，守持正固。全卦倡安节、甘节之行而黜苦节之弊。

卦六十一

䷼ 中孚（兑下巽上）

中孚应乎天也，刚健、守诚而正直

中孚：豚鱼，吉。利涉大川，利贞。

【讲解】 中孚卦卦辞：筮遇此卦，河豚鱼在水中游动，吉利。有利于渡涉大江大河，这是吉利的占问。中孚，帛书本作中复、中覆。

《周易集解》："坎为豕，讼四降初折坎称豚。"此释豚为小猪。《周易正义》："鱼者，虫之幽隐；豚者，兽之微贱。"亦以豚为豕为小猪，恐未妥。以坎为豕而释豚为豕，拘泥于从《易传》反说卦辞。豚，实指江豚、河豚。陈梦雷《周易浅述》："豚鱼，江豚，至则有风，信之可必者。泽上有风，有豚鱼之象。"徐志锐《周易大传新注》指出："江豚鱼有一个特点，即江面起风它就浮出水面，南风则口向南，北风则口向北，从不失信，唐代诗人许浑就有'江豚吹浪夜还风'的诗句。"此说可参。卦名中孚之孚为"俘"之借字，俘获，这里取信、诚之义。中孚卦义引申，在于主张内存诚信。其卦兑下巽上，兑为泽，巽为风，风行泽上之象。以卦符言，全卦外实而中虚，中孚之象征。九五为主爻，阳刚得中而实存，中孚之义喻。中虚者（按：指六三、六四），象征人以虚怀、诚信为本；中实者（指九二、九五），孚信而诚，所以为中孚。全卦六爻以孚信、刚中而应天，九五为孚信之至。

《彖》曰：中孚，柔在内而刚得中。说而巽，孚乃化邦也。“豚鱼，吉”，信及豚鱼也。“利涉大川”，乘木舟虚也。中孚以利贞，乃应乎天也。

【讲解】《彖辞》说，中孚卦六三、六四处于全卦内部而九二、九五以刚居中，象征君子人格柔顺谦虚、刚健质实而守诚信。中孚下卦为兑（悦），上卦为巽为风，上下和悦如微风吹拂于水泽，仁诚感天动地，和悦如微风，正德泽被天下。所谓河豚之象的吉祥，是河豚天性守时，象征诚信。所谓有利于渡涉大江大河，是说中孚卦下兑为泽水而上巽为木为风，象喻乘风而驭木舟畅行于泽水之上。木舟内为虚空而浮于水，象喻人格内存诚信（虚怀若谷）而成于事。人的内在素质以诚信为上，守持正固，有利于有所作为，这是天人合一于天时、天机的刚柔相济的性德。

何楷《古周易订诂》指出，节卦之后所以是中孚卦，因其节者，为之节制，使不得过越。数度既立，可以与民共信守之。然而这是治之流，非治之源。官人守数，君子养源，苟无中孚以立其先而欲民信之，吾节不可得。继节以中孚，所以明中孚为节之本。中孚象喻诚信、守中、固本之性德，此乃应天合人。

《象》曰：泽上有风，中孚。君子以议狱缓死。

【讲解】《象辞》说，中孚下为兑为泽，上为巽为风，有泽水之上和风吹拂之象，象示内存仁信。君子观悟此卦，因而以中正、实诚、孚信之德审判刑狱、延缓其死期以施行仁德教化。

初九，虞吉，有它不燕。

《象》曰："初九，虞吉"，志未变也。

【讲解】 筮遇初九，安于现状，吉利。有意外之邪事，不得安宁。

《象辞》说，初九安于现状而吉利，指初九象喻安于孚诚的人格志向没有改变。

虞，安，通娱，此指乐于、安于现状。它，蛇之本字，引申为邪，《法言·问道》："君子正而不它。"正而不它者，即中孚。燕，通宴，有安义。《周易集解》引荀爽："虞，安也。初应于四，宜自安虞，无意于四，则吉，故曰'虞吉'也。四者承五有它，意于四则不安，故曰'有它不燕'也。"

九二，鸣鹤在阴，其子和之。我有好爵，吾与尔靡之。

《象》曰："其子和之"，中心愿也。

【讲解】 筮遇九二，雄鹤在背阳向阴之处鸣叫，雌鹤与它和鸣。我备有美酒佳酿，与你共醉一场。

《象辞》说，所谓雌鹤与雄鹤和鸣之象，九二象喻人与人交往犹如雌雄交和，内存真实、诚信与忠挚的意愿。

鹤，指九二所象喻的雄鹤。阴，荫，背阳之处。《周易》本经仅见此一阴字。本经此阴，非阴阳哲学之阴。而既然阴指背阳处，则阳光照临者阳，阴阳意识已成。并非阴阳哲学，却是《易传》阴阳哲学文化之源。子，指雌鹤。古时一般对成年男性的尊称，有时亦称女性为子。毛泽东诗句"帝子乘风下翠微"的子字，即用女性这一古义，指帝尧的两个女儿娥皇、女英。爵，酒杯，这里借为美酒。靡，分散，指将酒分而对饮之，有共醉之义。《周易本义》："九二中孚之实，而九五亦以中孚之实应之。"以此解读鹤鸣之象，善。然而依爻位说，九二、九五无应，这又是一处爻辞内容与爻位、爻性不相契合的实例。

六三，得敌，或鼓或罢，或泣或歌。

《象》曰："或鼓或罢"，位不当也。

【讲解】 筮遇六三，与敌人交战，或者擂鼓进攻，或者偃旗息鼓疲惫而退，或者因失败而饮泣，或者由胜利而欢歌。

《象辞》说，所谓或者擂鼓进攻或者疲惫而退之象，六三象喻居位不当、时机不利。

罢，音 pí，疲。《周易集解》引荀爽："三失位无实，故罢而泣之也。"二、三、四互体为震，震为雷为动，擂鼓之象；三、四、五互体为艮，艮为止，艮止喻罢。下卦兑为泽，为口舌，兑泽、兑口，泣之象。

六四，月几望，马匹亡，无咎。

《象》曰："马匹亡"，绝类上也。

【讲解】 筮遇六四，月圆之日将要到来，马儿没有匹配，无所咎害。

《象辞》说，所谓马儿没有匹配之象，是指六四上承于九五而拒绝与初九相应，象喻绝私而事主之理。

几，既。望，望月，满月。几望，月亮即将满圆。帛书本《周易》作既望，与几望不一。匹，匹配。亡，无。绝，拒绝。类上，上承。《程氏易传》："绝其类而上从五也。"二、三、四互体为震，震为马，有马之象。初与四有应，为匹配之象，但六四拒绝与初应而孚信于九五，故有“马匹亡”之象。《周易浅述》：“此大臣能杜私交以事主者也，故无咎。”此以六四喻大臣，将六四逆应于初九，喻为私交。九五为卦之主爻，喻君主。六四拒与初九应而孚信于九五，此则杜私交以事主之义。

九五，有孚挛如，无咎。

《象》曰：“有孚挛如”，位正当也。

【讲解】 筮遇九五，有俘虏拘押捆绑，没有错害。

《象辞》说，所谓有俘虏拘押捆绑，九五居位中正而得当，象征时宜。

挛，牵连义。挛如，原指以手相牵的样子。朱骏声《六十四卦经解》：“五为孚之主，故独著焉。巽为绳（引者按：指上卦为巽），艮为手（指三、四、五互体为艮），挛如之象。”李光地《周易折中》：“居尊而有中正之德，是有至诚至信之心。”这是对九五爻义的发挥。

上九，翰音登于天，贞凶。

象曰：“翰音登于天”，何可长也。

【讲解】 筮遇上九，赤羽山鸡鸣叫，响彻云天，占问结果是凶险。

《象辞》说，所谓赤羽山鸡鸣叫而响彻云天这一凶兆，是说上九象喻不讲诚信而虚名远播，何以长久。

翰，此指赤羽山鸡，引申为高飞。《周易注》：“翰，高飞也。飞音者，音飞而实不从之谓也。”《周易本义》：“居巽之极，为登于天。鸡非登天之物，而欲登天，信非所信而不知变，亦犹是也。”

卦六十二

䷽ 小过（艮下震上）

小者过而亨，大过则未可，以守正为本

小过：亨，利贞。可小事，不可大事。飞鸟遗之音，不宜上，宜下，大吉。

【讲解】小过卦卦辞：筮遇此卦，可以举行祭祀，这是吉利的占问。可以去做小事，不宜于做大事。听到飞鸟鸣叫，不宜于冒进而宜于谦退，这样才大吉大利。小过，楚竹书作小𢔶；帛书本作少过。

《彖》曰：小过，小者过而亨也。过以利贞，与时行也。柔得中，是以小事吉也。刚失位而不中，是以“不可大事”也。有飞鸟之象焉。“飞鸟遗之音，不宜上，宜下，大吉”，上逆而下顺也。

【讲解】《彖辞》说，小过卦的喻义，是说稍有过越而致亨通。矫枉过正，有利于守持正固，处世为人应与时间、时机一起运变而前行。小过卦六二、六五为阴柔得中居正之爻，象征以柔顺、谦退的人生态度去做日常小事，可获吉祥。九三、九四，前者得位不中，后者失位不中，象征刚愎自用，不合时宜，不可以成就大业。小过卦以飞鸟为喻象。所谓飞鸟留下的鸣叫声，象喻做事为人不宜于冒进而宜于谦退，这样才大吉大利。这是指冒进违逆天时而谦退顺应天时。

小过，小有过即稍有过越也。小，稍微、略微，与《孟子·尽心下》“其为人也小有才”之小同义。小过卦艮下震上，艮为止而震为雷，有止雷之象，略微超越而雷震有所抑制之喻。全卦四阴二阳，阴过于阳，阴过则阳必受伤害，故阴未宜于太过，这是说明扶阳抑阴的微旨。《周易》强调阴阳谐调，但不等于不承认矫枉过正的正理，这便是小过之喻义。凡此必皆合时宜，所谓“与时行也”。《周易本义》：“小，谓阴也。为卦四阴在外，二阳在内，阴多于阳。小者，过也。既过于阳，可以亨矣。然必利于守贞，则又不可以不戒也。卦之二、五，皆以柔而得中（引者按：六二得中，六五居中而未得中），故‘可小事’。三、四皆以刚失位而不中，故‘不可大事’。卦体内实外虚，如鸟之飞，其声下而不上，故能致‘飞鸟遗音’之应，则宜下而大吉，亦‘不可大事’之类也。”《汉上易传》云：“盖事有失之于偏，矫其失，必待小有所过，然后偏者反于中。谓之过者，比之常理则过也。过反于中，则其用不穷而亨矣。”此是。《周易》认同矫枉过正之理，而过正是为了纠偏，其大旨仍在于守正。

《象》曰：山上有雷，小过。君子以行过乎恭，丧过乎哀，用过乎俭。

【讲解】《象辞》说，小过卦艮下为山，震上为雷，有大山上空巨雷震响之象，艮为止而震为动，象征震动有所抑制而稍有超越界限之理。君子观悟小过卦象，以行为举止稍过于庄敬恭肃、办理丧事稍过于悲哀忧伤、生活费用稍过于节用俭省为是。

初六，飞鸟以凶。

《象》曰：“飞鸟以凶”，不可如何也。

【讲解】 筮遇初六,兆象为鸟飞过，凶险。

《象辞》说，所谓见飞鸟而凶险，是说初六居位不正，凶险无可回避，没有解药。

初六以柔居阳，失位，不与二亲比。应于九四，本为吉象，但初六乃小过之始。陈梦雷《周易浅述》：“小过之时，不宜上宜下。初在下者也，乃阴柔不正，上应于四，则上而不下，犹小人附权贵以取祸者，故有飞鸟以凶之象。”又：“初不安于下，凶乃自取，无可如何。”来知德《周易集注》：“不可如何，莫能解救之意。”按：初应四，本为吉，何以反凶？是一问题。爻辞“飞鸟以凶”，即以飞鸟为凶象，鸟占之例。

六二，过其祖，遇其妣。不及其君，遇其臣，无咎。

《象》曰：“不及其君”，臣不可过也。

【讲解】 筮遇六二，错过遇见祖父的时机，却遇到了祖母。没有与君主见面，相遇的，是他的臣仆，没有错害。

《象辞》说，所谓没有与君主见面之象，象喻臣仆不能凌越主尊的道理。

从爻位分析，此爻之上的九三，父之象；九四在三之上，祖之象。六五以柔居阳尊之位，有妣之象。五之尊而二之卑，为君臣之象。六二越三、四而似上应于五，有过其祖之象，却因五非九五，仅为六五，故有遇其妣之象。然而六五毕竟处于君位，小过其君，当有僭越之嫌。六二以臣服为本分，故“不及其君，遇其臣”而没有错害。此爻中正，寓义于人生当过而不过，以时宜为佳。

九三，弗过防之，从或戕之，凶。

《象》曰：“从或戕之，凶”，如何也！

【讲解】 筮遇九三，未犯过错而宜预防，放纵过错则受戕害，凶险。

《象辞》说，所谓放纵过错而遭戕害，九三所喻的凶险如之奈何啊！

过，过错。从，纵。戕，伤也，害也。九三以刚居阳，自恃得位，刚甚而不以设防，凶险于是随之而至。此爻寓义在主张处世为人必须慎微，应有防人之心。《六十四卦经解》：“艮一奇横亘于上，提防象。巽为入，从（纵）象。兑为毁折，戕之象。”此指下卦为艮，二、三、四互体为巽，三、四、五互体为兑，故有诸象。

九四，无咎。弗过遇之。往厉必戒，勿用永贞。

《象》曰：“弗过遇之”，位不当也。“往厉必戒”，终不可长也。

【讲解】 筮遇九四，筮得的结果是没有错害。没有越轨之时，越轨就要去阻止。继续越轨必有危险，应予警戒。这不适用于占问很久以后将发生的事。

《象辞》说，所谓行为没有越轨之时，遇到越轨就去阻止，是说九四居位不当，时机不具备让人越轨的条件。所谓继续越轨必有危险而应予警戒，是说处世为人，如果一意孤行，超越常轨，最终不能常保没有咎害。

永贞，占问很久之后的事。《周易浅述》："三之阴在下，其性止，故惟防之而已。四之阴在上，震性动，阳性上行，故往遇之。然小过之时，不宜上宜下，三居二阴之上而自恃其刚，故阴或戕之。四居二阴之下，而以刚遇柔，未必致戕，而往则亦厉，故必在所当戒也。然往固非，固守而不能随乎时宜亦非也。故又曰'勿用永贞'。盖小过九四变而为谦，又有终吉之象矣。"

六五，密云不雨，自我西郊。公弋取彼在穴。

《象》曰："密云不雨"，已上也。

【讲解】 筮遇六五，兆象为阴云密布却不下雨，阴云是从我所居住的城邑西郊上空升起的。王公狩猎，用箭射取躲藏在洞穴中的猎物。

《象辞》说，所谓阴云密布却不下雨之象，象喻六五阴气过于阳气，有嚣上之时势。

弋，音 yì，《周易集解》引虞翻："矰缴射也。"缴，细绳，系住箭矢以射。

六五未中正而居尊。三、四、五互体为兑，兑在文王八卦方位为西。居尊于六五，阴气极盛，以阴过于阳，阴阳失调不能和而为雨，有密云而不雨之象。六五、九四同时爻变，上卦为坎，坎为弓，有弋箭之象。二阴在九三、九四之下，有穴之象。

上六，弗遇过之。飞鸟离之，凶。是谓灾眚。

《象》曰："弗遇过之"，已亢也。

【讲解】 筮遇上六，没有相遇，错过了相遇的大好时机。用罗网捕杀飞鸟，对人而言为凶险之象。这是所谓灾变祸生。

《象辞》说，所谓没有相遇而错过相遇时机之象，象喻事物之变已处于亢极之时，时宜不合。

离，借为罗，网也。《六十四卦经解》："弗遇，乘五也（引者按：实际此爻与五无乘）。过之，过五也，故亢。《诗》曰'鸿则离之'，谓离于网也。祸自外至曰灾，过自己作曰眚。"上六阴柔过亢，天灾人眚，皆由自取，凶甚矣。

【小结】 中孚、小过互为错卦。中孚卦主旨在于阐明仁义礼智信之信义。全卦六爻以仁信为伦理根本之一，取象于风行泽上，有美善之喻。陈梦雷《周易浅述》云："六爻以孚之道在刚中，故独二、五为孚之至。初之应四，初实而四虚，至三之应上，三虚而上实，故皆未能尽孚之道。盖他卦皆以阴阳相应为吉，此则独以刚中同德为孚。此全《象》六爻之大略也。"全卦倡孚信为刚正而仁信的人格规范。小过卦申说处世为人以宜下、守中为正道。小过三义：稍有所过，可也；大过而离伦理常则太远，不可；稍有所过，对于处理小事而非大事而言，宜下不宜上。凡此三义，以守正为本，若不正，则所过不小矣，当避之。小过卦四阴二阳，阴多于阳，则圣人因而惕惧。所谓矫枉过正，仅为人生策略而已，其原则仍在守持中正。

卦六十三

䷾ 既济（离下坎上）

刚柔正而位当，大功告成，君子以思患而预防之

既济：亨，小利贞。初吉，终乱。

【讲解】既济卦卦辞：筮遇此卦，可举行祭祀，这是稍为吉利的占问。做事之初，时遇吉利；发展到最后，乱象丛生，有凶乱之恶果。既济，帛书本《系辞》作既齎。

小，少、稍微，与小过卦之小义同。易学界多以“亨小，利贞”为句读，本书以为“亨，小利贞”之句读更宜。所谓“初吉终乱”，亦应句读为“初吉，终乱”。

《彖》曰：“既济，亨”，小者亨也。“利贞”，刚柔正而位当也。“初吉”，柔得中也。终止则乱，其道穷也。

【讲解】《彖辞》说，既济卦离下坎上，离火坎水，水火相克而相济，象喻亨通之道。从卦辞本义看，是人的命运稍有些亨通的意思，有利于守持正固。全卦六爻刚居阳，柔居阴，每一爻皆为当位之爻，为全部六十四卦之唯一，象征阳刚、阴柔谐调。人生正途，在于各得其时位。所谓做事之初，时遇吉利，指六二以阴柔居于中正之时位，象喻阴柔得以守中而无私偏。所谓做事

到终了，便乱象从生而停滞不前，这是由于人将事物的终了，错看成事物生成之道已处于困穷之时的缘故。

既济，事理既成，水火相交，各得其用，六爻相安各应其时，便是既济之道已经实现。而内卦离明而外卦坎险，已隐伏初吉终乱之象。天下治乱之道，治之既成，必生乱；乱之既成，治又必起。然人如违逆天地治乱之道，强为所欲为，动止无常，是人为之乱也。李光地《周易折中》曰："非终之能乱也，于其终而有止心，此乱之所由生。"二、三、四互体为坎，三、四、五互体为离，内含坎下离上之体，为未济卦。

《象》曰：**水在火上，既济。君子以思患而豫防之**。

【讲解】《象辞》说，既济卦离火在下而坎水在上，火炎上而水陷下，水火相济，相克相成，象征大功告成。君子观悟此卦，用来思考事物既成、因人为因素横生隐患而预先有所提防。

豫，借为预。李鼎祚《周易集解》引荀爽："六爻既正（引者按：正，指得位之义），必当复乱（言天理自然），故君子象之，思患而豫（预）防之，治不忘乱也。"

初九，曳其轮，濡其尾，无咎。

《象》曰：**"曳其轮"，义无咎也**。

【讲解】 筮遇初九，用力地向后拉住车轮不使前行，小狐渡水尾巴湿濡难以疾进，筮得的结果是没有错害。

《象辞》说，所谓向后拉住车轮不使前行，初九象喻事业未成之初，应谨思慎行，合于时宜。《周易本义》："轮在下，尾在后，初之象也。曳轮则车不前，濡尾则狐不济。既济之初，谨戒如是，无咎之道。占者如是，则无咎矣。"此释涉于狐象，因未济卦卦辞取象于小狐之故。既济、未济互为错综，故有此释。上六爻辞之释与此同。高亨《周易大传今注》以帛书《周易》轮作纶为据，释该爻辞为："徒步涉水者手曳其纶（引者按：指衣之腰带穗），水湿其尾（原注：指衣后之假尾）。"录此以供参阅。

初九，位在下，有轮、尾之象。应四则行，曳则不行。当济之初，得位而不擅进，有曳其轮之象。坎水在上，初九在离体之下，有濡其尾之象。此爻主慎守之义。与既济卦构成错综卦关系的未济卦卦辞，有"小狐""濡其尾"之文辞，可知该卦亦取小狐之象。所谓"义无咎"之义，宜，时宜之义。

六二，妇丧其茀，勿逐，七日得。

《象》曰："七日得"，以中道也。

【讲解】 筮遇六二，兆象为女子外出所乘车上丢失遮蔽的东西，筮得的结果为，不用急着寻找，七天之内可以复得。

《象辞》说，所谓七天之内可以复得，是说六二具有中正之道。

茀，音 fú，《周易尚氏学》："茀，车蔽也。《诗·硕人》曰：'翟茀以朝。'疏：'妇人乘车不露见，车之前后，障以翟羽，以自隐蔽，谓之茀。'按《周礼》有巾车职。巾，所以为蔽，即茀也。坎为隐伏为茀，乃坎在外，故丧其茀。盖离为光明，二承乘皆阳，无所隐蔽，如妇人之丧其茀也。"离为中女，有妇象。上应九五，上坎为舆，有车象。自六二始，卦历六爻，又回复于六二，凡七，仍居中正之位，有七日得之象。七日得，时变所至，非人力可为，故其占如是。

九三，高宗伐鬼方，三年克之。小人勿用。

《象》曰："三年克之"，惫也。

【讲解】 筮遇九三，殷高宗出兵讨伐西北边陲的鬼方，用了三年时间得以攻克。小人筮遇此爻，不可以有所作为。

《象辞》说，所谓三年之久得以攻克之象，象喻因用时太久而精疲力竭。

高宗，殷帝武丁。鬼方，西北地区所谓獫狁（严允）部族。王国维《鬼方昆夷獫狁考》可参。顾颉刚《周易卦爻辞中的故事》云：“到高宗时，伐鬼方至三年之久而后克之，可称是古代的大规模的战争，所以作爻辞的人用为成功的象征。”惫，心力交瘁。九三应上六，上六在坎，坎卦于文王八卦方位图居北（与西北比邻），有鬼方之象。下离为甲胄戈兵，九三以刚居阳，有高宗伐鬼方、以刚克刚之象。取三年克之之象，喻既济之难成。既克之后，乱又起于小人，故勿用，喻克鬼方之不易。九三应上六，上六喻小人，故如是说。

六四，繻有衣袽，终日戒。

《象》曰：“终日戒”，有所疑也。

【讲解】 筮遇六四，丝帛织成的华美衣饰终有破败、衰朽的一天，应时时戒惧祸害的来临。

《象辞》说，所谓时时（整天）戒惧祸害的来临，指六四象喻人生总须思问盛而必衰、成败互转之道。

繻，此读rǔ，彩色之帛。袽，音rú，絮，此有败丝、败麻、败衣义。终日戒，整天戒惧、提心吊胆，有如乾卦九三爻辞“君子终日乾乾，夕惕若，厉”之义。

六四得位，以柔居阴，当既济之时，有向未济转递之时势。故以衣繻为袽，成而败象渐起为象。戒，疑惧之谓。

九五，东邻杀牛，不如西邻之禴祭，实受其福。

《象》曰："东邻杀牛"，不如西邻之时也。"实受其福"，吉大来也。

【讲解】 筮遇九五，东边邻国（殷）宰杀肥牛大牲以供重祭，不如西边邻国（周）春天的薄祭可以实得鬼神的福泽。

《象辞》说，所谓殷杀牛重祭，之所以不如周之祭礼微薄的春祭，是因为殷气数已尽，时势不利，即使重祭也于事无补。所谓周之薄祭可以实得鬼神的福泽，是说周之吉运福泽正源源不断、势不可挡。

《礼记》郑玄注："东邻，谓纣国中也。西邻，谓文王国中也。"李鼎祚《周易集解》引崔憬："（九五）居中当位于既济之时，则当是周受命日也。五坎为月，月出西方，西邻之谓也。二应在离，离为日，日出东方，东邻之谓也。离又为牛，坎水克离火，东邻杀牛之象。""禴，殷春祭之名。"既济下离为日为东，东邻之谓，为殷；上坎为月为西，西邻之谓，为周。坎为水，离为火，水克火之象。此爻辞真实地体现了周人对殷人的蔑视之意，认为周正当时运既济之时而殷时运不利，就连鬼神亦不予佑助。王弼《周易注》云，周之实受其福，"在于合时，不在于丰也"。此是。高亨《周易大传今注》说，"东邻杀牛，不如西邻之时也"，"言殷王之厚祭不如周王之薄祭之善也。即谓殷王之德恶，祭品虽厚，而鬼神不飨；周王之德美，祭品虽薄，而鬼神飨之也"。

上六，濡其首，厉。

《象》曰："濡其首，厉"，何可久也！

【讲解】 筮遇上六，小狐渡水头部濡湿，危险。

《象辞》说，所谓小狐头部濡湿，危险，是指上六象喻大功告成之后，由成而败，如何可以长治久安、时势永远不变呢！

王弼《周易注》："处既济之极，既济道穷，则之于未济。"《周易集解》引虞翻："位极乘阳，故'何可久'。"又引荀爽："居上濡五，处高居盛，必当复危，故'何可久也'。"高亨指出，《象辞》"濡其首，厉"一句，缺一厉字，今补之。

卦六十四

䷿ 未济（坎下离上）

刚柔不正而未当，大功未成，君子以慎辨物居方，物不可穷

未济：亨。小狐汔济，濡其尾，无攸利。

【讲解】 未济卦卦辞：筮遇此卦，可以举行祭祀。小狐渡水几近对岸，它的尾巴被濡湿，无所吉利。未济，楚竹书作未凄；帛书本《系辞》作未齎。

汔，《周易集解》引虞翻："汔，几也。济，济渡。"

《彖》曰：**"未济，亨"，柔得中也。"小狐汔济"，未出中也。"濡其尾，无攸利"，不续终也。虽不当位，刚柔应也。**

【讲解】《彖辞》说，未济卦坎下离上，坎水润下而离火炎上，象示未济；六爻皆为失位未当，象示未济。六爻三阴三阳，互有亲比关系。二、三、四互体为离，三、四、五互体为坎，离下坎上，互体六爻皆得位有当，为既济也。未济之中隐伏既济之义，有未济（未亨）而亨通（既济）之义。此卦六五以柔居中位，表示事物柔顺而居尊，居尊而向往中正之道。所谓小狐渡水几近对岸，是说九二居中，为坎所陷，未脱坎险之境。所谓小狐尾巴被濡湿而无所吉利之象，是说初六象喻事物正处在卑微之时，时宜未合，成事的努力有始无终。六爻虽各不当位，却是刚柔相比，刚柔相济。

未济六五以柔居阳而处中尊之位，王弼《周易注》用“以柔处中，不违刚也。能纳刚健，故得亨也”解读“柔得中”义，有违爻位说关于得中的释义通则。《彖辞》以得中称六五，不符爻位之通则。产生这类矛盾的原因，在于《彖辞》发明卦爻之义，并非处处遵循爻位之说。此当注意。此拟释为六五居尊而向往中正之道。陈梦雷《周易浅述》云：“未出中，指二也。九二在坎险之中，未能出也。不续终，指初也。初在下为尾。二所以不能出险，以初阴柔力微，故首济而尾不济，不能续其后也。虽不当位，而刚柔皆应，则彼此相辅，终成济险之功。”此是。全卦六爻皆不得位，而初应四、二应五、三应六，两两皆应，有亲比（正比、逆比）关系。

《象》曰：火在水上，未济。君子以慎辨物居方。

【讲解】《象辞》说，未济卦坎水在下离火在上，火炎上而水润下，有火在水上之象，象征事物如水火未交，未能相济，于事无成。君子观悟此卦，谨思慎行，分辨万物生成、得失与品类，各得其所。

辨物居方，《周易浅述》：“辨物如火之明，居方如水之聚。又，水火异物，故以之辨物，使物以群分，水火各居其所。故以之居方，使方以类聚也。”

初六，濡其尾，吝。

《象》曰：“濡其尾”，亦不知极也。

【讲解】 筮遇初六，小狐渡水濡湿了尾巴，遗憾。

《象辞》说，所谓濡湿小狐尾巴之象，是指初六象示事物初始，性柔欠正，未在时中，未济之境，如违时躁进，就太不懂中正之道了。

极，《说文》："栋也。"栋，梁也。中国土木建筑以人字形坡顶为多见，主梁在屋之上，处于中之位，故《周易集解》称"极，中也"。古时，宫室但称宇宙。《淮南子》高诱注："宇，屋檐也；宙，栋梁也。"无论宇、宙、宫、室、定、宿、寝、寐等汉字，皆与建筑相关，均从宀，甲骨文作人、︿等，其字形之最高处为极（栋、梁）之所在，中之所在。《周易浅述》："既济（初九）阳刚得正（引者按：应为得位），离明之体，当既济之时，知缓急而不轻进，故无咎。此（指未济初六）则才柔不正，坎险之下，又当未济之时，冒险躁进，则至于濡尾而不能济矣，故吝。"

九二，曳其轮，贞吉。

《象》曰：九二贞吉，中以行正也。

【讲解】 筮遇九二，向后拉住车轮不使前进，这一占问是吉利的。

《象辞》说，九二爻占问的吉利，是说九二象征守持正固，为人处世坚持中庸、中正之道，言行端直正肃。

既济卦初九言"曳其轮"，此九二重取此象，是何道理？李光地《周易折中》："既济之时，初、二两爻犹未敢轻济，况未济乎？故此爻曳轮之戒，与既济同。而差一位者，时不同也。"《周易集解》引姚信："坎为曳为轮，两阴夹阳，轮之象也。二应于五而隔于四，止而据初，故'曳其轮'。处中而行，故曰'贞吉'。"

六三，未济，征凶。利涉大川。

《象》曰："未济，征凶"，位不当也。

【讲解】 筮遇六三，兆象为小狐未能渡涉至对岸。出兵征伐，凶险。（不）渡涉大江大河，吉利。

《象辞》说，所谓小狐未能渡水至对岸，出兵征伐凶险，六三象喻时机不利，居位不当，于事无成。

《周易本义》：“或疑利字上，当有不字。”《六十四卦经解》：“一云疑脱不字。”《周易尚氏学》：“不当位。前遇险，故征凶。征凶则不能利涉。兹曰利涉大川，上下文义反背。朱子疑利上有不字，按《象》云位不当，则不利也。”可从。利涉大川，应为不利涉大川。倘以利涉大川解，亦通。王弼《周易注》云：“二能拯难，而已比之，弃已委二，载二而行，溺可得乎？何忧未济？故曰‘利涉大川’。”《周易集解》引荀爽：“未济者，未成也。女（引者按：指离）在外，男（指坎）在内，婚姻未成。征上（离）从四（九四）则凶。而利下从坎（指离向下从坎），故‘利涉大川’矣。”《周易本义》：“以柔乘刚，将出乎坎，有利涉之象。”说得头头是道。彼亦是而此亦是，反正没有不是，其间神奇奥妙，源自《周易》所崇尚的类比思维。类比是一种经验层次的思维方式。如A具有C、D、P等属性，B具有P属性，就称A、B相类而类P。这种思维方式往往是不严密、不科学的。不过，类比思维在艺术创造与接受，在审美领域是十分活跃与必要的。想象、虚构之类，离不开类比思维。巫思维就是一种典型的类比思维。类比思维的特征是从个别到个别，属感性经验层面。在科学技术领域，类比思维并非没有任何用武之地，如仿生。仿生学用科学思维，而仿生起于类比思维。科学家发现真理、发明创造，也离不开类比思维，如科学发现过程中的诗性想象之类，而科学本身却是严格的理性求是思维。

九四，贞吉，悔亡。震用伐鬼方，三年，有赏于大国。

《象》曰：“贞吉，悔亡”，志行也。

【讲解】 筮遇九四，这一占问是吉利的，没有遗憾。以雷霆万钧之势讨伐鬼方，征战三年而攻克，殷王朝以大国之君对征伐者加以封赏。

《象辞》说，所谓占问吉利，没有遗憾这一占筮结果，九四象征求济、成事的心志正付诸实施。

既济卦九三爻辞云："高宗伐鬼方，三年克之。"此爻言"震用伐鬼方，三年"。两爻辞所记应为同一史事。据《竹书纪年》："武丁三十二年伐鬼方，次于荆。三十四年王师克鬼方。"此言伐鬼方历三年之久。大国，指殷商。武丁，即殷高宗，盘庚弟小乙之子，即位后先后对鬼方等用兵，据说在位五十九年。此时，周为殷商诸侯，伐鬼方当为周诸侯助殷事，故事成而为殷所封赏。震，高亨《周易大传今注》以为"当是人名，周君或周臣也"。录以备考。以雷霆释震，指九四爻变，二、三、四互体为震。尚秉和《周易尚氏学》："震为威武为征伐。""有赏于大国者，言伐鬼方有功，以大国赏之也。"又云："郭琛谓震乃挚伯名。"录以备考。由于未济、既济错综，此"未济之四即既济之三。三以上为鬼方，四以初为鬼方。坎北方，有鬼方象。离为甲胄戈兵，有伐之之象。既济九三以刚居刚，故言高宗。此以刚居柔，则大国诸侯出征者也。四变互震。震，惧也。临事而惧，可以胜矣。在既济言惫，此则受赏"（陈梦雷《周易浅述》）。此是。

六五，贞吉，无悔。君子之光，有孚，吉。

《象》曰："君子之光"，其晖吉也。

【讲解】 筮遇六五，占问的结果是吉利，没有遗憾。君子脸面有光，在于有所俘获，吉利。

《象辞》说，所谓君子脸面有光，是指六五象喻阳光般辉煌而美善的人格。

六五非中正而居中，喻君子而非帝王。其虚中而离明，下应九二之实，故贞吉而有诚信。孚，俘。爻辞释为俘虏、俘获，《易传》转义为诚信。晖，日光，为日光之盛时也。《象辞》所言吉，此可引申为美善。

上九，有孚于饮酒，无咎。濡其首，有孚，失是。

《象》曰：饮酒濡首，亦不知节也。

【讲解】 筮遇上九，对酗酒加以惩罚，没有错害。小狐渡水浸湿头部，筮得的结果是有所惩罚，失却吉祥。

《象辞》说，所谓饮酒过淫、小狐渡水浸湿头部之象，是说上九象喻不懂得如何约束自己。

解读这一爻辞，关键在如何解释孚义。孚，本义为俘，此可引申为罚。高亨《周易大传今注》云：“孚，罚也。”可从。《尚书·酒诰》有周公惩戒酗酒的诰词，所谓“诰教小子有正有事，无彝酒。越庶国，饮惟祀，德将无醉”。大意为，文王告诫在周王朝任大小职务的子孙，不要经常饮酒。告诫在诸侯国任职的后代，只有祭祖时才可饮酒，而且要讲酒风酒德，不要喝醉。

【小结】 既济、未济为《周易》六十四卦最后两卦，互为错综卦。既济全卦大旨，在于阐述事物既成之时处世为人应取何种理念与态度。既济之时，当为生机之时而必隐伏危机，人应深知安与危、既与未互转之理。创业不易而守成维艰，故应守正而慎戒骄满之心，居安思危而忌怠忽。《周易浅述》：“事之既济，则圣人忧盛明危之心正于此始。盖治乱相因，理势自然也。六爻皆有戒辞。内三爻皆既济之象，即《彖》之初吉也。外三爻渐入于未济，即《彖》之终乱也。”治乱之道，为既济所申说。未济为《周易》六十四卦之终，尤为重要。既济六爻皆得位而未济六爻皆失位。皆得者言既济之时；皆失者述未济之时。两者互对互应、相辅相成。自既济到未济，证明物不可穷，事理随时而迁且无有休止。因而，人或滞碍于事既成或事未成，必为时所欺。正确的人生态度与处世方式，应随时而应宜。无论既济、未济，皆应守持中正之道，时有警惧之心。《周易浅述》：“盖既济者，固宜保于既济之后；未济者，亦宜慎于方济之初也。合全《易》而论之，天地之道，不外于阴阳；五行之用，莫先于水火。上篇首天地（引者按：指乾坤二卦），阴阳之正也，故以水火之正终焉（指上经最后两卦为坎离）。下篇首夫妇（指咸、恒二卦），阴阳之交也，故以水火之交终焉（指下经最后两卦为既济未济）。乾上坤下，离东坎西，此先天之易，天地日月之四象也。故居上经之始终，以立造化之体。水火相逮，雷风不相悖，山泽通气，此后天之易、六子之用也。故居下经之始终，以致造化之用。既济之后，犹有未济者，示造化之用，终必有始也。”《周易》六十四卦，内容繁富而涵蕴深邃，主象、数、占、理者四，其中义理，以气、生、时、变（化）、阴阳五要为主。就人生智慧而言，以与时消息、与时偕行为中正之道。既济、未济以及其余六十二卦，处处言说象、数、占、理与气、生、时、变（化）、阴阳五要，时时强调时宜，此易理之根本。《系辞上》云：“一阴一阳之谓道。”《庄子·天下》曰：“《易》以道阴阳。”阴阳为易理之根本。阴阳互化，实为时宜之变。既济、未济互为错综，亦宗阴阳互变之道。

《系辞》上下精讲

系辞上："易有太极"

第一章

天尊地卑，乾坤定矣。卑高以陈，贵贱位矣。动静有常，刚柔断矣。方以类聚，物以群分，吉凶生矣。在天成象，在地成形，变化见矣。

【讲解】 天的地位尊显，地的品格卑微，乾天、坤地所象喻的道德秩序因而确立。卑微、高显一旦呈现，所谓低贱、高贵的品位就有了区分。天道圆而动，地道方而静，天动地静是常则。事物的阳刚、阴柔之性德本自判然，可由此断定。事物发展的方所、方向，以品类之同而相聚；事物品类的同异，在于事物以群团的不同特点而相互区别。由此吉凶之兆就生成了。日月星辰在天之物，在人之心灵中生成意象，山河大地、动物植物之类，在地上构成形体，事物的千变万化由此得以显现。

位，《彖辞》释乾卦称六位时成，指一卦六个爻位自下而上，以空间位置的变化象时间的生成与变化。时运、时机的变化，决定德性、政治与伦理之位。《周易》首重时，亦重位，此《系辞下》所谓"大宝曰位"，亦即大宝曰时。《乾·文言》有"乃位乎天德"之言，《坤·文言》称"正位居体，美在其中"。这里所言"贵贱位矣"，为儒家伦理思想的典型表述。

方，《周易集解》引《九家易》云："道也。谓阳道施生，万物各聚其所也。”指坤地之方而静，故以类聚。《周易本义》谓事情所向，《周易浅述》从之。方，有方所、方向义。

这一段旨在从哲学角度论述伦理之时位的合法、合理性。《周易浅述》云：此以“造化之所有，以明易之原。然非因有天地而始定乾坤，非因卑高始定爻之贵贱。盖卦爻未起之先，观天尊地卑而易之乾坤已定，观卑高之陈而易中卦爻之贵贱已位”。

是故刚柔相摩，八卦相荡。鼓之以雷霆，润之以风雨。日月运行，一寒一暑。乾道成男，坤道成女。乾知大始，坤作成物。乾以易知，坤以简能。

【讲解】 因此，刚爻（阳爻）、柔爻（阴爻）相互磋磨交感，生成八卦。八卦相互推荡、运化，构成六十四卦。阴爻阳爻、四象、八卦与六十四卦系统，喻天地运化，自然之易，象征雷霆万钧，鼓动震撼，风雨交加，滋润万类，日月运转，冬夏代序。乾阳之道，生成男性；坤阴之道，生成女性。乾阳之气，无形而资始万物；坤阴之气，承乾阳，生成万物而有形。乾阳纯粹而健动，创始万物，平易而自然；坤阴承阳而顺静，广生万物，简而能成是其功能。

摩，《周易集解》引虞翻：“旋转称摩，薄也。”薄，接近义。荡，推移激荡。《周易本义》：“此言易卦之变化也。六十四卦之初，刚柔两画而已，两相摩而为四,四相摩而为八,八相荡而为六十四。”知，犹主也。乾主施而坤随顺，乾阳主始，万物资生；坤阴禀受，万物资成。知与作相对，为之义。王引之《经义述闻》引王念孙云：“知，犹为也。为亦作也。”易，与后文简相对，平易、自然、简约之义。《周易集解》引虞翻：“阳见称易，阴藏为简。简，阅也。乾息昭物，天下文明，故‘以易知’；坤阅藏物，故'以简能'矣。"姚配中《周易姚氏学》："易，平易。简，亦易也。"乾资始、坤资生而成万物，对人而言，神秘而奥妙无比。就乾、坤而言，为平易、简约、自然而然。

易则易知，简则易从。易知则有亲，易从则有功。有亲则可久，有功则可大。可久则贤人之德，可大则贤人之业。易简而天下之理得矣。天下之理得，而成位乎其中矣。

【讲解】 关于乾阳的易理，平易而容易为人所知晓；关于坤阴的易理，简约而容易被人所遵从。容易知晓的，就与人亲和；容易遵从的，就具有功用。与人亲和，就可以长久；具有功用，就可以光大。可以长久，那就造成了贤士仁人高尚的性德；可以光大，那就会成就贤士仁人光辉的事业。乾、坤的易理平易而简约，普天下的根本道理，都包罗无遗了。普天之理包罗无遗，那么社会的伦理、等级时位，就在易理的本然之中了。

这一段，阐明乾易、坤简的易理，层层推进，主旨在于说解人间伦理道德之时位的本然之性，以图为儒家的伦理思想奠定哲理（易理）基础。其逻辑是，先说乾阳之易、坤阴之简皆为易理本始于自然造化的基础，言述伦理思想的合理性。进而言说仁贤之性德本始于自然造化（即所谓易、简），故而必效法乾易与坤简之道。最后归结为伦理时位这一问题。《周易浅述》云："首言天地有自然之易，中言易中有自然之天地，末言天地与易不外乎自然之理。理至易至简。人能易简，则人心有易，人心有天地矣。"

这一章，从天地常则证明道德人伦之尊卑的合理性，言述易简之理。此所言"系辞"，专指《易传》之《系辞》的上下二文。《周易正义》云："夫子本作《十翼》(引者按：自北宋欧阳修《易童子问》，易学界始疑《十翼》非孔子所撰），申说上下二篇经文系辞，条贯义理，别自为卷，总曰‘系辞’。”

第二章

圣人设卦观象，系辞焉而明吉凶，刚柔相推而生变化。是故吉凶者，失得之象也。悔吝者，忧虞之象也。变化者，进退之象也。刚柔者，昼夜之象也。六爻之动，三极之道也。

【讲解】 圣人观悟天地自然之象而创设卦爻符号系统。观卦爻之象而在六十四卦卦辞与三百八十四爻辞以及乾用九、坤用六之后，系文辞以明示吉凶征兆及其易理。卦爻符号系统阴阳之爻的阳刚、阴柔相互摩荡，从而发生变化。所以，所谓吉凶征兆及其易理，是人生丧失、获得的象喻。或悔或吝（或错悔或遗憾），是忧患、愁虞的象征。卦爻系统所喻示万物、万类的无穷变化，是指导人生或进取或退隐的准则。阳刚、阴柔，是昼夜交替的性德。每卦六爻运变，象征天道、地道与人道变动的动态联系。

圣人，指神话传说中的伏羲，伏羲仰观俯察而始作八卦。兼指文王、孔子重卦与系辞，便是《汉书・艺文志》所谓“人更三圣，世历三古”。失得之象，李鼎祚《周易集解》引虞翻：“吉则象得，凶则象失也。”“悔则象忧，吝则象虞也。”《周易本义》：“吉凶悔吝者，易之辞也；失得忧虞者，事之变也。得则吉，失则凶。忧虞虽未至凶，然已足以致悔而取羞矣。盖吉凶相对而悔吝居其中间。”《经典释文》引郑玄：“三极，三才也。”天极、地极与人极，三极（三才）之谓，依次以五、上，初、二，三、四象喻。

是故君子所居而安者，易之序也；所乐而玩者，爻之辞也。是故君子居则观其象而玩其辞，动则观其变而玩其占，是以"自天祐之，吉无不利"。

【讲解】 因此，君子在世上安身立命、成就事业，是因为懂得、效仿易理关于本然秩序的道理；所愉悦而探究、玩味的，是《周易》按时位而列布的卦爻之辞文。所以，君子安身立命，可观悟卦爻之象及易理，玩索其文辞的意义；有所作为，通过算卦，可观悟时运、时机的变化，玩索其占筮的结果。因而，所谓从天机、天运获得保佑，吉祥如意，没有不吉利的。

序，《说文》："东西墙也。从广，予声。"中国古代宫室有东序、西序制度，指正堂两侧的东厢、西厢。序字本义为建筑空间概念，假借为次第义，艮卦六五爻辞有"言有序"之说，转义为时间概念，这里指易理所包含的本然秩序之理，是一个从哲理到伦理性的时空概念，通于"位"。《周易正义》："若居在乾之初九，而安在'勿用'（乾初九爻辞：潜龙，勿用）；若居在乾之九三，而安在'乾乾'（乾九三爻辞：君子终日乾乾）。是以'所居而安者'。"

《周易》重位重序，二者同义，皆强调时位、时序的重要。从易之时空本蕴，判定伦理位序的不可改易。《周易浅述》云："能循其序，则居之安矣。玩者观之详，乐有契于心也。玩味知其理之无穷，则可乐，愈可玩矣。居而安，君子之安分也；乐而玩，君子之穷理也。安分则穷理愈精，穷理则安分愈固。"

这一章，由言说圣人创卦及卦爻的象喻，进而叙述君子学《易》、玩《易》之功用。

第三章

彖者，言乎象者也。爻者，言乎变者也。吉凶者，言乎其失得也。悔吝者，言乎其小疵也。无咎者，善补过也。

【讲解】《彖辞》,《易传》之重要二篇，分彖上、彖下，言说《周易》六十四卦每卦卦符、卦辞之总体的象喻意义及易理。爻辞，逐一言述《周易》三百八十四爻符及其所象喻的吉凶变化之理。吉凶，说的是处世为人的获得或者丧失。悔吝，说的是占筮结果有点小问题。无咎，说的是善于弥补错失。

这里，解读爻符与吉凶之类的易学基本用语及意义。

彖，断，判也。《易传》彖辞六十四，逐一解说每卦卦符、卦辞之意蕴。《周易正义》:“彖，谓卦下之辞，言说乎一卦之象也。”《周易集解》引虞翻：“所变而玩者，爻之辞也。”韩康伯注：“爻，各言其变也。”爻义在于变，卦义亦在于变。《周易浅述》:“尽善为得，不尽善为失。小不善为疵，不明于善而误为不善为过。觉其不善而欲改为悔，觉其不善而未能改或不肯改为吝。悔未吉而犹有小疵，吝未凶而已有小疵。善补过，嘉其能改也，有过当有咎，能补则无。圣人不贵无过，而贵改过，望人自新之意切矣。”

是故列贵贱者存乎位，齐小大者存乎卦，辨吉凶者存乎辞，忧悔吝者存乎介，震无咎者存乎悔。是故卦有小大，辞有险易。辞也者，各指其所之。

【讲解】 因此，显示、象喻地位尊贵或卑贱的，在于爻位；均齐、确立刚大、柔小（阳大、阴小）的，在于卦体；分辨、区别吉凶的，在于卦爻之辞；忧思、忧惧悔吝的，在于纤介、毫厘之际；震惕、恐省无咎的，在于内省、改悔。因此，卦体有柔小、刚大之喻，卦爻辞有凶险、平安之语。卦爻辞，各自指明人们趋吉避凶的道路。

列，列布。存，在。齐，均、正。王申子《大易辑说》："均也。阳大阴小。阳卦多阴则阳为之主，阴卦多阳则阴为之主。虽小大不齐，而得时为主则均也。"介，纤介，指悔吝处在吉凶之际，人只要见微知著，恐惕警惧，就能避凶而趋吉，弃悔吝而取平安。震，本义为雷动，此指内心惕惧。《周易尚氏学》："震，惧也。惧则悔，悔则无咎。"

这一章，言述卦爻辞通例，明示用《易》之义蕴。

第四章

易与天地准，故能弥纶天地之道。仰以观于天文，俯以察于地理，是故知幽明之故。原始反终，故知死生之说。精气为物，游魂为变，是故知鬼神之情状。

【讲解】 易理与天地齐准，以天地为准则，所以能包括、涵盖天地之大道。仰观日月星辰的灿烂天象，俯察大地山川的地理地形，就能洞明无形的幽微、涵默与有形的显明、朗照。推原人之生命的起始而反求生命的终结，就能知晓关于生死问题的学说。精气是生命的原始物质，精气充沛，生命存在，人死则魂飞魄散，变为游魂。由此，就能懂得鬼神的实际情形。

准，《周易集解》引虞翻释为同，《周易本义》释为齐准，引申为准则。弥纶，《周易集解》引虞翻："弥，大。纶，络。谓易在天下，包络万物，以言乎天地之间，则备矣，故'与天地准'

也。”原，推原，名词作动词用。反，返。《周易集解》引《九家易》：“阴阳交合，物之始也。阴阳分离，物之终也。合则生，离则死。”《庄子·知北游》：气者，“聚则为生，散则为死”。《周易本义》：“易者，阴阳而已。幽明、死生、鬼神，皆阴阳之变，天地之道也。天文，则有昼夜上下；地理，则有南北高深。原者，推之于前；反者，要之于后。阴精阳气，聚而成物，神之伸也。魂游魄降，散而为变，鬼之归也。”情，情实、情形。

与天地相似，故不违。知周乎万物而道济天下，故不过。旁行而不流，乐天知命，故不忧。安土敦乎仁，故能爱。范围天地之化而不过，曲成万物而不遗，通乎昼夜之道而知，故神无方而易无体。

【讲解】 圣人懂得易理，为人处世可以与天地的运化相通、相随，因而不会违背天地的准则；可以上知天文下察地理，万物皆在掌握之中，以天地万类的本然性德、规律来治理天下，因而行为、践履不会有过失、偏差；以仁德治理家国，无所不行而不流于淫滥，快乐而自觉地听从上天和命运的安排，因而没有忧患；安身立命于大地之上，敦实、忠挚地生活于普施仁政、仁心的人文环境之中，因而能泛爱众而亲仁。易道广大，它统御、规范天地万物的变化而不僭越、不偏失；它细致、周密、完备地成就天地万物，完美得连细枝末节都没有遗漏；使人足以会通阴阳、幽明、生死与昼夜之类大道而知周万物，所以，神异、神妙的大化流行，见不到方所与方向，易理的存在与运变不在于形器。

相似，相通、相随、等同。此言易与天地相似，即前述“易与天地准”义。周，周遍。过，超过，僭越，过差。旁，广，磅礴。《周易本义》：“旁行者，行权之知也；不流者，守正之仁也。”流，流淫。安土，安居于大地，安身立命、随遇而安。古代中国人具有强烈的恋土情结，以现世、此岸、脚踏实地为幸福，不宜释为安处其环境。敦乎仁，指敦厚、忠挚、实实在在地实践仁的原则。仁是儒家道德的核心，基于血缘文化而主张人与人之间相亲相爱。《论语·学而》："泛爱众，而亲仁。"《孟子·离娄上》："仁之实，事亲是也。"仁者，二人，首先指男女之亲，以此原则普施于天下，为爱、为仁。《周易浅述》："随处皆安，无不息之不仁，私欲尽净，天理充满，愈加敦厚，不忘其济物之心，所以能爱也。如是则其仁益笃，似乎地矣。"范围，动词。《周易集解》引《九家易》：范者，法也。围者，周也。韩康伯注：范围者，拟范天地而周备其理也。连昼夜之道都包括于易之中，更不用说阴阳、幽明与生死之大道了。神，灵，神异、神秘、神妙。神字从示从申。申，为神字初文，卜辞写作，电闪雷火之象形。远古神灵意识，源于自然崇拜。《说文》收录一神字别体，为魋，从鬼从申。可见，中国文化包括易文化的神理念，无疑杂有鬼意识。方，《周易浅述》称方所，亦指方向。易，此指易理，并非指《周易》这部书。体，定体、形器。

这一章重点，阐述"原始反终，故知死生之说"，"乐天知命，故不忧"与"安土敦乎仁，故能爱"之义。一为生死观，二为乐生观，三为安土敦仁观。易道之大，用之不竭而穷理尽性。

第五章

一阴一阳之谓道。继之者善也，成之者性也。仁者见之谓之仁，知者见之谓之知，百姓日用而不知，故君子之道鲜矣。

【讲解】 万物的本原本体是道。道是气的阴阳迭运、变化，一阴一阳的互转、运变，是一对矛盾。道之发展、发育的结果，是德善，它开创万物；道之成就、成功的结果，是德性，它含育万物。道的含蕴是多方面的，仁者人格显现出来的，是仁这一含蕴；智者人格显现出来的，是智这一含蕴。黎民百姓的日常生活所遵循、应用的生活准则是道，然而他们不懂得道是日常生活的底蕴这一道理，因此，所谓君子之道的深邃意蕴就少有人知道了。

见，现，显现。知，智。《周易集解》引虞翻："继，统也。谓乾能统天生物，坤合乾性，养化成之，故'继之者善，成之者性'也。"

《周易本义》："道具于阴而行乎阳。继，言其发也。善，谓化育之功，阳之事也。成，言其具也。性，谓物之所受，言物生则有性，而各具是道也，阴之事也。"《乾·文言》有"元者，善之长也"之说，可以证明此所谓"继之者善也"之义，说的是乾阳创生万物。此见字，多释为发现，误。仁、知（智）作为人的性德智慧，不能直接被看见，而是由人的行为、言论与人格所显现。后文有"显诸仁"之言，可为佐证。

显诸仁，藏诸用，鼓万物而不与圣人同忧，盛德大业至矣哉！富有之谓大业，日新之谓盛德。生生之谓易。成象之谓乾，效法之谓坤，极数知来之谓占，通变之谓事，阴阳不测之谓神。

【讲解】 一阴一阳之道的显现，是仁德的人格与行为，道含藏于事物的功用。道的功用能鼓动、生育万类，它是本然、自然而无心的，与圣人心忧天下不同，它盛大的德性和伟大的功业至高无上，无以复加。大而无外，拥有万类，是它伟大的功业；久而无穷，天天出新，是它盛大的德性。阴阳运化，生生不绝，是易理的根本。乾阳之气是成天之象的根本，坤阴之气是法地之式的根本。一阴一阳的变化之道，在于卦爻的象征。以筮数的变演囊括一切的变化、时运从而预知人的未来命运，称为占筮。占筮的结果，指导人以智通阴阳及老阳少阳之变，趋吉避凶，用来定夺天下的伟业，便是占筮这一"事业"。阴阳的恒变，无法以形测定，便是易道的神秘与神妙。

《周易集解》引荀爽："盛德者天，大业者地也。"引王凯冲："物无不备，故曰'富有'；变化不息，故曰'日新'。""鼓万物"，指万物鼓之舞之的根因是道。《周易正义》："言道之功用能鼓动万物，使之化育。"生生之谓易，易理的根本为生。生命文化、生命哲学，为《周易》反复宣说、强调的根本义理之一。《周易正义》："生生，不绝之辞。阴阳变转，后生次于前生，是万物恒生，谓之易也。"先秦儒、道两家都重生。道家尚个体生命，儒家尚群体生命。人的生命，既是个体又是群体的存在与发展。生生，生而又生，子子孙孙未有穷尽，《周易》所重所向，是人的群体生命，以生生的人文理念阐说天地万物的运化、发展，便是易理之本蕴。"极数知来"，《周易正义》："谓穷极蓍策之数，豫知来事，占问吉凶。""通变之谓事"，《周易集解》引虞翻："谓变通趋时，以尽利天下之民，谓之事业也。"

这一章重点宣说"易以道阴阳"之至理。一阴一阳之谓道。此道，其人类学、哲学与美学的本蕴为生。生，指天地万类尤其是人的生命状态与境界，生生不息，生气灌注，生与气、象通。

第六章

夫易，广矣大矣！以言乎远则不御，以言乎迩则静而正，以

言乎天地之间则备矣。夫乾，其静也专，其动也直，是以大生焉；夫坤，其静也翕，其动也辟，是以广生焉。广大配天地，变通配四时，阴阳之义配日月，易简之善配至德。

【讲解】 易理多么广大无比啊！用言语来描述它的深远，那深远则邈无止境；用言语来宣说它的切近，那切近则精微、洁静、中正而没有邪私；用言语阐述它的存在与运化，它以阴阳之气的变演充盈于天地之间，莫不完备。所谓乾阳之气即乾男，宁静之时其形团团，阳气含藏，发动之时其形刚直，直遂不挠，所以有原生的功能。所谓坤阴之气即坤女，宁静之时闭合含藏，兴动之时其形开辟，所以有广生的功能。易理的广大、深远，可以与天地相匹配；易理的变化、交通，可以与四时相匹配；阳刚、阴柔的彼此宜合，可以与日月相匹配；平易、简易的善美品性，可以与至高无上的道德相匹配。

解读这一章，关键在领会关于乾坤动静直专翕辟一段论述的意思。

李鼎祚《周易集解》引宋衷："乾静不用事，则清静专一，含养万物矣。动而用事，则直道而行，导出万物矣。一专一直，动静有时，而物无夭瘁，'是以大生'也。""坤静不用事，闭藏微伏，应育万物矣。动而用事，则开辟群蛰，敬导沉滞矣。一翕一辟，动静不失时，而物无灾害，'是以广生'。"这一解说，将乾坤之属性与万物随时而变联系在一起，富于哲学意味。然而，这里乾坤的意义其实并非如此广泛，它实际专指人的生殖和合。

《系辞下》云："乾，阳物也；坤，阴物也。"乾坤即指男女人体的阳物和阴物。专，《经典释文》作抟，通团。翕，闭。辟，开。因而这一段《易传》名言的大意是说：阳物处静之时，其形团团，处动之时，直遂不挠，其功能在于大生（大，太之本字，原始、本始之义）；阴物是静闭而动开的，其功能在于广生。陈梦雷《周易浅述》："乾坤各有动静。静体而动用，静别而动交也。直专翕辟，其德性功用如是，以卦画观之亦然。"

这一章从人之生殖、生命的角度，继续论述易理的人文意蕴——生。生生之易，原于乾、坤二卦。

第七章

子曰："易其至矣乎！夫易，圣人所以崇德而广业也。知崇礼卑，崇效天，卑法地。天地设位，而易行乎其中矣。成性存存，道义之门。"

【讲解】 孔子说：易理是至极（至真、至善、至美）的道理！易理的功用，在于圣人以崇高的道德人格扩充、发展其伟大的功业。智以崇高为贵，礼则重在谦卑。崇高的智仿效天道，谦卑的礼效法地道。天地本然创设了人间的伦理品位、等级与秩序，易理贯穿、运化于其中。不断地尊崇易理而生成崇高的人格德性，这是大张道义的门径。

"子曰"，《易传》凡三十一见。北宋以前，古人尊信《易传》为孔子所撰。纬书《乾坤凿度》称孔子"五十究《易》，作《十翼》明也"。北宋欧阳修《易童子问》始疑《易传》为孔子所撰。笔者认为，《易传》所记孔子言论，可能是孔子生前对《周易》的若干意见，后来儒生据口授或简录，经过数代相传而辑录在《周易》大传之中。当然，有些也可能是孔子后学的讹传或伪托。

知崇礼卑，《周易集解》引虞翻："知谓乾，效天崇；礼谓坤，法地卑也。”成性存存，《周易本义》：“天地设位而变化行，犹知礼存性而道义出也。成性，本成之性也。存存，谓存而又存，不已之意也。”

这一章尤为简短。引述孔子言以印证易理与人格修养之关系，且以知崇礼卑、成性存存为要。易道之要，崇德修业而参天地。

第八章

圣人有以见天下之赜，而拟诸其形容，象其物宜，是故谓之象。圣人有以见天下之动，而观其会通，以行其典礼，系辞焉以断其吉凶，是故谓之爻。言天下之至赜，而不可恶也。言天下之至动，而不可乱也。拟之而后言，议之而后动，拟议以成其变化。

【讲解】 上古圣人发现天地万物的存有繁复、杂乱而幽微，从而模拟、形容、比类，以与事物之理合宜的方式加以象征，所以称之为象。圣人发现天地万类的运化生生不已，从而观悟其会合、通变，为的是畅行它的典则与义理，在爻符之后各系文辞以判断它的吉凶，所以称之为爻。言述天下最为深奥、玄微的道理而不会感到厌恶；宣说天下至为错综繁复的变动而不会感到惑乱。先是以物象比类、拟譬，而后系文辞，言述易理，观象玩辞；先是议论、审视占筮结果，而后有所行动。观变玩占而比拟、审议，就能成就、把握天下万类变化的大道。

圣人，指上古传说中的伏羲。赜，《周易集解》作啧，深微、玄奥之义。典礼，《周易正义》作典法礼仪解，《周易折中》引《易纂言》称，此为“圣人见天下不一之动，而观其极善之理，以行其事；见理精审，则行事允当也”，可释为典则义理。《周易正义》："言，则先拟也；动，则先议也。则能成尽其变化之道也。"

"鸣鹤在阴，其子和之；我有好爵，吾与尔靡之。"子曰："君子居其室，出其言善，则千里之外应之，况其迩者乎？居其室，出其言不善，则千里之外违之，况其迩者乎？言出乎身，加乎民；行发乎迩，见乎远。言行，君子之枢机。枢机之发，荣辱之主也。言行，君子之所以动天地也，可不慎乎？"

"同人，先号咷而后笑。"子曰："君子之道，或出或处，或默或语。二人同心，其利断金。同心之言，其臭如兰。"

"初六，藉用白茅，无咎。"子曰："苟错诸地而可矣。藉之用茅，何咎之有，慎之至也。夫茅之为物薄，而用可重也。慎斯术也以往，其无所失矣。"

"劳谦，君子有终，吉。"子曰："劳而不伐，有功而不德，厚之至也。语以其功下人者也。德言盛，礼言恭。谦也者，致恭以存其位者也。"

"亢龙有悔。"子曰："贵而无位，高而无民，贤人在下位而无辅，是以动而有悔也。"

"不出户庭，无咎。"子曰："乱之所生也，则言语以为阶。君不密则失臣，臣不密则失身，几事不密则害成。是以君子慎密而不出也。"

子曰："作《易》者其知盗乎？《易》曰：'负且乘，致寇至。'负也者，小人之事也。乘也者，君子之器也。小人而乘君子之器，盗思夺之矣。上慢下暴，盗思伐之矣。慢藏诲盗，冶容诲淫。《易》曰'负且乘，致寇至'，盗之招也。"

【讲解】 中孚卦九二爻辞说，雄鹤在背阳向阴之处鸣叫，雌鹤与它和鸣；筮得的结果是，我备有美酒佳酿，与你共醉一场。

孔子对此的发挥是，君子居住在家里，说话与人为善，那么千里之外也会有人响应，何况他身边的人呢？居住在家，说话的意思不善美，那么千里之外也会有人违逆，何况他身边的人呢？说话要设身处地，才能加善于百姓；做事要考虑百姓需要而从身边做起，好的影响才能传到千里之外。善美的言论与行为，是君子崇高人格的关键。这关键的发动，决定道德人格的荣耀或是屈辱，高显或者卑下。君子有崇高、善美的言行，所以能够感天动地。在这一点上，难道可以不慎重吗？

同人卦九五爻辞说，旅人在外，见到雷火烧毁鸟巢，先痛哭流涕而后欢笑。孔子的发挥是，君子所践履的处世为人之道，或者对外用以治理天下，或者对内用以道德自律，或者保持静默沉潜之心，或者对世事发表言论见解而都和同于人。两人同心同德，好比利刃能够斩断金属。用意相同、意思投契的言述，好比兰花一般幽香清馨。

大过卦初六爻辞说，筮遇初六，以白色茅草铺垫，没有咎害。孔子的发挥是，如果放置于地也可以，用茅草作铺垫，又有什么咎害？这是敬慎到家了。茅草作为兆象，又居于初六，是卑贱的象征，可是它的功用是应该重视的。敬慎地施行这一法术（巫术）来决定行动，没有什么错失。

谦卦九三爻辞说，筮遇九三，不居功自傲，君子终有好报，吉利。孔子的发挥是，劳苦功高却不自我夸耀，不居功自恃，这是忠厚道德的极致。“劳谦”云云，也便是以他的功劳之大却甘居于人后。君子仁德盛大，守礼谦恭。对人谦和，是致力于修德行谦以保持伦理的等级、品位。

乾卦上九爻辞说，筮遇上九，飞到极高处的龙，占得的结果必为错悔。孔子的发挥是，身份尊贵却其位无当，地位高显而没有天下百姓拥戴，贤明君子居处下位而无辅佐，所以上九象喻盲目妄动而必有错悔。

节卦初九爻辞说，筮遇初九，不出家门，没有咎害。孔子的发挥是，危乱之所以发生，祸从口出，是从乱说话开始的。君王考虑政事不周密，就会丧失臣下的拥戴。臣下考虑问题不周密，就会招致杀身之祸。从占得吉凶之兆的筮事考虑，推断不周密，就会造成咎害。因此，君子的思虑与言行，只能谨慎周密而不应逾越一定的界限。

孔子说，创作《易》卦的人大概知道强盗抢劫的事吧?《周易》解卦六三爻辞说携带贵重之物乘车而行，招致强盗前来抢劫。用身子负载重物，是小人的事。所乘载的车，本是君子所施用的器具。然而，小人却背负重物乘坐在君子的车上，强盗就想来夺取它。治理国家的道理也是如此。居于上位的君王骄慢懒惰，下民百姓就会施暴逞强，强盗便图谋不轨，乘机侵伐。有财物而不好好收藏、玩忽职守，等于让强盗来抢夺；有姿色而打扮妖冶，这便招致淫者。《周易》说携带贵重之物乘车而行，招致强盗前来抢劫，说明强盗抢劫是被抢者自己招来的。

阴，今本《周易》本经无阳字，仅此一阴字①，指背阳之处。阳光照不到的地方为阴。可见一般而言，本经辞文并无哲学意义的阴阳观念。迄今所见甲骨文，未检索到阴字，金文阴写作[illegible]（《平阴币》）、[illegible]（《大阴币》）、[illegible]（《古鉢岳阴都司徒》）。子，此

① 今本《周易》本经夬卦卦辞有"扬于王庭"之言。扬与阳均从昜，字根同一，似宜看作阳的派生字。帛书《周易》"扬于王庭"作"阳于王庭"。

指雌鹤。古时子义有六。一、男性尊称、美称，如孔子、老子。二、引申为尊者，如子墨子。三、天干地支的地支之首。子时，指当日二十三时至次日一时。四、一般人的泛称，《荀子·王霸》："谁子之与也。"杨倞注："谁子，犹谁人也。"五、姓。六、儿子，兼指女子。《论语·公冶长》："以其兄之子妻之。"此子义为女子。"其子和之"的子，由本义女子引申为雌鹤。"其子和之"的和，交和义。爵，饮酒器，引申为酒。靡，倒地，此引申为醉倒。枢机，枢为门轴，机为弩机，关键。臭，气也。错，措之假借。"劳谦"的劳，功劳。

"慎斯术也以往"一句，释为敬慎地施行这一法术（巫术）来决定有所行动，是因孔子此言是对大过卦初六爻辞的发挥。该爻辞所言"藉用白茅，无咎"，指以白茅铺垫在祭品之下，没有咎害。祭祀在古时是一种巫术，为的是趋吉避凶。因此这里所谓术，并非泛指理念意义上的道，而专指巫术之道。《周易集解》引侯果说，术，道也，《经典释文》从之，当注意。"劳而不伐"的伐，犹夸也。朱熹《周易本义》云："'德言盛，礼言恭'，言德欲其盛，礼欲其恭也。"高亨《周易大传今注》注云："言读为焉，犹则也。"可参。"君不密则失臣，臣不密则失身"的密字，多释为机密，可商。密，周密、慎密之义，后文所言"慎密"可为佐证。慎密，《系辞》原词，不同于缜密。"几事不密则害成"的几字，机之本字，恐不应从机释几。几，繁体幾，从丝，幽微之兆，指吉兆、凶兆的蛛丝马迹，即事物变化之始，《周易集解》引虞翻："几，初也。""负且乘"的乘，动词，乘载；"乘也者"的乘，名词，车子。慢，骄慢，懒惰义。

这一章述说卦爻之寓义。从拟取物象，作爻符以显事理之赜，到以孔子发挥爻例七则，论证易象的象喻功能。《系辞下》云："易者，象也。"象为易理根本之一。在人文思维上，易象属于类比，即所谓"拟诸其形容，象其物宜"也。

第九章

天一地二，天三地四，天五地六，天七地八，天九地十。天数五，地数五，五位相得而各有合。天数二十有五，地数三十。凡天地之数五十有五。此所以成变化而行鬼神也。

【讲解】 这一章讲述《周易》古筮法。朱熹《周易本义》说这一段"本在第十章之首。程子曰：'宜在此。'今从之"。不仅程颐，张载、陈梦雷等都以为此段文字应放在第九章之首。因为这里所谓天地之数，作为筮法的"大衍之数"，即使不能说源于河图，至少可以说与河图之数相应。《周易本义》："此言天地之数，阳奇阴偶，即所谓河图者也。其位一六居下，二七居上，三八居左，四九居右，五十居中。就此章而言之，则中五为衍母，次十为衍子。次一二三四为四象之位，次六七八九为四象之数。"朱熹所言是。拙著《巫术：〈周易〉的文化智慧》曾经指出："将这一段移在'大衍之数'一语之前。这从《周易》古筮法的内在联系看是恰当的。因为《周易》占筮是在所谓'大衍之数'的基础上进行的，在介绍具体占筮方法与过程前，应先解释一下什么是'大衍之数'。"（第128页）

此段大意为：天数一，地数二；天数三，地数四；天数五，地数六；天数七，地数八；天数九，地数十。天数有五个：一、三、五、七、九；地数有五个：二、四、六、八、十。以一六、

二七、三八、四九、五十这五组天地（奇偶）之数相配相得，而各自耦合。五个天数（奇数）之和为二十五,五个地数（偶数）之和为三十。天数之和与地数之和相加，便是天地之数，共计五十有五。这便是《周易》古筮法本身所包含而且在占筮操作过程中，通过筮数的运演而显现的兆象的神秘变化、命运不测。

《周易集解》引虞翻："五位谓五行之位。甲乾、乙坤相得合木，谓'天地定位'也。丙艮、丁兑相得合火，'山泽通气'也。戊坎、己离相得合土，'水火相逮'也。庚震、辛巽相得合金，'雷风相薄'也。天壬、地癸相得合水，言'阴阳相薄'而'战于乾'。故'五位相得而各有合'。或以一六合水，二七合火，三八合木，四九合金，五十合土也。"五行，最早出现于《尚书·甘誓》与《洪范》。前者云"有扈氏威侮五行，怠弃三正"；后者称"鲧堙洪水，汩陈其五行"，"五行：一曰水，二曰火，三曰木，四曰金，五曰土"。《洪范》关于五行的记载与解说，是相当晚近的。刘节《洪范疏证》称《洪范》篇出于战国，几为定论。《荀子·非十二子》曾讥评思、孟，称"案往旧造说，谓之五行"。杨倞注："五行，五常。仁义礼智信是也。"这是五行说的伦理学解读。与荀子大致同时的邹衍有阴阳五行说,《史记·封禅书》言"驺子之徒，论著终始五德之运"。五德，即五行金、木、水、火、土。终始五德，即以五行相克之说解释朝代更替的规律，此亦《吕氏春秋·有始览》所谓木气克土气、金气克木气、火气克金气、水气克火气、土气克水气。天地之数五十有五，指（1+6）+（2+7）+（3+8）+（4+9）+（5+10）=55，"五十有五"称"天地之数"，是天数加地数的筮数之和的缘故，其功用为"成变化而行鬼神"。汉易以一、二、三、四、五为生数，六、七、八、九、十为成数。五十五为生数、成数之和，象喻天地生成于数。

大衍之数五十，其用四十有九。分而为二以象两，挂一以象三，揲之以四以象四时，归奇于扐以象闰。五岁再闰，故再扐而后挂。

【讲解】 拙著《巫术：〈周易〉的文化智慧》曾经对《周易》古筮法的操作过程作过研究，录于此，以供参考。

> 占筮开始，取蓍草（一种草本植物，据说可以入药）或筮竹五十根（亦称五十策），随意取出一根不用，象征太极。
>
> ……
>
> 将四十九策用于演算，在左、右手中任意分成两份，左手的一份象征天道（古人以左为上，右为下，故左象天），右手的一份象征地道。比如我们现在随意将四十九策分为25与24两份，则现在占筮操作过程的发展态势为：
>
> 50–1=49，1，象征太极。
>
> 49=25+24；
>
> 25（左，天），24（右，地），1（太极）。
>
> 再从右手所持蓍草（或筮竹）总数中任意取出一策，夹在左手的小指与无名指之间，象征人道。这样，双手所持的筮策为三类，即象天、象地、象人，这在《周易》大传，所谓"三才"之"道"也。
>
> 50–1=49，1（太极）。
>
> 49:25（左，天），24（右，地）–1=23，1（太极），1（左，人）。
>
> 以四根筮策为一组，先用右手一组一组地分左手所持的筮策；再腾出左手分原先右手所持的筮策，便产生了这样的一种局面……每只手里的筮策必有余数，一共可有四种情况，或余1，

或余 2，或余 3，或余 4。

25（左，天）=（4×6）+1；24（右，地）–1=23=（4×5）+3。

这说明左手筮策被分数了六次，余数为 1；右手筮策被分数了五次，余数为 3。

再把左手筮策余数，扐（勒）于即夹在左手中指与无名指之间，这余数象征阴历闰月，称为“归奇于扐以象闰”。古代历法规定五年之内有两次闰月，所以说，“五岁再闰”。同时，把右手筮策余数夹在左手中指与食指之间，其余数也象征闰月，称“故再扐而后挂”。（第 133—135 页）

到此，算卦远未结束。这里值得注意的是，前文称“天地之数五十有五”即“大衍之数”，而后文又说“大衍之数五十”，是什么缘故呢？

金景芳《学易四种·易通》说：“当作‘大衍之数五十有五’，脱‘有五’二字。”（吉林文史出版社，1987 年，第 56 页）可从。这种文字的脱写，大约早在春秋战国已经如此，否则《易传》便不会说“大衍之数五十”了。“大衍”之大，原始，本始；衍，演也。古人为解读这“五十”，可谓费尽心机。《汉书·律历志》云：“是故元始有象一也，春秋二也，三统三也，四时四也，合而为十，成五体。以五乘十，大衍之数也。”《周易正义》引马融：“易有太极谓北辰也，太极生两仪，两仪生日月，日月生四时，四时生五行，五行生十二月，十二月生二十四气。”《周易本义》：“大衍之数五十，盖以河图中宫天五乘地十而得之。”凡此，都是在误以为“大衍之数”原本“五十”的前提下作出的解读。然而这种脱写为“其用四十有九”留下一策不用而象征太极找到了合理解说。象两，象征两仪即天地。挂一，《周易集解》引孔颖达："就两仪之中，分挂其一于最小指间。"三，三才，亦称三极，指天、地、人。揲，音 shé，《经典释文》释为数。《周易集解》引崔憬："分揲其蓍，皆以四为数。"扐，音 lè，归奇于扐，《周易集解》引虞翻："奇，所挂一策。扐所揲之余，不一则二，不三则四也。取奇以归扐，扐并合挂左手之小指，为一扐。"五岁再闰，《周易浅述》："一年十二月，气盈六日，朔虚六日，共余十二日。三年则余三十六日。分三十日为一月，又以六日为后闰之积，其第四、第五年又各余十二日，以此二十四日凑前六日，又成一闰。此是五岁再闰也。"

乾之策二百一十有六，坤之策百四十有四，凡三百有六十，当期之日。二篇之策，万有一千五百二十，当万物之数也。是故四营而成《易》，十有八变而成卦，八卦而小成。引而伸之，触类而长之，天下之能事毕矣。

【讲解】 在演卦过程中，乾卦作为纯阳之卦，它的每爻都是老阳九，所以，以三变定一爻，所剩筮策数 36 乘以 6（六爻），它的总策数是 216；坤卦作为纯阴之卦，它的每爻都是老阴六，所以，以三变所剩筮策数 24 乘以 6（六爻），它的总策数是 144。乾、坤两卦的总策数，共计 360，相当于象征一年三百六十五日。《周易》上、下经作为"二篇"的总策数，共计 11520，象喻天下万物。所以，通过分二、挂一、揲四与归奇这四个操作过程，就能够完成演卦的"一变"。经三变而定一爻，经过十八变就能演绎一卦。八卦由三爻构成，经过九变就能定一个八卦，称为"小成"。由此触类旁通，天下万类的无限事理包罗无遗。

紧接上述筮策演算程序，有一现象值得注意：两手筮策余数，如果左手余一，右手必余三；左手余二，右手必余二；左手余三，右手必余一；左手余四，右手必余四。

四种余策情况中，其对应余策数之和只有两种可能，要么为四，要么为八，没有其他可能。

因此，加上原先夹在左手小指与无名指之间象征人的那一策，不是五策，便是九策。

拙著《巫术：〈周易〉的文化智慧》指出："经过这一番演算之后，再从参加演算总筮数中减去余数和象征'人'的那一策，即去掉五策或者九策，此时，左右手中剩下的总筮数不是四十，便是四十四。49−5=44；49−9=40。到此完成了筮策演算的第一步，用《周易》占筮的术语说，叫做'一变'。"（第 135 页）

第二步，以剩下的筮策总数四十或四十四，拿出一策，象征人，按照第一变操作规程再做一遍。此时，双手筮策余数，如左余一，右必余二；左余二，右必余一；左余三，右必余四；左余四，右必余三。加上原先象征人的那一策，不是四策，便是八策。再以一变之后所剩总筮策数四十或四十四各减去四或八，必有四十、三十六、三十二这三种结果。

第三步，亦即第三变，其操作程序与二变同。结果所剩总筮策数有四种情况，即三十六、三十二、二十八、二十四。

再以四个筮数运演的结果分别除以四，可定一卦初爻。

36 ÷ 4=9（老阳 ━）

32 ÷ 4=8（少阴 ╍）

28 ÷ 4=7（少阳 ━）

24 ÷ 4=6（老阴 ╍）

由于一卦的每一爻都必须经过三变才能得以确定，因此要经过十八变才能定出一卦，这便是所谓“十有八变而成卦”。十八变，表示变化之繁、之奇。十八这个数，在汉语中使用率很高，如十八般武艺、十八相送、十八盘、胡笳十八拍、毛头姑娘十八变、十八层地狱等，都与《周易》演卦十八变相系。

八卦由三爻构成，从演卦看，须经九变，所以说“八卦而小成”。演卦以验吉凶，万事万物都可以在演卦之中验定，这是古人对《周易》算卦的迷信，《易传》的作者认为，从这里引申，触类而旁通，“天下之能事毕矣”。

三变之后，如果所剩筮策数为 36，以 36 除以 4，为老阳九。乾卦为纯阳之卦，其六爻皆为老阳，因而以 36 策乘以 6，凡 216 策；坤卦为纯阴之卦，其六爻皆为老阴，为 6，所以，以 24 策乘以 6，凡 144 策。乾坤两卦象征天地，乾坤卦之策总数为 216+144=360，这便是所谓“乾之策二百一十有六，坤之策百四十有四，凡三百有六十”的意思。

《周易》六十四卦共三百八十四爻，其中老阳、少阳、老阴、少阴各为九十六爻。正如前述，四者分别与占筮程序中所剩筮策为三十六、三十二、二十八、二十四相关。因此，

$36 \times 96=3456$

$32 \times 96=3072$

$28 \times 96=2688$

$24 \times 96=2304$

其总数为：3456+3072+2688+2304=11520

《周易》六十四卦的上经（三十卦）、下经（三十四卦），称为“二篇”，这便是“二篇之策，万有一千五百二十”的意思。在古人看来，这个总策、总筮之数，象喻天下万类无数兆象的无

穷变化，这便是“当万物之数”的意思。

演卦到此，其实还未能算出最后结果。所谓经过三变定一爻又如何定呢？其实每卦六爻中任何一爻，有阳爻（老阳、少阳）、阴爻（老阴、少阴）两种可能。如果不能确定究竟哪一爻是老阳、少阳，老阴、少阴，是不能筮得结果的。关键是，怎么知道筮得的结果是吉还是凶？

这首先由每爻三变的余数与象喻人的那一策究竟是什么筮数而定。

正如前述，这种余数与象征人的那一策之和是有规律可循的，即第一变为9、5，第二变为8、4，第三变为8、4。可以将9、8称为“多数”，5、4称为“少数”。

将9、8、5、4四数中任何三数加以排列组合，可得如下数群：

A　9、8、4；9、4、8；4、9、8；4、8、9；8、4、9；8、9、4；5、9、8；5、8、9；9、5、8；9、8、5；8、9、5；8、5、9……

这里，每个数群中数的排列次序与要得出的结论无关，仅从数的“多”“少”来看，总是呈现“二多一少”的特征，称“少阳”。

B　5、4、8；4、5、8；4、8、5；5、8、4；8、5、4；8、4、5；4、5、9；4、9、5；5、4、9；5、9、4；9、5、4；9、4、5……

仅从数的“多”“少”来看，总是呈为“二少一多”，称“少阴”。

C　5、4、4；4、5、4；4、4、5。

总是呈为“三少”，称“老阳”。

D　9、8、8；8、9、8；8、8、9。

总是呈为"三多"，称"老阴"。

用符号表示，少阳 ━，少阴 ╍，老阳 ○，老阴 ×。

少阳、少阴为不变爻，老阳、老阴为变爻。以数字表示，少阳为七，少阴为八；老阳为九，老阴为六。古人云，"六九变，七八不变"。

假定这次演卦（十八变）定出一卦六爻，其每一爻的余数与象征人的那一策之和所构成的数群排列为：

上：5、8、4（二少一多，少阴 ╍）

五：9、8、8（三多，老阴 ×）

四：9、4、4（二少一多，少阴 ╍）

三：9、4、8（二多一少，少阳 ━）

二：5、8、8（二多一少，少阳 ━）

初：9、8、4（二多一少，少阳 ━）

可将该有序排列的六个数群翻译成一卦，以筮符表示：

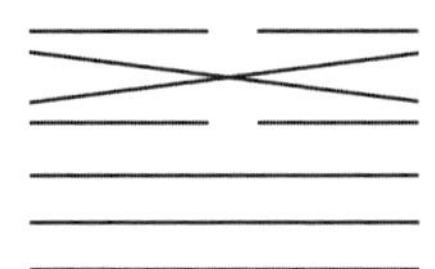

初、二、三爻为不变爻（少阳）；四为少阴，不变爻；五为老阴，变爻；上为少阴，不变爻。这是一个泰卦，乾下坤上之象䷊。

泰卦第五爻为老阴，变爻，阴变阳，就从泰卦变为需卦了。用卦符表示：

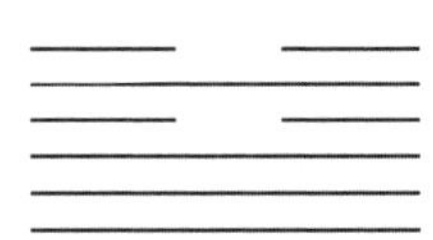

这种演卦的变卦，在先秦筮法中，称为“× 之 ×”。比如这一次演卦，称“泰之需”。泰为本卦，需为之卦。

占筮结果，因为是一爻变，其吉凶休咎的占断，在本卦的变爻，即泰六五，可从泰卦六五爻辞求验。该爻辞云：“帝乙归妹，以祉，元吉。”可见这是一个吉爻。如果你想求问的正是自己未来的婚配前途，可以说“大吉大利”了。如果并非求问婚姻事宜，那也不要紧，反正泰卦这一爻变为吉，而且是元吉，占筮者一定会作圆通之解，让你满意。所以说，占筮实际是一种“游戏”。

这里需要说明的是，十八变确定一卦之后，无论有没有变爻出现，一共有七种情况，即一个爻变、两个爻变、三个爻变、四个爻变、五个爻变、六个爻变、六个爻皆不变。朱熹《易学启蒙》作了一个规定，称变占之法：“一爻变，则以本卦变爻辞占”；“二爻变，则以本卦二变爻辞占，仍以上爻为主”；“三爻变，则占本卦及之卦之《彖辞》，而以本卦为贞，之卦为悔”；“四爻变，则以之卦二不变爻占，仍以下爻为主”；“五爻变，则以之卦不变爻占”；“六爻变，则乾、坤占二用（引者按：指用九、用六），余卦占之卦《彖辞》”；“凡卦六爻皆不变，则占本卦《彖辞》，而以内卦为贞，外卦为悔”。

这种规定，自然没有什么“科学”依据，是传统易学观使然。

那么，古人又凭什么称老阳、老阴为变爻，少阳、少阴为不变爻？所谓“六九变，七八不变”，有什么依据？

古人的占筮观念，首先是与天时观念联系在一起的。占筮重“时”，称为时机、时运。占筮演卦本是一种人为操作程序，由于数理关系，其可能性、可变性可以说无限多样，而时的变化在古人看来是不可捉摸、无限神秘的。以春、夏、秋、冬四时言，即春为少阳（七）、夏为老阳（九）、秋为少阴（八）、冬为老阴（六）。四时的运行规律为：从春到夏，从少阳到老阳，从七到九，从阳气渐盛到阳气极盛而趋老，仅气性程度渐变而气性本身未变，因而少阳（七）为不变爻；从夏到秋，从老阳到少阴，从九到八，从阳气极盛而老到阴气渐盛，由阳而阴，气性本身已变，因而老阳（九）为变爻；从秋到冬，从少阴到老阴，从八到六，从阴气渐盛到阴气极盛而趋衰，仅气性程度渐变而气性本身未变，因而少阴（八）为不变爻；从冬到春，从老阴到少阳，从六到七，从阴气极盛而衰到阳气渐盛，由阴到阳，气性本身已变，因而老阴（六）为变爻。四季时令的演替，是《周易》算卦关于变爻、不变爻的神秘天文理念依据。

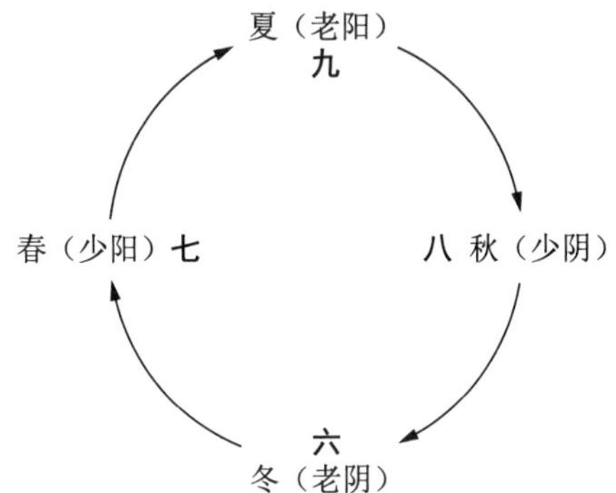

保存于《易传》的《周易》古筮法，内容比较繁杂却尤为重要。学《易》须懂占筮之法。从这一古筮法分析，其程度相当完备，都是数与数的运演，应该说是有些理性的，然而古人关于数的理念，首先是将其认作劫数，一种命中注定的具有神性的自然力量，其人文观念是非理性的。

"大衍之数"的数，首先指命数，又指蓍数。"其用四十有九”，意味着留下一策“不用”。不用者，体也，指太极。古筮法未言太极，而《系辞上》下文云：“是故易有太极，是生两仪，两仪生四象，四象生八卦，八卦定吉凶，吉凶生大业。”可见不用者即为太极。太极在占筮中是无比重要的，可以说是所谓占筮灵验的本原、本根。《周易正义》：“五十之内去其一。”象太一也。此太一即太极。策，本指筮策，算卦用具，算卦以定吉凶，判是非，决犹豫。上古凡事皆占，以算策为要。后代有政策、策略、策反、策动等词。策与册通，《周易集解》作册。四营，《周易集解》引荀爽：“营者，谓七八九六也。”又引陆绩：“分而为二以象两，一营也；挂一以象三，二营也；揲之以四以象四时，三营也；归奇于扐以象闰，四营也。谓四度营为，方成易之一爻者也。”营，经营，此指演卦。触类而长之，《周易正义》：“谓触逢事类而增长之。若触刚之事类，以次增长于刚；若触柔之事类，以次增长于柔。”

显道神德行，是故可与酬酢，可与祐神矣。子曰：“知变化之道者，其知神之所为乎？”

【讲解】《周易》这部经典，通过筮符、文辞与算卦，体现出天下万类、命运的神秘、神奇的变化之道与高尚的道德、践行。因此，可以通过《周易》占筮应对命运的挑战，求得神灵的保佑。孔子说，懂得万类变化根本道理的人，知道巫术占筮是神秘、神妙的本然之化而非人力所为。

变化之道，此指巫术占筮意义上的变化，有“阴阳不测之谓神”之义，并非是哲学意义上的。韩康伯注：“夫变化之道，不为而自然，故知变化者，则知神之所为。”自然，指巫学而并非如《庄子》哲学意义上的自然，如释为自然规律则欠妥。知变化者，指巫而非哲人。巫，通神者也，故曰“知神之所为”。

这一章，论天地大衍之数与占筮之法。先说天地之数，次述筮策之数，再言卦画之数，综论占筮求卦之妙，其要旨在于与象相系的数。

第十章

《易》有圣人之道四焉：以言者尚其辞，以动者尚其变，以制器者尚其象，以卜筮者尚其占。

【讲解】《周易》所说的圣人之道有四个方面：用《周易》指导自己如何学会说话时，所崇尚的是它的文辞；以《周易》引导自己践行时，所看重的是它传达的变化之道；制造器物时，推崇《周易》的卦爻之象；从事卜筮时，将《周易》的占筮之术放在首位。

有注解将“四”释为四种人，以为“言者”“动者”“制器者”与“卜筮者”是四种人从“圣人之道四”各取所需，有误，误在人为割裂圣人之道的四个方面。

是以君子将有为也，将有行也，问焉而以言。其受命也如响，无有远近幽深，遂知来物。非天下之至精，其孰能与于此？参伍以变，错综其数。通其变，遂成天地之文。极其数，遂定天下之象。非天下之至变，其孰能与于此？

【讲解】 因此，君子在有所作为之前，通过《周易》占问吉凶休咎，用以指导自己的言行。《周易》就能起而响应、接受占筮的请命，不管所占的事是远是近，所问的道理多幽微深奥，都能如愿以偿，知断人的未来命运与事物的发展趋势。不是蕴含了普天下极为精微、深幽的根本原理，还有什么能够做到与《周易》一样？算卦时，天数五即一、三、五、七、九，与地数五即

二、四、六、八、十，阴阳、奇偶互为结构，作为大衍之数显现变化之道，错综复繁地运演筮数，观变阴阳，会通奇偶，就能显现天地万类的相应相美。穷尽筮数的变化与底蕴，就能判定天下万类的兆象。《周易》囊括天下万类极其复杂的变化之理，还有谁（什么）能够如此呢？

其受命也如响，《周易正义》："谓蓍受人命，报人吉凶，如响之应声也。"参伍以变，错综其数，皆谓揲蓍求卦之事。参，三，多之义，多则杂。伍，五，此指天数五、地数五。文，《周易集解》引虞翻："变而通之，观变阴阳始立卦，乾坤相亲，故成天地之文。"

易无思也，无为也。寂然不动，感而遂通天下之故。非天下之至神，其孰能与于此？夫《易》，圣人之所以极深而研几也。唯深也，故能通天下之志。唯几也，故能成天下之务。唯神也，故不疾而速，不行而至。子曰"《易》有圣人之道四焉"者，此之谓也。

【讲解】 易占本为自然，不关心虑，并非人力有意为之。易理恒变，这种恒变的易理无思无为，是不变的，一副静寂的样子，因为阴阳交感，所以能会通天下万类之理。《周易》占筮弥纶天地之道，囊括天下万类神秘、神妙的变化，试问还有谁（什么）能够如此呢？说到《周易》这本书，圣人之所以能够凭它穷究深奥的易理，研求见微知著的兆象，唯因其道理深奥，因而能融通天下百姓的性德与意志；唯因其把握见微知著的兆象，所以能成就天下万类；唯因其神秘神妙，才能做到看似不紧不慢、不费吹灰之力而万事一蹴而就，好像没有什么行动而大功告成。孔子说《周易》所说的圣人之道有四个方面，这便是了。

易无思、无为的易，指易筮。《周易本义》："易，指蓍卦。

无思、无为，言其无心也。”寂然不动，指易理恒变本身不变而寂然，与所谓动中有静有别。天下之故，《周易正义》释故为事，可从。研几，《经典释文》引郑玄：“几，微也。”指兆。幽微之几即为兆。天下之务，《周易集解》引虞翻：“务，事也。”

这一章说《周易》算卦、占筮的功用。以为易筮本乎自然，有至精、至变、至神三性，称圣人有“四尚”，即尚辞、尚变、尚象、尚占。

第十一章

子曰：“夫《易》何为者也？夫《易》，开物成务，冒天下之道，如斯而已者也。”是故圣人以通天下之志，以定天下之业，以断天下之疑。

【讲解】 孔子说，《周易》占筮，为什么要取天地之数?《周易》的功用，在于开化民智、成就物务（即揭示事物真谛，确立处世为人、处理事物的方法），揭示包容天下万类的道理，如此而已。所以，圣人通过《周易》占筮，能够融通天下百姓的性德与意志，用以决疑天下万类而选择处世为人的人生道路。

务，事。志，心志。冒，覆盖。业，事业。疑，疑问。夫《易》何为者也，《周易集解》引虞翻：“问《易》何为取天地之数也。”即设问《周易》占筮取天地之数的逻辑依据。开物成务，俞琰《俞氏易集说》认为，物理未定，《易》则明之；事体未定，《易》则定之。《朱子语类》记载的朱熹观点是，作《易》与之筮，使人趋吉避害，以成天下之事，故曰“开物成务”。这里，开物的物，与成务的务对应，统指人与物。冒天下之道，《周易本义》：“谓卦爻既设，而天下之道皆在其中。”

是故蓍之德圆而神，卦之德方以知，六爻之义易以贡。圣人以此洗心，退藏于密，吉凶与民同患。神以知来，知以藏往，其孰能与于此哉？古之聪明睿知，神武而不杀者夫！

【讲解】 所以蓍数的德性，运化无穷，圆融周备，神秘莫测。卦的德性，各有其体，事有定理，吉凶得失，得之于天理自然，这是一种方正不移的智慧。一卦六爻的意义，因象喻时运、时机的变易而将吉凶休咎告诫于人。圣人通过《周易》占筮，洗涤、净化心灵，无一尘之累，隐退、潜藏于幽密、宁静的地方，无论是吉是凶，都能与小民百姓同赴患难、同享快乐。蓍数的德性，圆融神秘，运化无穷，所以预知未来；六十四卦三百八十四爻各具形质与卦爻之辞，蕴藏着往昔为人处世的经验与智慧，还有谁（什么）可以与它相比呢？只有古代那些像伏羲一样聪明睿智、有神威武力而不事杀伐即可畏服于天下的圣人才能如此啊！

蓍，占卦所用蓍草，此指揲蓍程序，与数不分，因而可释为蓍数。圆，周圆。圆以动，兼指圆满与时运。方，方正。方以静，兼指形器，与静同在。前者为时间概念，后者为空间概念。韩康伯《周易》注：“圆者，运而不穷；方者，止而有分。言蓍以圆象神，卦以方象知也。唯变所适，无数不周，故曰圆；卦列爻分，各有其体，故曰方也。”《周易集解》引崔憬：“蓍之数，七七四十九，象阳圆。其为用也，变通不定，因之以知来物……卦之数，八八六十四，象阴方。其为用也，爻位有分，因之以藏往知事。”贡，韩康伯注：“告也。六爻变易，以告吉凶。”洗心，《周易集解》作先心，韩康伯注：“洗濯万物之心。”《周易本义》：“圣人体具三者（引者按：指蓍、卦、爻）之德，而无一尘之累。"退藏于密，韩康伯注："言其道深微，万物日用而不能知其原，故曰'退藏于密'，犹'藏诸用'也。"《周易浅述》："退藏于密者，寂然未动，人莫能窥，非有意藏之也。"这是指易道本身的性德。然而圣人与易道合其德，否则无以为圣人。此兼指圣人人格的隐潜、静淡与深邃。聪，耳听；明，目视；睿，深明；知，智慧。杀，杀伐、残暴。《周易正义》："易道深远，以吉凶祸福威服万物。故古之聪明睿知神武之君，谓伏羲等，用此易道能威服天下，而不用刑杀而畏服之也。"

是以明于天之道，而察于民之故，是兴神物以前民用。圣人以此斋戒，以神明其德夫！

【讲解】 所以，圣人明了天运之则，晓察百姓事务，便兴动（建立）神秘、神妙的蓍筮，引导天下百姓施用。只有圣人才能通过蓍筮洗心防患，湛然肃然，以蓍筮的洞明智慧烛照自身的完美性德啊！

《周易本义》："神物，谓蓍龟。湛然纯一之谓斋，肃然警惕之谓戒。明天道，故知神物之可兴；察民故，故知其用之不可不有以开其先。是以作为卜筮以教人，而于此焉斋戒以考其占，使其心神明不测，如鬼神之能知来也。"朱熹此解，有理学的意趣。韩康伯注云："洗心曰斋，防患曰戒。"故，事。前，导。

是故阖户谓之坤，辟户谓之乾。一阖一辟谓之变，往来不穷谓之通。见乃谓之象，形乃谓之器。制而用之谓之法，利用出入，民咸用之谓之神。

【讲解】 所以门户关闭象喻坤道，门户开辟象喻乾道。坤乾一闭一开，称之为时运变化。坤地乾天，阴阳变化，往来无穷，称之为会通。事物的形器与运变，显现于心灵，称之为意象；事物的形体与运动，称之为器具。把握控制而施用它，称之为圣人体道修为之方法。圣人制器传道，反复地供百姓施用，百姓都不明白易占、易理的来龙去脉，称之为神秘神妙。

《周易集解》引虞翻："阳变阖阴，阴变辟阳，刚柔相推，而生变化也。"《周易正义》："阖户，谓闭藏万物，若室之闭阖其户。""辟户，谓吐生万物也，若室之开辟其户。"见，《周易集解》引荀爽："谓日月星辰，光见（现）在天而成象也（引者按：在天成象）；万物生长，在地成形可以为器用者也（在地成形）。"引申之，天地万类的存在与运动，显现在人之心灵的意象，便是人文、心理意义的象。象即意象，指心灵表象、图景、轨迹或氛围。象是主观性的，是主体与客体、心灵与形器间所发生的心理成果。在天者可成象，在地者也可成象，只是大地万物近于人可被触摸，故曰"在地成形"。只要被主体（五官）所感觉到，天地万类都可以成象。

是故易有太极，是生两仪，两仪生四象，四象生八卦，八卦定吉凶，吉凶生大业。

【讲解】 所以易占、易理，有太极作为本原。太极生成天地阴阳。天地生成四象，即太阳、太阴、少阳、少阴，便是四时春、夏、秋、冬。四象生成八卦即天、地、雷、风、水、火、山、泽。八卦施用于易占，可以判定吉凶休咎。吉凶休咎判定，就可成就根本大业。

太极之太，本始、原始之义。两仪，天地、阴阳。仪，外在形貌。俞琰《俞氏易集说》："仪也者，一阴一阳对立之状也。《尔雅》云：'仪，匹也。'谓其阴阳相并也。"可见，仪在此处指阴阳相并、相应的天地之外在形貌。四象，《周易集解》引虞翻释为四时。两仪，即天地，天阳为⚊，地阴为⚋。四象由两仪所生，为太阳⚌（夏）、太阴⚏（冬）、少阳⚎（春）、少阴⚍（秋）。《周易本义》："两仪者，始为一画，以分阴阳。四象者，次为二画，以分太少。"

关于这一节，易学界多以为是哲学意义上的太极生成论，实欠妥。其实这里主要指易占，体现了文化学意义上的易占，向哲学意义的人文理念的嬗递。太极，原指"大衍之数五十，其用四十有九"所留下不用的那一策，为易占之体，而非用，有决定易占灵验、成败的本原（原型）意义。易占如无太极，便不会有易占本身。古人设此一策以象太极，在人文理念上，便是为易占预设了一个逻辑原点。由于这一原点，才推动两仪、四象、八卦直至六十四卦的生成、裂变。因而在此有关生成过程的思辨中，蕴含着从文化学趋向于哲学意义的宇宙生成论。通行本《老子》所说的道，倘以数字表达，便是零（无）。此即"道生一,一生二,二生三,三生万物"的道。《系辞上》所言的太极，用数字表示，便是一。有人认为,《系辞上》所说的太极，即《老子》所谓道，恐未妥。

是故法象莫大乎天地，变通莫大乎四时，县象著明莫大乎日月，崇高莫大乎富贵，备物致用，立成器以为天下利，莫大乎圣人。探赜索隐，钩深致远，以定天下之吉凶，成天下之亹亹者，莫大乎蓍龟。

【讲解】 所以，除了天地之象，没有更原本、更伟大的对象可供效法；除了春、夏、秋、冬四时的运变，没有更原本、更伟大的变化与会通；除了日月之象，没有更原本、更伟大的光明悬挂在苍穹；除了君王地位尊显富贵，没有什么更为崇高的；除了圣人人格，没有什么比广备天下之物为民所用而设立天下之器具、成就天下之功利更为原始伟大的了；除了蓍筮龟卜，没有其他什么可以探寻天地万类的繁杂、幽隐与深邃，没有其他什么可以探究事物的深远，没有其他什么可以判定天下万事万物与人的命运吉凶，也没有其他什么可以成全天下人类勤勉不已的心志与伟业的了。

县，悬。著，明。上古之时，以穴为居。尔后地面筑以宫室，即高之本义。《周礼·考工记》："堂修七寻，堂崇三尺。"此崇，即堂之基高。崇、高互训。《尔雅·释山》："嵩高为中岳。"中岳指嵩山。嵩高即崇高。嵩、崇互训。中国古时崇高观，源自山岳崇拜。富贵，富有天下，贵为天子。笔者以为：富者，有钱；贵者，有权。有钱有权即富贵即崇高，完全不是悲剧美学意义上的崇高。

是故天生神物，圣人则之；天地变化，圣人效之；天垂象，见吉凶，圣人象之；河出图，洛出书，圣人则之。《易》有四象，所以示也。系辞焉，所以告也。定之以吉凶，所以断也。

【讲解】 所以天生神蓍灵龟，圣人遵循它；天地四时运化周行，圣人仿效它；天象悬垂，显现吉凶的征兆，圣人象拟它；黄河现出龙图，洛水显示龟书，圣人以它为准则而创构河图、洛书。《周易》的少阳、老阳、少阴、老阴四象，表示春、夏、秋、冬四时。在卦爻筮符的后面系以文辞，以此告诫吉凶休咎。吉凶的结果占定以后，就可判断为人处世的方略了。

神物，指前文所说"莫大于蓍龟"的蓍龟。传说伏羲时代龙马出于黄河，其身有纹样，伏羲取法；夏禹时代有神龟现于洛水，其背有图象，夏禹效法。河出图，洛出书，在古人看来是一种吉兆祥瑞，这是巫术理念的典型表现。《周易集解》引郑玄："《春秋纬》云：'河以通乾，出天苞；洛以流坤，吐地符。'河龙图发，洛龟书成。"又引孔安国："河图则八卦也，洛书则九畴也。"四象，所谓阴、阳、老、少。《周易集解》引侯果别有一解："四象，谓上神物也，变化也，垂象也，图书也。"录以备考。

这一章仍为《周易》古筮法专文。言述揲卦布爻的由来，从易筮仪规发明易理，有相当深邃的哲理意蕴。在思维方式上，可以看作从文化向哲理的推移与提升。

第十二章

《易》曰："自天祐之，吉无不利。"子曰："祐者，助也。天之所助者，顺也；人之所助者，信也。履信思乎顺，又以尚贤也，是以'自天祐之，吉无不利'也。"

【讲解】《周易》说，来自上天神灵的佑助，吉祥如意，没有凶险（按：此为大有卦上九爻辞）。孔子发挥这一爻辞说，祐的意思，是辅佐、帮助。被上天帮助的人，一定是顺随天道的；被他人帮助的，一定是诚实守信的。以诚信为道德践履的准则，思考如何顺随天道，又能够推崇贤人人格，所以才能进入来自上天神灵的佑助吉祥如意而没有凶险的境界。

祐，佑，助。《周易本义》称此"释大有上九爻义，然在此无所属，或恐是错简，宜在第八章之末"。大有卦䷍，为乾下离上之象。六五顺（承）上九，又亲比于上九，上九据六五，六五逆应于九二，故"自天祐之，吉无不利"。上九何以象天？是该爻居于卦体之极的缘故。而上九未得位而失当，有违爻位说。

子曰："书不尽言，言不尽意。"然则圣人之意，其不可见乎？子曰："圣人立象以尽意，设卦以尽情伪，系辞焉以尽其言，变而通之以尽利，鼓之舞之以尽神。"

【讲解】 孔子说，书面文辞不能完全表达人的言语，言语不能完全表达人的思想意绪。然而圣人的思想意绪，难道就无法体现了吗？不是的。孔子说，圣人创构卦爻符号这一独特的易象，完全体现了人的思想意绪的实际，设立卦爻这一易象体系，完美地表达了天地万类的本然性德与社会人类的行为性状，以系辞这种书面文辞方式，圆满地表达圣人的言语，以卦爻体系的变化与会通，穷尽了万物的运化与功能，于是人们深受鼓舞，以为《周易》立象能够尽意，达成了神化之境。

情伪，指虚实。情为情形，情情实实，有实际之义。伪，虚也。虚实即实际情形。《周易浅述》："言之所传有尽，象之所示无穷。立象尽意，指伏羲所画之卦爻，包含变化无有穷尽，虽无言而吉凶同患之意悉具于中，所谓尽意也。"六十四卦的善恶真妄无所不具，所谓"以尽情伪"。《周易尚氏学》："意之不能尽者，卦能尽之；言之不能尽者，象能显之。"

值得注意的是，《系辞上》的这一段内容，实际涉及重要的语言哲学问题，其所论问题是：立象能否尽意？即语言符号是存在的家园，还是思想的牢笼。

拙著《周易的美学智慧》指出："无论普通人还是所谓'智者圣人'所创造的'象'，一概都是不能尽'意'的，即'言不尽意'。"（第186—187页）从所谓客观事物到其所构成的心灵现实即心灵虚象，从心灵虚象到人文符号（文字、言语与一切文本）系统，从人文符号系统到接受意义上的心灵现实即心灵虚象，再由心灵虚象到客观事物，是一个动态的如郑板桥所言从眼中之竹、胸中之竹、手中之竹再到胸中之竹的人文符号不断转换的系统。如果《周易》所说的"立象以尽意"这一命题能够成立，则意味着这一系统的四个环节必须、必然绝对传真，换句话说，四个环节所传达的信息的量、质与功能彼此绝对等同。可是在人类文化及思想史上，"'立象''尽意'的事从未发生过，'立象''尽意'是违背人类思维也是违背审美规律的"。这是因为，这一转换系统的四个环节，"都只能是一种简化同态关系而无法做到同构同态对应与绝对传真"（第187页）。这便是"书不尽言，言不尽意"。

应当指出，即使圣人立象，也不能尽意。立象如创构艺术意象之类，与一般日常生活中文字、言语等的表达还有所不同，它更富于不可言传、意在言外的意蕴。老子是不信任语言文字的，认为不能通过立象来把握道（真理），这是语言哲学的怀疑论。然而老子本人的痛苦、尴尬甚或悲剧在于，他自己为了说明其"道可道，非常道"这一真理，却不得不言述五千言。其实，这也正是人类共同的痛苦、尴尬甚或悲剧。《系辞上》称"书不尽言，言不尽意"是对的。至于"圣人立象以尽意"，则是基于崇拜圣人而持的尽意之说。《庄子·则阳》指出："道物之极，言默不足以载；非言非默，议有所极。"道在何处？在非言非默之际。倘说道在言，非也，道可道，非常道；倘说道在默，亦非也，沉默无言而无所表达，也不是道本在的确证，此即"言默不足以载"。道究竟在何处？在非言非默。然而，"圣人立象以尽意"这一语言哲学在中国文化史上的影响十分深巨。繁盛于汉代的经学传统所遵信的，就是这一哲学。晋人欧阳建撰《言尽意论》，亦复如此。

乾坤其《易》之缊耶？乾坤成列，而《易》立乎其中矣。乾坤毁，则无以见《易》。《易》不可见，则乾坤或几乎息矣。

【讲解】 乾卦、坤卦，它们是《周易》及其易理的人文底蕴所在么？在于六十四卦排列次序中。乾卦第一而坤卦第二，从而《周易》的卦序及其易理就建构在其中了。如果乾、坤两卦不是这样的排列，那么《周易》的体例与易理就不能呈现。体例与易理不能呈现，那么乾卦坤卦及其易理也许就不会存在。

乾坤，这里指乾卦坤卦而非天地。易，兼指《周易》与易理。缊，同蕴。

是故形而上者谓之道，形而下者谓之器，化而裁之谓之变，推而行之谓之通，举而错之天下之民谓之事业。是故夫象，圣人有以见天下之赜，而拟诸其形容，象其物宜，是故谓之象。圣人有以见天下之动，而观其会通，以行其典礼，系辞焉以断其吉凶，是故谓之爻。极天下之赜者存乎卦，鼓天下之动者存乎辞，化而裁之存乎变，推而行之存乎通，神而明之存乎其人，默而成之，不言而信，存乎德行。

【讲解】 所以，在形之上的称为道，在形之下的称为器。形上的道与形下的器，运化、通变与互相制约称为交感、化育而变化无穷。阴阳推荡，刚柔互应互化，称为会通。总之，将道、器、变、通的易理拿来施行于天下百姓，称为易理弥纶天地无所不包，而天下事业大成。因此所谓象，是上古圣人发现天地万物的存有复繁而幽微，从而模拟、形容与比类，以与事物之理宜合的方式加以象征，悟其会合与通变，为的是畅行它们的典则与义理，并在爻符之后各系文辞以判断它们的吉凶，所以称之为爻。穷尽天下万类复繁而幽微的道理，在于卦的符号；鼓舞、振扬天下万类的运动变化，有赖于卦辞、爻辞；万物的运化、裁制，本身就是运变、交感与化育；阴阳推荡，刚柔互应互化，本身就是会通；将易理的神奇、神妙而深邃的德性揭示且光大的，在于创构《周易》的人；创构《周易》而默默无言，潜心修持，暗下功夫，则必获成就，不夸夸其谈而笃诚守信，在于高尚的道德操行。

形而上者，形而下者，《周易集解》引崔憬："凡天地万物皆有形质。就形质之中，有体有用。体者，即形质也。用者，即形质上之妙用也。言有妙理之用以扶其体，则是道也。其体比用，若器之于物，则是体为形之下，谓之为器也。"这里所说的体用，并非一般哲学所谓体用。李鼎祚与崔憬是从实用角度看待道的问题的。体指形质，可见其体用观是经验性的。但这里形上、形下之说，在中国易学史、哲学史上具有思想原则的重要意义，揭示了道、器之间的辩证关系。《周易正义》："道在形之上，形在道之下。故自形外已（以）上者，谓之道也；自形内而下者，谓之器也。"然而试问，在形而上者与形而下者即道、器之际，还有什么？笔者以为，还存有象。象处于形上、形下之际，可以说是形而中的。裁，裁制，制约。化而裁之，运化、互变又相制约。

此章要旨，一在阐述中国先秦影响于后代的言意之辨、语言哲学；二在言说乾、坤两卦作为"《易》之缊"的重要意义；三在提出"形而上者谓之道，形而下者谓之器"这一十分深邃的哲学命题。所谓"圣人有以见天下之赜……是故谓之爻"一段，与《系辞上》第八章开头一段相重复，此为《易传》非一人一时之作的又一佐证。该章最后一句，即"神而明之存乎其人，默而成之，不言而信，存乎德行"，从上下文脉看，应指创卦者而非学《易》者。

【小结】《系辞上》共十二章。第一章，言述"天尊地卑，乾坤定矣”之伦理教条，进而总论《易》之本原。将《易》之本原，归于天地、自然、造化。主要内容包括乾坤的根本之义、阴阳变易之道以及易简之理。第二章，述圣人作《易》之功与君子习《易》之事。圣人观象、设卦、系辞而明吉凶；君子观象、玩占、玩辞而趋吉避凶。第三章，言卦爻之辞的通例，对彖、爻、吉凶、悔吝、无咎等易占之辞进行简易的解读。第四章，说易道广大、无所不包，圣人以易而穷理尽性以至于命。称《易》与天地准，故作《易》之圣人与天地准，集中体现对《易》的无限崇拜意绪。第五章，主旨在阐述“一阴一阳之谓道”“阴阳不测之谓神”与“生生之谓易”之理，体现了生命哲学的朴素辩证思想。第六章，重提第四章《易》与天地准、弥纶天地的思想而称“夫易，广矣大矣”，以乾男、坤女的交感言说易理阴阳之原，且与第一章所言乾坤相联。第七章，赞易道乃天下至理，圣人修身律己，所以“崇德而广业”，效天法地而“成性存存”。从这一章开始，《系辞》不断引孔子言述以论易筮、易理问题。第八章，首叙圣人拟取物象、象其物宜以喻天下之赜、天下之动，进而引述孔子发挥的七则爻辞，说明《易》的深广喻义。第九章，从数的角度，集中记述《周易》古筮法的占筮操作仪程与方法；以大衍之数为逻辑原点，阐明揲筮求卦之道。第十章紧接第九章古筮法的论述，进而称述圣人尚辞、尚变、尚象与尚占的“四尚”之事，强调《周易》的所谓实用功能，其意义与第二章观象玩辞、观占玩变相合。第十一章，从第九章论述古筮之法，到这里提出“易有太极”之说，其思路虽依然大致在易筮巫学之中，但已深蕴太极自巫筮到哲理的哲学生成论的思想因素，可以看作《系辞上》对中国哲学的一大贡献。第十二章，在第十一章说太极的基础上，进而提出中国文化史、哲学史与美学史的重要命题"形而上者谓之道，形而下者谓之器"与"书不尽言，言不尽意"，标志着由巫学的道器之辨到哲学的道器之辨、言意之辨的思想与思维的提升与进步。

总之，在思想、思维意义上，《系辞上》在论阐易筮的同时，以提出并阐明易有太极、古筮法、形上形下的道器之论和言、意、象之关系说为最重要，哲学之思丰繁而深刻，为阐析儒家伦理思想服务。

系辞下："知几其神"

第一章

八卦成列，象在其中矣。因而重之，爻在其中矣。刚柔相推，变在其中矣。系辞焉而命之，动在其中矣。

【讲解】 八卦构成序列，它们的卦象及象征意义，就在这序列之中。八卦两两相重而构成一卦六爻的六十四卦，三百八十四爻及其象喻意义，就在这六十四卦之中了。爻符的阴阳、刚柔相互推荡，象喻天地万类变化的原理，就在其中了。在每卦、每爻（包括乾用九、坤用六）的后面，系以文辞而告以吉凶休咎，时运、时机的变动与运化，就在其中了。

八卦成列，指乾坤、震巽、坎离、艮兑即天地、雷风、水火、山泽。先秦时期易学，虽然没有八卦方位之图，但据《易传》有关记述（请参本书有关内容），已有先天、后天八卦方位思想。这里所谓八卦成列，兼指先天（伏羲）八卦方位和后天（文王）八卦方位。列，位，空间概念。八卦爻位与八卦方位，实际是以空间之位象示时间运化，解读八卦成列义，亦当领悟其时间性。刚柔，指阳爻、阴爻所象喻的气质。《周易正义》："刚柔，即阴阳也。论其气，即谓之阴阳；语其体，即谓之刚柔也。"

吉凶悔吝者，生乎动者也。刚柔者，立本者也。变通者，趣时者也。吉凶者，贞胜者也。天地之道，贞观者也。日月之道，

贞明者也。天下之动，贞夫一者也。

【讲解】 吉利与凶险、错悔与憾惜这些易占判词，是依凭易占爻位说关于时运当位、不当位的变动而产生的。阳刚阴柔的变动，是刚柔之象互变、互化而定立卦体、卦符的根本。变化会通，是指时运、时机的流变、趋势。吉利、凶险，守持正固，就能逢凶化吉而获取胜利。天地之道，只要人格守持正固，就可以观瞻、领悟。日月之道，象喻唯有守持正固，才能承日月之光辉灿烂。天下万类的运化、变动，总归于"一"这一本原。

趣时，趋时。趣，趋之借。贞，正也，此言守正。贞在《周易》本经中，应释为卜问、占问。贞胜者也，来知德《周易集注》："胜者，胜负之胜，言惟正则胜，不论吉凶也。"可见此贞，是对人而言（下同），并非指吉凶、天地、日月、天下之动的品性，当注意。《周易正义》释"贞夫一者也"为"天下之动，得正在一也"，指日月之道与天下之动都归于贞，可备一说。如此解读，是将易筮伦理化了。而仅就"天下之动，贞夫一者也"言，与"日月之道，贞明者也"之贞有不同之处。"贞夫一者也"的贞，可释为道德人格意义上的守持正固，由此引申为哲理本原的意思。《周易集解》引虞翻："一谓乾元。万物之动，各资天一阳气以生，故'天下之动，贞夫一者也'。"可参。从《系辞上》"是故易有太极，是生两仪……"这一易说分析，既然太极生两仪，两仪生四象，四象生八卦……那么，太极必为一是矣。此一，实指"天下之动"的本原，即逻辑原点，即太极。

夫乾，确然示人易矣。夫坤，隤然示人简矣。爻也者，效此者也。象也者，像此者也。爻、象动乎内，吉凶见乎外。功业见乎变，圣人之情见乎辞。

【讲解】 乾阳之性，坚定、肯确、刚雄而展示于人的，是平易、质朴的面貌。坤阴之性，柔弱、顺从、阴雌但展示于人的，是简易、简约的面貌。阳爻、阴爻，便是仿效乾阳、坤阴之性的。阳爻、阴爻之象，便是对乾阳、坤阴之性的表述。爻与象，在卦体内部发动，隐喻了乾阳、坤阴之性，在卦体外显现出吉或凶的占筮结果。功德、业绩，由趋吉避凶之时运的变动所显示，圣人的情思，呈现在卦辞爻辞之中。

确，刚。隤，音 tuí，《经典释文》引马融释为柔貌。简，原指战国至魏晋的一种书写材料，先是狭长竹片，尔后是狭长木片，以供书写。多片竹简、木牍编连在一起，称册（策）。引申为简单、简易。“效此者也”与“像此者也”的两个此字，并非指乾卦、坤卦，而是指乾阳、坤阴之性。《周易本义》：“内，谓蓍卦之中；外，谓蓍卦之外。”

天地之大德曰生，圣人之大宝曰位。何以守位曰仁，何以聚人曰财。理财正辞、禁民为非曰义。

【讲解】 天地的根本性德是生命，圣人的根本宝贝是等级地位。怎样守持等级地位？用仁政、仁学。怎样凝聚人心？讲尊卑贵贱、疏理裁定各种等级制度。天尊地卑，便是伦理级差的规范，疏理、裁制有定，名正言顺，禁止天下百姓为非作歹扰乱法度，就是合乎时宜。

大德、大宝的大，音 tài，太之本字，原始、始元、根本义，此不宜释为宏大或伟大之义。财，通裁，非财物之财。义，宜，非道义之义。《周易集解》引孔颖达：“言天地之盛德，常生万物而不有生，是其大德也。”不有生者常生万物，故为原生。大德者原德，根本德性之谓。大宝者，原宝，根本之宝，其不有具体之位而决定具体的等级之位。理财正辞，《周易集解》引荀爽："尊卑贵贱，衣食有差，谓之'理财'。名实相应，万事得正，谓之'正辞'。咸得其宜，故谓之'义'也。"此释"禁人为非曰义"一句，深契易理。《周易正义》："言圣人治理其财，用之有节。"此释误。"君子喻于义，小人喻于利。"圣人重义轻利，重仁轻财，何以"治理其财"？从《系辞下》这一节文意、文脉看，专言生、时、位以及守仁、聚人之仁，并非关涉于财利。

这一章，述卦爻的吉凶判定以及立本、趣时、贞胜、贞观与贞明之道；言天地万类以生、时，圣人大宝以位与守位宁邦以仁之理。

第二章

古者包牺氏之王天下也，仰则观象于天，俯则观法于地，观鸟兽之文与地之宜，近取诸身，远取诸物，于是始作八卦，以通神明之德，以类万物之情。

【讲解】 上古时代，伏羲氏治理天下，他仰望日月星辰、苍穹流云的天象，俯看大地万类的形态样式，观察禽鸟、兽类的灿烂文采与在大地上和谐生存的各种生命。近处，取之于人自己的身体；远处，取之于各类事物现象。从近到远、从远到近而得到灵感与启发，于是创始八卦，用以会通天地万类的阴阳消息和健顺动止的德性品格，推类万事万物的真际实在。

包牺氏，伏羲氏。包，汉孟喜、京房作伏，牺作羲。或称包羲、庖牺、伏戏、牺皇、皇羲等，是上古中原的神话人物，实际是上古中原氏族首领的一个传奇性人文共名。王，用作动词。王字在甲骨卜辞中写作[illegible]，为斧钺象形，表示权力。汉董仲舒、许慎等从《周易》的三才说释王字之义，以六十四卦之每卦六爻的初、二象地，三、四象人，五、上象天，以成天、地、人三才合一即天人合一的模式，王字上面一画象天，中间一画象人，下面一画象地，垂直一画象天人合一，顶天立地而治人者，王。与地之宜，《周易集解》引《九家易》："谓四方四维八卦之位，山泽高卑，五土之宜也。"这是以八卦方位即四方四维与中宫之位释"地之宜"，地土在八卦方位的中位，故"宜"。宜，合宜，和谐，如八卦方位然。神明，古人心目中神秘、神妙的自然力，始于原始自然崇拜意识。类，此作动词，推类、比类。《易传》类字出现多次，从思维方式看，推类、类比，是《周易》文化思维的基本方式，值得注意。情，非情感之情，可释为情形、实际。《周易本义》："神明之德，如健顺动止之性；万物之情，如雷风山泽之象。"可参。

作结绳而为罔罟，以佃以渔，盖取诸离。包牺氏没，神农氏作，斫木为耜，揉木为耒，耒耨之利，以教天下，盖取诸益。日中为市，致天下之民，聚天下之货，交易而退，各得其所，盖取诸噬嗑。神农氏没，黄帝、尧、舜氏作，通其变，使民不倦；神而化之，使民宜之。易穷则变，变则通，通则久，是以"自天祐之，吉无不利"。黄帝、尧、舜垂衣裳而天下治，盖取诸乾、坤。刳木为舟，剡木为楫，舟楫之利以济不通，致远以利天下，盖取诸涣。服牛乘马，引重致远，以利天下，盖取诸随。重门击柝，以待暴客，盖取诸豫。断木为杵，掘地为臼，臼杵之利，万民以济，盖取诸小过。弦木为弧，剡木为矢，弧矢之利，以威天下，盖取诸睽。上古穴居而野处，后世圣人易之以宫室，上栋下宇，

以待风雨，盖取诸大壮。古之葬者，厚衣之以薪，葬之中野，不封不树，丧期无数，后世圣人易之以棺椁，盖取诸大过。上古结绳而治，后世圣人易之以书契，百官以治，万民以察，盖取诸夬。

【讲解】 伏羲氏创造了绳子编结的方法，从而发明捕鸟与捕鱼的网，用以田猎渔鱼。这是从离卦得到的灵感、启发与思路。伏羲氏的时代过去，神农氏创造了农具，他砍树削木，制作耒耜这类农具的犁头，以备掘土之用，使木材弯曲，做成耒耜的曲柄，以便手的把握，教导天下农夫耕耘而获五谷之利。这是从益卦获得的灵感、启发与思路。划定中午时分为集市交易的时间，吸引天下百姓，聚集天下商品，交易成功然后离散而归，各自获得他所需要的。这是从噬嗑卦所获取的灵感、启发与思路。神农氏的时代过去，黄帝、尧、舜先后进行了创造。他们懂得天地万类会通、变化的道理，使老百姓学会制作，不知疲倦。他们的创造出神入化，使老百姓的日常器用各得其宜。关于易的道理是说，万事万物发展到穷极之境，就会变化，变化然后通达，通达走向穷极，又导致新的变化，以至事物在恒变之中永久地发展。因而，正如大有卦上九爻辞所说，这是来自上天的佑助，吉祥如意，没有什么不吉利。黄帝、尧、舜发明了衣裳等服饰，用服饰文化垂范天下，从而达到天下大治。这是取之于乾、坤两卦的灵感与教益。他们刳空粗大的树干，制造木船，削制木材做成桨楫。行船的便利，在于济渡原来不相交通的江河，可以到达远方而有利于天下。这种创造的灵感、启迪与思路，来自涣卦。他们驾驭牛马，载引重物直达远方，因而使天下受益。这是从随卦所取得的灵悟与思路。他们教诲天下创设两重城门，击打更梆巡夜，为的是防备盗贼抢劫。这种灵思与创造，来自豫卦。他们斩断木干制成木杵，掘土夯实、烧制而成为泥臼，用杵在泥臼里捣去谷物外壳，这种器用的方便，使天下百姓得以舂米为食。这种灵启与创构，取之于小过卦。他们用兽皮做成皮条制为细绳，最终制成弓弦，用弦绳加于木条两端，使木弯曲而弦绳绷直，将木条削尖作为箭矢，制作弓箭，就能威慑天下，使百姓臣服。这种创构的灵思异想，来自睽卦。上古时代，原始初民暂居在地穴之中，在野外居无定所，后代圣人发明了宫室（指地面建筑），将这种穴居野处的方式改变。宫室的屋梁高高在上，直立的栋柱向上，人字形的屋宇下垂，用以遮风挡雨。这种创设，取灵思于大壮卦。上古时代的丧葬制度，用野草厚厚地遮盖遗体，埋葬死者在荒野之中，不封土为高出地面的坟丘，不种植树木作为墓的标志，没有规定的居丧限期，哀尽即止。后代圣人改变了这种葬制，他们制作棺、椁两重以装殓死者。这是取思于大过卦。上古时代，用绳索打结的方法记事，大事一大结，小事两小结。后代圣人改变这种结绳而治的方式，他们发明了竹简、木牍，用来记事而治理天下。设立种种官政制度，用以统治天下百姓与四方疆域，普天之下的万民得到监察。这启悟于夬卦。

这一段原文较长，内容在于先说伏羲始作八卦，尔后以六十四卦的十三个卦例，言述圣人从有关卦象获得灵感、启发与思路，观象制器，铺陈易卦神奇与圣人智慧。整段文字，从言结绳始，到称结绳终，相当完整。

这一段文字中的作字，承前文始作八卦而来，有始创的意思。罔，網（网）的本字。罟，音 gǔ，网。两者区别，《经典释文》："取兽曰网，取鱼曰罟。"佃，田，田猎。《周易集解》引虞翻："离为目，巽为绳。目之重者唯罟，故'结绳为罟'。"离卦的本卦为乾卦，乾卦二、五同时爻变，为离卦，因而虞翻接着说："巽为田，坤亦称田，以罟取兽曰畋，故'取诸离'也。"离卦卦象为䷝。

这里值得注意的是盖字的意义。《周易口义》中胡瑗说："盖者，疑之之辞也。"诸多注家释盖为大概义。笔者以为，虽说这十三例器用、制度的发明、践行，未必皆取诸十三卦例，因而有拟疑的意思，然而在《系辞下》的作者心目中，必出于对易卦、对圣人的崇拜，不会怀疑凡此器用、制度出于圣人对易卦的启悟这一点，因而释盖为大概之义，失易理之蕴耳。此处只是发语词，置于句首。

神农氏，古代神话传说中人物，相传为农业、医药发明者，一说即炎帝。益卦卦象为䷩（震下巽上），震为动，巽为木为入，二、三、四互体为坤为土，象木耒之具入土。《周易浅述》："二体皆木（引者按：震、巽为木），中互坤土，木入土中，上入下动（巽为入，震为动），风雷（巽为风，震为雷）之象也。粒食之利自此而始，益之义也。"

噬嗑卦卦象为䷔（震下离上），震为动，离为明，上明下动，火雷之象。二、三、四互体为艮，艮为山；三、四、五互体为坎，坎为水。《周易浅述》："坎水艮山，群珍所出，聚货之象。艮止，退而得所之象。货不同皆合于市，借噬为市，嗑为合，噬嗑之义。"噬嗑卦上卦为离，离为日。

黄帝，中华人文初祖，而非血缘初祖。按五德终始说，为土德，在夏之先。《周易集解》引陆绩："阴穷则变为阳，阳穷则变为阴，天之道也。……与天终始，故可久；民得其用，故无所不利也。”衣裳，古时人之衣着，上为衣下为裳，上衣深长在外，下裳为上衣所遮，故而坤卦六五爻辞称黄裳，喻裳在衣之内。取诸乾、坤，乾卦穷极而变坤卦，坤卦穷极而变乾卦，其中介，分别为用九、用六。衣裳的发明以及衣裳作为人文符号，是文明、天下治的象征。垂衣裳的垂，有垂范、垂示义，非垂长之义。

涣卦卦象䷺（坎下巽上），坎为水，巽为木，木在水上，舟也。《周易浅述》：“刳木使中虚，剡木使末锐。木在水上，故涣，有利涉大川之占。”服牛即驾牛。随卦卦象䷐（震下兑上），二、三、四互体为艮，艮为牛，震为马，艮又为引，巽为利，因而取象于随，利济天下。《周易集解》引《九家易》：“木在水上，流行若风，舟楫之象也。”

重门，指郭门、城门。豫卦卦象䷏（坤下震上），二、三、四互体为艮，上卦震倒置为艮，艮为门阙，故有重门之象。《周易集解》引《九家易》：“艮为手，为小木，为上持。震为足，又为木，为行。坤为夜，即手持柝木夜行，击门之象也。”三、四、五互体为坎，坎为盗，故有“暴客”之象。

济，此为益之义，《尔雅·释言》：“济，益也。”按：益，溢之初文。小过卦卦象䷽（艮下震上），艮为止为手为小木，震为雷为动为木。《周易集解》引虞翻：“艮止于下，臼之象也；震动而上，杵之象也。震出巽入（引者按：二、三、四互体为巽），艮手持杵，出入臼中，舂之象也。”下卦九三爻变，变艮为坤，艮为山，山归属大地，艮山的本体为坤地，故有掘土而烧制为臼之象。

弦，作动词用，弯曲木条而两端系弦。弧，此言弓。睽卦卦象䷥（兑下离上），《周易集解》引虞翻：“无妄五之二也。巽为绳为木，坎为弧，离为矢，故'弦木为弧'。乾为金，艮为小木，五之二，以金剡艮，故'剡木为矢'。乾为威，五之二，故'以威天下'。"这里的关键是五之二说。所谓五之二，指睽卦六五、九二同时爻变，为无妄卦☰（震下乾上）。无妄卦三、四、五互体为巽，巽为绳为木。睽卦三、四、五互体为坎，上卦为离，故坎为弧，离为矢，有弦木为弧之象。无妄卦上卦为乾，二、三、四互体为艮，乾为金，艮为小木是也，剡木为矢之象。无妄上卦为乾，乾为天，乾为威是也，故以威天下。韩康伯《周易》注："睽，乖也。物乖则争兴，弧矢之用，所以威乖争也。"可从。

栋，梁栋。宇，屋边，指屋檐。上栋下宇，有的解释为上有栋梁下有檐宇，误。宇指中华古代宫室特有的大屋顶，主脊在上，有垂脊或戗脊。垂脊或戗脊呈斜向下垂（或檐口反翘）趋势，此之谓下宇。大壮卦卦象☳（乾下震上），《周易集解》引虞翻，称大壮卦与无妄卦为"两象易"："无妄乾在上，故称'上古'。艮为穴居，乾为野，巽为处，无妄乾人在路，故穴居而野处。……艮为待，巽为风，兑为雨，乾为高，巽为长木，反在上为栋。（震阳）动起，故'上栋'。下宇，谓屋边也。"这是说，无妄卦上卦为乾，二、三、四互体为艮，三、四、五互体为巽，而大壮卦三、四、五互体为兑，因而有此解读。从大壮卦卦形看，易学界也有以下部四阳爻象墙壁、上部二阴爻象屋宇的解说。大壮卦下卦为乾天，上卦为雷动，有雷在天上之象，震雷、风雨之中，宫室安然，大壮之象也。《周易正义》："震雷为威动，乾天主刚健，雷在天上，是刚以动，所以为大壮。"所言是。

不封不树，上古葬制，墓地不堆土起坟，不植树为标志。墓者，没也，不高于地面，没于地下。坟后起。墓、坟有别。丧期无数，《周易正义》：“衰除则止，无日月限数也。”大过卦卦象 ䷛（巽下兑上），巽为木为薪；二、三、四，三、四、五皆互体为乾，乾为衣为野。互体的乾象处于大过卦的中部，因而说“厚衣之以薪，葬之中野”。大过卦无坎离、日月之象，故曰“丧期无数”。又，巽为木为入，有棺椁、入殓之象，而兑为说（悦）矣，《周易折中》云：“棺椁者，取木在泽中也。又死者以土为安，故入而后说（悦）之。”

夬卦卦象 ䷪（乾下兑上），《周易集解》引虞翻说，夬卦为“履，上下象易也”。夬为乾下兑上而履为兑下乾上之象。履卦上卦为乾，三、四、五互体为巽，二、三、四互体为离，故而圣人从夬卦受到启迪而创构书契。

这一章，说圣人创卦，以易理制器尚象之事。

第三章

是故易者，象也。象也者，像也。彖者，材也。爻也者，效天下之动者也。是故吉凶生而悔吝著也。

【讲解】 因此所谓易理，其本蕴是象（按：象不离数）。所谓象，它的功用在于象喻。所谓彖辞，在于裁决、判定一卦的意义。所谓一卦六爻，仿效天地万类时运、时机的变化。吉祥、凶险由此判定而错悔、遗憾得以显明。

这一章文字尤短，在前一章言述圣人取象、制器与定礼的基础上加以概括，提出易象的定义，指出易理本蕴在于象（数），象的功用在于象喻。“彖者，材也”的材，韩康伯注：“材，才德也。彖言成卦之材，以统卦义也。”可备一说。所谓彖辞，断辞也。材，释为裁断，似更合语境。悔吝著，《周易本义》：“悔吝本微，因此而著。”悔，错悔，吝，遗憾，意义没有吉凶那般强烈。《周易正义》云：“动有得失，故吉凶生也。动有细小疵病，故悔吝著也。”所言是。

这一章文辞尤简。卦爻之象的功用，在于象征，在于时宜也。

第四章

阳卦多阴，阴卦多阳。其故何也？阳卦奇，阴卦耦。其德行何也？阳一君而二民，君子之道也；阴二君而一民，小人之道也。

【讲解】 阳性卦是阴爻多于阳爻的卦，阴性卦是阳爻多于阴爻的卦。为什么？阳卦以一阳爻为奇，阴卦以二阳爻为偶。它们各自象征什么样的道德操行？阳卦象喻一个君主统率众民，推行仁政与君子之道；阴卦象喻两个君主争霸而百姓拥戴者寡，推行小人之道。

阳卦，指八卦中的震 ☳、坎 ☵、艮 ☶，都由一个阳爻、两个阴爻所构成。阴卦，指八卦中的巽 ☴、离 ☲、兑 ☱，都由一个阴爻、两个阳爻所构成。《周易集解》引崔憬：“此明卦象阴阳与德行也。”引虞翻：“阳卦一阳，故奇；阴卦二阳，故耦。”又引韩康伯：“以一为君，君之德也。二居君位，非其道也。故阳卦曰‘君子之道也’，阴卦曰‘小人之道也’。”

这一章文辞亦简。主旨在于阳卦阴性而阴卦阳性，阴阳奇偶象君主众民、君子小人之道。

第五章

《易》曰："憧憧往来，朋从尔思。"子曰："天下何思何虑？天下同归而殊途，一致而百虑。天下何思何虑？日往则月来，月往则日来，日月相推而明生焉；寒往则暑来，暑往则寒来，寒暑相推而岁成焉。往者屈也，来者信也，屈信相感而利生焉。"

【讲解】《周易》咸卦九四爻辞说，心心相印，情投意合，以友朋的思念为你的思念。孔子说，天下的事情有什么值得过于思念、忧虑的呢？天地万类之间感应的方式可以不同，但感应本身都是存在的。思念、忧虑的方式可以有无数种，而思念、忧虑本身是自然发生的。所以说，天下的事情有什么值得过于思念、忧虑的呢？比方说，太阳西沉，月亮就会东升；月亮西下，太阳就会升起。太阳、月亮相推相移，光明常驻人间。冬天过去，夏天就会到来；夏季过去，冬季就会到来。寒暑交替、春秋代序，一年又一年，就这样成就了年岁。成为过去的东西，意味着还会回归；如期到来的东西，是自然的延伸与发展。回归与生发互为感应，是自然而然的，从而有利于生命万类的推移。

屈，《周易集解》作诎，屈曲之义。往者屈也，可释为前往而回归。信，古伸字。这一段记孔子之言，主题在于一个感字。感，自然感应。明蔡清《易经蒙引》云："天下感应之理，本同归也……天下感应之理，本一致也……一皆出于自然而然，而不必少容心于其间者。吾之应事接物，一惟顺其自然之理而已矣，天下何思何虑？"《周易本义》："言往来屈信（伸），皆感应自然之常理。"

"尺蠖之屈，以求信也。龙蛇之蛰，以存身也。精义入神，以致用也。利用安身，以崇德也。过此以往，未之或知也。穷神知化，德之盛也。"

【讲解】（孔子说）一种北方称为步曲、南方称为造桥虫的昆虫，当它向前爬行时，是先屈曲身子，为的是向前伸展。龙与蛇的蛰伏冬眠，为的是保全自己的性命。精深地研习易理以至于达到出神入化的境地，为的是学以致用。有利于功用，安全地保有自己的境界，从至理的境地再向前生发，那就到了妙不可言的地步。自然感应的道理出神入化，穷微知深，这是美德善行的盛大无比。

尺蠖，亦称蠖，一种靠着身子屈伸向前爬行的昆虫，北方称步曲，南地称造桥虫。"精义入神，以致用也"，指研习《周易》所能达到的一种境界。《周易集解》引韩康伯："精义，物理之微者也。神，寂然不动，感而遂通者也。理入寂一，则精义斯得，乃用无极也。"引干宝："能精义理之微，以得未然之事，是以涉于神道，而逆祸福也。"这里所言祸福，指《周易》巫术占筮以断命运吉凶。

《易》曰："困于石，据于蒺藜，入于其宫，不见其妻，凶。"子曰："非所困而困焉，名必辱；非所据而据焉，身必危。既辱且危，死期将至，妻其可得见邪？"

【讲解】《周易》困卦六三爻辞说，筮得此爻，被巨石所困塞，为蒺藜荆棘所纠绕而据缠，筮得的结果是，走进自己的家门，见不到自己的妻子，凶险。孔子说，不应该被困扰的时候与地方却被困扰，必然名誉扫地；不应该被纠据的时候与地方却被纠据，身家性命必遭危险。既受辱又临危，遭遇灭顶之灾的那一天就要到了，还能谈得上见自己的妻子吗？

《周易集解》引孔颖达："上章（引者按：实为节）先言利用安身，可以崇德，若身自危辱，何崇之有？此章（节）引困之六三，履非其位，欲上于四，四自应初，不纳于己，是困于九四之石也。三又乘二（九二），二是刚物，非己所乘，是据于九二之蒺藜也。又有'入于其宫，不见其妻，凶'之象也。"这是说，九二以刚居阴，失位，所以"非所据而据焉"。九二爻变，困卦下卦坎体变坤，坤为地为身也，而困卦九二已折坤体，因而"身必危"矣。《周易集解》引陆绩："六三从困辱之家，变之大过（引者按：困六三爻变，使困卦变为大过卦，卦象 ䷛），为棺椁死丧之象，故曰'死期将至'，妻不可得见。"

《易》曰："公用射隼于高墉之上，获之，无不利。"子曰："隼者，禽也。弓矢者，器也。射之者，人也。君子藏器于身，待时而动，何不利之有？动而不括，是以出而有获，语成器而动者也。"

【讲解】《周易》解卦上六爻辞说，筮得此爻，王公用箭去射停留在高高城墙上的猛禽恶鸟，一举而射中，没有不吉利的。孔子说，所谓隼，猛禽恶鸟。所谓弓箭，武器。所谓射箭者，人。君子之所以是君子，好比他的身上时刻带着武器，一遇时机，就搭箭去射，有什么不吉利的呢？君子体仁怀德，一遇时机成熟就行道而无所滞累固结，所以一旦出手就必有收获，这是说君子体道而器用必备，从而一旦行动就必有收获。

藏器，以射隼藏器于身，喻君子体仁怀德，而必臻于器用。括，姚配中《周易姚氏学》释为闭，韩康伯释为结，二说皆通。

这一节孔子所言主题，为待时而动。

子曰："小人不耻不仁，不畏不义，不见利不劝，不威不惩。小惩而大诫，此小人之福也。《易》曰'屦校灭趾，无咎'，此之谓也。"

【讲解】 孔子说，小人不懂羞耻，不讲仁德，不怕不义，不见到私利不肯勤勉努力，不受威刑苛法就不懂惩罚是怎么一回事。给他来一点惩罚，就是警告他不要犯大错误，这是赐福于小人。《周易》噬嗑卦初九爻辞说，脚上戴了木制刑具以致遮没脚趾，没有咎害，所象喻的，就是这个道理。

"善不积不足以成名，恶不积不足以灭身。小人以小善为无益而弗为也，以小恶为无伤而弗去也。故恶积而不可掩，罪大而不可解。《易》曰：'何校灭耳，凶。'"

【讲解】（孔子说）美德善行不加以积累，不足以美名远扬；恶行坏事不做绝，不足以毁灭自身。小人认为，小小的善行对自己没有好处，从而不屑于去践行；小小的坏事无伤大雅，从而不断去做。因而小恶积成大恶，恶贯满盈，从而不可掩藏，人人皆知；小罪积成大罪，罪孽深重，终于不可救药。这便是《周易》噬嗑卦上九爻辞所谓肩负刑枷，遮住耳朵，凶险的喻义。

何，同荷，负。《周易集解》引《九家易》："噬嗑上九爻辞也。阴自初升五，所在失正，积恶而罪大，故为上所灭。'善不积'，斥五阴爻也。聪不明者，闻善不听，闻戒不改，故凶也。"

子曰："危者，安其位者也。亡者，保其存者也。乱者，有其治者也。是故君子安而不忘危，存而不忘亡，治而不忘乱，是以身安而国家可保也。《易》曰：'其亡，其亡！系于苞桑。'"

【讲解】 孔子说，危机四伏，正在安逸于高位之时。衰亡渐生，正值它生命力长保之时。败乱已成，正趋于天下大治之时。所以君子身处安逸之时而不忘危机隐伏，生存长保之时而不忘衰亡渐生，天下大治之时而不忘败乱开始。如果能够这样，那么自身安泰而国运、家道可保长久。这便是《周易》否卦九五爻辞所以说要断子绝孙了！要断子绝孙了！命运吉利还是凶险，全赖于枯萎的桑树根部是否苞生嫩枝绿叶的喻义。

这一节孔子言述的主题，实际在一个时字。由于时运、时机恒变，因而危即安，安即危；亡即存，存即亡；乱即治，治即乱。看似诡辩，实为辩证。《周易正义》说："所以今有倾危者，由往前安乐其位，自以为安，不有畏慎，故致今日危也。""所以今日灭亡者，由往前保有其存，恒以为存，不有忧惧，故今致灭亡也。""所以今有祸乱者，由往前自恃有其治理也，谓恒以为治，不有忧虑，故今致祸乱也。"此解深契有关时运、时机的易理，应予深思。

子曰："德薄而位尊，知小而谋大，力小而任重，鲜不及矣！《易》曰：'鼎折足，覆公𫗧，其形渥，凶。'言不胜其任也。"

【讲解】 孔子说，性德浅薄而居位高显，智见短小而谋略空疏，力量微弱而负任累累，很少不涉及灾变的。正如《周易》鼎卦九四爻辞所说，祭祖时鼎器的足折断了，王公的祭品美食倾倒在地，它的形状黏黏糊糊，一片狼藉，筮得此爻凶险。这说的是力不胜任、必遭凶险的道理。

知，智。《周易集解》引虞翻："鼎四也，则离九四凶恶小人，故'德薄'。四在乾位，故'位尊'。""兑为小知，乾为大谋，四在乾体，故'谋大'矣。""五至初，体大过。木末弱，故力少也。乾为仁，故‘任重’。”力小，《周易集解》作力少。

子曰：“知几其神乎？君子上交不谄，下交不渎，其知几乎？几者，动之微，吉之先见者也。君子见几而作，不俟终日。《易》曰：‘介于石，不终日，贞吉。’介如石焉，宁用终日？断可识矣。君子知微知彰，知柔知刚，万夫之望。”

【讲解】 孔子说，从易筮可以知晓算卦所呈现的幽微征兆神秘而神妙。君子为人处世，与上交往不献媚佞上，与下交往不傲慢凌下，他懂得事物变化出现先兆、起于几微的道理。所谓变化的先兆，是事物变动、时运转递的蛛丝马迹，是吉或凶首先显现出来的兆头。君子发现兆象有变就赶快见机而行，不会一天到晚苦等，以至于岁月蹉跎，错失良机。《周易》豫卦六二爻辞说，兆象以坚石作为界标，不待终日识别而一目了然，筮得此爻，吉祥。这正如界石中正那般一目了然，难道用得着终日去识别它吗？当下就可以识别。君子见微而知著，见著而悟微，懂得阴柔、阳刚相推相济的道理，所以君子的人格万人景仰。

几，指巫术文化的所谓先兆，即“动之微，吉之先见者也”。“吉之先见者”，按文义应为“吉凶之先见者”。断，断然，当下决定、判断。《周易集解》引崔憬：“此爻得位居中，于豫之时，能顺以动而防于豫。如石之耿介，守志不移，虽暂豫乐，以其见微，而不终日，则能‘贞吉’，断可知矣。”

子曰：“颜氏之子，其殆庶几乎？有不善未尝不知，知之未尝复行也。《易》曰：‘不远，复，无祇悔，元吉。’”

【讲解】 孔子说，颜回作为我的弟子，他的为人，大概近乎见微知著了。一有预示不好结果的先兆出现，他未尝不知；一旦知道，未尝不改，不会重蹈覆辙。如《周易》复卦初九爻辞所言，出门不远就回家，无所错悔，十分吉祥。这是说一旦感到出门不吉利，赶快回头，就十分吉利。

颜氏之子，指颜回作为弟子，之，不宜释为的。祇，大。

“天地絪缊，万物化醇；男女构精，万物化生。《易》曰：‘三人行，则损一人。一人行，则得其友。’言致一也。”

【讲解】 乾天、坤地、阳刚、阴柔之气相互交感化生，天地万类凝聚而成形。男女、雌雄、牝牡的精气互为构合，天地万类运化而生生不息。《周易》损卦六三爻辞说，三个人结伴出行，走失了一人，一个人独自出行，却得到同路友朋的帮助，这说的是一阴一阳、阴阳谐调而统归于一体的和谐之道。

絪缊，即氤氲，指阴阳之气的交感过程、状态与结果。《周易本义》：“絪缊，交密之状。醇，谓厚而凝也，言气化者也。”这是明在的逻辑，似乎气化的过程为天地→万物→男女→万物。其实隐在的逻辑是，从天人合一的理念出发，以男女构精比类天地万物的化生。天地有如男女，男女有如天地，因而来知德《周易集注》云：“男女，乃万物之男女。雌雄牝牡，不独人之男女也。”

子曰：“君子安其身而后动，易其心而后语，定其交而后求。君子修此三者，故全也。危以动，则民不与也。惧以语，则民不应也。无交而求，则民不与也。莫之与，则伤之者至矣。《易》曰：‘莫益之，或击之。立心勿恒，凶。’”

【讲解】 孔子说，君子先安定、修持自身而后齐家、治国、平天下；平抑自心、使内心宁和而后开口说话就不会有错；决定与友朋交往、建立友谊而后才可能有所襄助。君子修持、践行这三大品德，因而达到人格的完善。自身未安、处境危殆而盲目行动，百姓就不会伸出援手。内心不平和、疑惧重重而胡乱地发表意见，百姓就不会起而响应。与人没有交往、友谊却期待别人帮助，人们就不会施予援手。没有别人施与，那么伤害、灾变就会来临。《周易》益卦上九爻辞说，没有人助益而遭人攻击，这是自己内心不平和、志向不长久的缘故，凶险。

易其心，平抑、宁和其心。以，连词。与，《周易玩辞》："'危以动，则民不与'，党与之与也；'无交而求，则民不与'，取与之与也。"文中前后两个与字，意义有所区别。立心，立自心之义，此心，为平和、宁静之心。

这一章内容较多，引述孔子阐释《周易》九卦十一条爻辞，以明易理与哲学等，人文意义丰富而深邃。

第六章

子曰："乾坤，其易之门邪？乾，阳物也；坤，阴物也。阴阳合德而刚柔有体，以体天地之撰，以通神明之德。"

【讲解】 孔子说，乾卦与坤卦，可以说是《周易》也是理解易理的门径吧？乾阳之气，是阳性的元物；坤阴之气，是阴性的元物。阴性、阳性相互交合、感应而阳刚、阴柔之气化生为形体，由此体现天地的本然作为，用以通晓事物神秘、神妙运化的德性。

其易之门，《周易集解》引荀爽："阴阳相易，出于乾坤，故曰门。"天地之撰，《周易集解》引《九家易》："撰，数也。万物形体，皆受天地之数也。谓九，天数；六，地数也。刚柔得以为体矣。"幽隐者，神；著见者，明。言神秘莫测之变。

"其称名也，杂而不越。于稽其类，其衰世之意邪？夫易，彰往而察来，而微显阐幽。开而当名辨物，正言断辞，则备矣。

其称名也小，其取类也大。其旨远，其辞文，其言曲而中，其事肆而隐。因贰以济民行，以明失得之报。”

【讲解】（孔子说）易卦六十四所称引、指述的物类名称既多又杂，喻义多出，但都不逾越天地之撰、神明之德。推考、稽察易卦所象喻的事类、事理，大概在于表露《周易》作者生当衰世的情思吧？所谓易卦，有彰显过去时、正视现在时、察知未来时的功用，从而显明幽微之理，阐发深邃之道。六十四卦恰当地列布种种卦名，从卦名辨识各种事类、物类，用言中肯、周正，判断果决，包罗万象。易卦所称述的物名虽小，而所类比的易理广大而深刻。它的主旨深远，它的修辞文雅。它的卦爻辞并不直言所论事理，所说的，能随物屈曲、循理宛转，却是一言道破、一语中的。它叙事之时，用词恣肆无拘而喻理幽隐。阴阳之理两两并在而神秘莫测，从而道济天下，助民日用，可以由此明了吉凶、得失的应验与报应。

稽，考、校。取类，《周易》逻辑的主要方式，有归纳的性质。其旨远，其辞文，其言曲而中，《周易正义》："近道此事，远明彼事，是其旨意深远……不直言所论之事，乃以义理明之，是其辞文饰也……变化无恒，不可为体例，其言随物屈曲，而各中其理也。"所谓不直言，指象喻之法。曲，有屈曲、委曲之义。贰，指乾与坤。

第七章

《易》之兴也，其于中古乎？作《易》者，其有忧患乎？

【讲解】《周易》本经的成书，大约在被称为中古的殷代末年吧？演《易》、算卦的人，大约伤时忧国、心系天下吧？

易学史通常以伏羲时代为上古，文王时代为中古，孔子时代为下古。《系辞下》第十一章说："《易》之兴也，其当殷之末世、周之盛德邪？"与这里所言"《易》之兴也，其于中古乎"可以对参。

忧患，即前文所言"其衰世之意邪"的意思。《周易浅述》："自文王拘于羑里，身经患难而系《彖辞》，教人以反身修德，故曰：'其有忧患乎？'"西伯为商纣所囚，心忧天下而演《易》，陈梦雷此所谓西伯"系《彖辞》"，为推测之辞。其忧患意识与情思，属于伤时忧国，不等于哲学、美学意义上的悲剧意识与情思。

是故履，德之基也。谦，德之柄也。复，德之本也。恒，德之固也。损，德之修也。益，德之裕也。困，德之辨也。井，德之地也。巽，德之制也。

【讲解】 所以，履卦象喻道德的基础，谦卦象喻道德的执持，复卦象喻道德的根本，恒卦象喻道德的正固，损卦象喻道德的修为，益卦象喻道德的光大，困卦象喻道德的固守，井卦象喻道德的源泉，巽卦象喻道德的规范。

这里，以《周易》九卦象示忧患之意与守持忧患之道，其主题为德，体现了德治天下、淳仁教化的思想。

履，礼也。《周易集解》引侯果："履，礼。蹈礼不倦，德之基也。"谦，自守以尊人。柄，执持也。道德以谦退为柄，《周易正义》："若行德不用谦，则德不施用，是谦为德之柄。"复为反善之义，人性本善，故言复为德之本。恒，守持而久，以游移不恒为不德，恒德者，正固之谓。损，自损未善之德，乃修为之道。益，迁善改过，善行光扬。困，能困而守拙，穷而守持，德之高下自有分判。井，井养而不穷，德之源地。巽，为资斧、斩制之象，德之规矩。

履，和而至。谦，尊而光。复，小而辨于物。恒，杂而不厌。损，先难而后易。益，长裕而不设。困，穷而通。井，居其所而迁。巽，称而隐。

【讲解】 履卦，象征和而不争，为道德极致。谦卦，象征谦逊而不自卑，为道德光辉。复，象征践礼以复归人性之善从小我做起，而能分辨是非与善恶。恒卦，象征正邪相杂而行德不知厌倦。损卦，损有余而益不足，象征修德难在减损恶欲，损之余必易无穷。益卦，象征美德善行持久修为，其本蕴充裕而不虚伪造作。困卦，象征身处困境而美德通达天下人心。井卦，象征美善之德如水井居得其所而井泉润泽、施惠于人。巽卦，象征教人行德循理，因时称扬天下而内守其底蕴本涵。

履，《序卦》："履者，礼也。"《论语·学而》："礼之用，和为贵。"谦，自甘于下而不自卑，因而为尊。复，复卦一阳来复，故言小。恒，《象辞》："君子以立不易方。"损，《象辞》："君子以惩忿窒欲。"损其不善者，难；损其不善之后，其道平易。《周易正义》："先自减损，是先难也；后乃无患，是后易也。"益，美德不断增益，培本固末，故曰长裕。设，虚设，造作。困，穷也。《周易正义》："言困卦于困穷之时而能守节，使道通行而不屈也。"井，掘地出泉以成水井，井址未能搬迁，而井泉可普施于人。巽，风，顺，入也，顺有循之义，故有循理因时而行德之喻。称，扬。《周易浅述》："称物之宜，而性入而伏，形迹不露。犹风之动物，不见其形，所谓隐也。"

履以和行。谦以制礼。复以自知。恒以一德。损以远害。益以兴利。困以寡怨。井以辨义。巽以行权。

【讲解】 履卦象示美德畅行，和而不争。谦卦象示谦恭自退，裁制伦理。复卦象示仁德良知，不为欲惑。恒卦象示守持操行，始终如一。损卦象示自损其欲，自远他害。益卦象示增益其善，人己两利。困卦象示处困而不怨天尤人。井卦象示水洁而生明，立基在道德之源，从而明辨善恶与美丑。巽卦象示顺随物理，规范伦纲，权衡利弊。

《周易浅述》："人之所行，不由礼则乖，故履所以和其行也。谦主卑下（引者按：非自卑之义），礼以谦为主，所以制乎礼也。复则良知不为欲蔽，以自知也。恒则有始有终，所以一德也。损以远忿欲之害，益以兴迁改之利。知守其困，处之有道，则少有所怨尤。迁徙于义，非辨安能迁？而井静而生明，故于义能辨之。巽则义精仁熟，精微委曲，无所不入，所谓可与权也。"辨，此具权衡义。

这一章以九卦喻九德，反复申说修德之要，以明忧患之道。

第八章

《易》之为书也不可远。为道也屡迁，变动不居，周流六虚，上下无常，刚柔相易，不可为典要，唯变所适。其出入以度，外内使知惧。又明于忧患与故，无有师保，如临父母。初率其辞，而揆其方，既有典常。苟非其人，道不虚行。

【讲解】《周易》作为占筮之书及所阐扬的易理，人生日用不可须臾远离、遗忘。该书所阐明的道理，在于言说天地万类一阴一阳变动不居，屡屡推移，无有穷时。它以每卦六爻象喻时空转换，刚柔相济。遵循自然的运化，不遵守人为妄则，不执求人间的典常要领，唯一所遵循的，是事物恒变的时宜，唯有运化变易才是它本然的趋向。它教人为人处世，不管出入、内外，都必须循本然时宜的纲常法度，使人悉知戒惧。它明示什么是人生忧患，察往昔而知未来。虽无实际上的师长指点迷津，却好比在父母面前聆听教诲。初学《周易》，依循卦爻辞义而揣度它所象喻的意蕴与方向，学到终了，才能体会它的无穷变化之中有恒常不变的根本之理。要不是贤达之人身体力行，易理也只是虚而不实，难以践行。

远，离也，忘也。《周易本义》："远……犹忘也。"六虚，指一卦六爻所象喻的世界与人生。《周易集解》引虞翻："六虚，六位也。"周流六虚，《周易本义》："谓阴阳流行于卦之六位。"六爻所喻，刚柔、动静、往来之义，都是精神、理念的，故曰虚。故，事故。《周易集解》引虞翻："神以知来，故明忧患；智以藏往，故知事故。"师保，师指师长，保指父母。率，循也；揆，度也；方，向也。既，既成，终了。《周易集解》引崔憬："言易道深远，若非其圣人，则不能明其道，故知易道不虚而自行，必文王然后能弘也。"

这一章主旨在于述说因时而本然恒变为易道之蕴。

第九章

《易》之为书也，原始要终，以为质也。六爻相杂，唯其时物也。其初难知，其上易知，本末也。初辞拟之，卒成之终。若夫杂物撰德，辨是与非，则非其中爻不备。

【讲解】《周易》作为占筮之书，它推究事物元始、要旨与终了，以此为它的本体。一卦六爻阴阳相错，只是象喻时运、时机与时宜在物迁之中的运化流行。事物本质之变幽微，因而难以知晓；事物现象之变彰显，因而容易感知。这是关系到事物的本原、本体与现象的缘故。初爻象喻事物变化的起始，所以如此拟议爻辞；上爻代表事物变化的终而复始，所以上爻爻辞象示事物所终。要是全面地推原事物的阴阳、刚柔错杂的德性，辨别是非曲直，那么除了初、上两爻，其中间二、三、四、五这四个爻的意义，也是要完备地理解的。

原，作动词，推原、推究。始，元始；要，要旨；终，终了。质，《周易集解》引虞翻释为本，引崔憬释为体。时物，指乾坤及其阴阳。《系辞下》："乾，阳物也；坤，阴物也。"表示时运、时机、时宜。初，指初爻；上，指上爻。"其初难知，其上易知，本末也"，《周易集解》引侯果："本、末，初、上也。初则事微，故难知；上则事彰，故易知。"拟，拟议。撰，撰作，象喻之义。德，性。中爻，指二、三、四、五中间四爻。

噫！亦要存亡吉凶，则居可知矣。知者观其彖辞，则思过半矣。二与四同功而异位，其善不同。二多誉，四多惧，近也。柔之为道，不利远者。其要无咎，其用柔中也。三与五同功而异位。三多凶，五多功，贵贱之等也。其柔危，其刚胜邪！

【讲解】 每卦中间四爻存亡、吉凶之喻也是有一定之规的，只要抓住要害，那么一切洞然可知。智者观卦而断辞，那么基本卦义会被思虑掌握。二爻、四爻因同居于阴位，所以具阴柔功能，但位序不同。所以，两爻所象征的善恶之义不同。第二爻居下卦中位，多具美誉褒义；第四爻居上卦下位，多有戒惧之义，这是靠近五爻之位即君位的缘故。阴柔作为易道，不利于象喻志向远大，它的主旨是没有咎害，它的功用来自阴柔中和。三爻、五爻因同居于阳位，所以具阳刚功能，但位序不同。第三爻居下卦上位，多主凶险；第五爻居上卦中位，多主功德圆满：这是高贵、卑贱的等级所致。大概柔爻居于第三、第五阳位，占筮结果往往为危殆、凶险；刚爻居于第三、第五阳位，就能趋吉避凶啊！按：这一段集中而简略地以爻位（爻时）说易理。

要，作动词用，有抓住要害之义，《周易集解》引崔憬释为要定。知者，智者。彖辞，断辞，亦指对卦辞的发挥。《彖辞》专释六十四条卦辞，故有此义。善，这里指善恶。

这一章简短。先总说一卦六爻的时宜之道，再专论爻画的示人之喻。

第十章

《易》之为书也，广大悉备。有天道焉，有人道焉，有地道焉。兼三才而两之，故六。六者，非它也，三才之道也。道有变动，故曰爻。爻有等，故曰物。物相杂，故曰文。文不当，故吉凶生焉。

【讲解】《周易》原是占筮之书，它由巫筮文化而生发的易道，广大而周备。易道包括天道、人道与地道。每卦同时兼有天、地、人三极之道。五、上象征天道，初、二象征地道，三、四象征人道。上、下两卦相重，因此每卦六爻。六爻的喻义没有其他含义，象征天、地、人之道。凡是道，其性在于运变化动，所以称为爻。六个爻各有等级，所以象喻物象、物理。物象、物理的阴阳、刚柔、吉凶、善恶、是非、尊卑错综复杂，所以称为天文、人文。天文、人文居位不当而时运不济，所以吉凶就显现了。

两之，指五、上象天，初、二象地，三、四象人而各为二爻，《周易浅述》："乾、坤二卦之外，皆阴阳错杂，以成文者也。文有当否。阳居阳位当，居阴则不当；阴居阴位当也，居阳则不当。当者多吉，不当者多凶。然阳居二，或以刚中而吉；居四，居上，或以刚而能柔为吉。阴居初，或以在下而吉，在五，或以柔中而吉。阳居初、三、五，或以过刚而凶。阴居二、四、上，又或以过柔而凶。"文，一般释为文理、文采、文饰，自无不可。《周易》所谓文，指人为之过程，且自然天成，以断人之吉凶。《彖辞》释贲卦卦义有天文、人文之说，可与此相参照。

这一章，从爻位（爻时）说，述三才（三极）之道以及当位（时宜）与否和断以吉凶的关系。

第十一章

《易》之兴也，其当殷之末世、周之盛德邪？当文王与纣之事邪？是故其辞危。危者使平，易者使倾。其道甚大，百物不废。惧以终始，其要无咎。此之谓易之道也。

【讲解】《周易》本经的起始、创构，大约正当殷代末年、周代初始之时吧？大约正处于西伯姬昌臣服商纣、为纣王所囚的历史时期吧？这就是为什么卦爻辞中多有危亡、忧患之辞的缘故。常怀危惧之心，能致平安；慢待轻忽，必遭倾颓之厄运。教人警惧而不使轻慢，易道发扬光大，天下事物就不会废而不立。忧惧之心贯彻于始终，立人行事的关键，在于没有咎害。这是易道的妙用。

易者使倾，有随意之义。西伯姬昌被囚羑里，危惧警惕，故称危者。商纣安乐其位，自谓平易，而反倾覆。只有敬惧始终，才得无咎。

这一章，以疑拟口吻，说文王演《易》时在殷周之际，进而述人处忧患而惧以终始之道。

第十二章

夫乾，天下之至健也，德行恒易以知险。夫坤，天下之至顺也，德行恒简以知阻。能说诸心，能研诸侯之虑，定天下之吉凶，成天下之亹亹者。

【讲解】 乾阳之气，天下最为刚健者，它的德性永远是平易的，知运化则能知艰险。坤阴之气，天下最为柔顺者，它的德性永远是简约的，而知阻碍的道理。乾坤知险、知阻之道与德行，令人愉悦，能够陶冶思虑，依此判定天地万类的吉凶，促成天地万类勤勉努力。

“能研诸侯之虑”一句，“侯之”二字为衍文。高亨《周易大传今注》说：“司马光、朱熹并谓：‘侯之’二字是衍文。亨按此文当作‘能研诸虑，侯之，定天下吉凶……’乃侯之二字误窜入上句，非无端而衍也。”此是。《周易本义》：“说诸心者，心与理会，乾之事也；研诸虑者，理因虑审，坤之事也。说诸心，故有以定吉凶；研诸虑，故有以成亹亹。”

是故变化云为，吉事有祥。象事知器，占事知来。天地设位，圣人成能。人谋鬼谋，百姓与能。八卦以象告，爻彖以情

言。**刚柔杂居，而吉凶可见矣。变动以利言，吉凶以情迁。是故爱恶相攻而吉凶生，远近相取而悔吝生，情伪相感而利害生。**

【讲解】 所以运用《周易》所揭示的变化之道而说到做到，趋吉避凶，吉事呈祥。象拟易理，知晓器用；占断人事、物象以推知未来。天地本自设定天尊地卑的等级位次，圣人按此创构易筮成其所能。易筮既重视人为的谋虑，又重视鬼神的谋虑，人、鬼共谋，百姓庶民也能与圣人一起参与占筮以把握命运。八卦以卦爻之象来启告人的吉凶、得失，卦爻之辞言述事物的实际。每卦六爻刚柔错杂居位，从而呈现吉凶的占验结果。爻变可以用吉利、不吉利的判词来表述，吉利、凶险依据占验的实际情形而推移。因此，阴阳相遇相敌，事物相亲相恶，从而吉利、凶险的结果，发生在关系的变动、运化之中。远近相取相夺，相应相逆，错悔、憾惜由此产生。情实相感滋生吉利的结果，情虚相感滋生咎害的结果。

云为，孔颖达《周易正义》："或口之所云，或身之所为也。"变化云为，《俞氏易集说》："变化谓易之阴阳，云为谓人之言动。"祥，几微之祥瑞，即前文所言"吉之先见者也"。象事知器，占事知来，即"以制器者尚其象""以卜筮者尚其占"。韩康伯注："观其象事则知制器之方，玩其占事则睹方来之验也。"成能，成其所能，成功。与能，与其所能。人谋鬼谋，百姓与能，《周易浅述》："圣人作《易》，以成其功，使明则谋诸人，幽则谋诸鬼。而至愚之百姓，亦因卜筮知所趋避，是百姓亦与其能也。"韩康伯《周易》注："人谋，况议于众以定失得也；鬼谋，况寄卜筮以考吉凶也。"情，实。情伪，虚实。

凡《易》之情，近而不相得则凶。或害之，悔且吝。将叛者

其辞惭，中心疑者其辞枝，吉人之辞寡，躁人之辞多，诬善之人其辞游，失其守者其辞屈。

【讲解】 大凡《周易》所说的种种爻位、爻时的实际，应当构成亲比、相应关系的却未有比、应，那么，占筮结果便不是凶险就是咎害，不是错悔便是憾惜。将要背义失信的，躲躲闪闪，闪烁其词；心中疑贰有鬼的，说话无所适从，不得要领；逢凶化吉而有善德的人，因内心笃实而少言寡语；内心浮躁烦急，就喋喋不休；妄称有善美性德的，内心虚伪，他的话虚夸不实；丧失操守的，持理不真，便不能做到义正辞严。

近，指每卦六爻之间的爻位、爻时的应、比等关系。近而不相得则凶，《周易集解》引韩康伯："《易》之情，刚柔相摩，变动相逼者也。近而不相得，必有乖违之患也。或有相违而无患者，得其应也；相须而偕凶，乖于时也。""将叛者其辞惭"以下数句，《周易集解》引侯果："凡心不相得，将怀叛逆者，辞必惭恧。""中心疑贰，则失得无从，故枝分不一也。""躁人烦急，故'辞多'。"又引崔憬："妄称有善，故自叙其美，而辞必浮游不实。"又引侯果云："失守则沮辱而不申，故'其辞屈'也。"枝，《周易正义》："其辞分散若间枝也。"焦循释为歧，亦通。吉，善。屈，高亨《周易大传今注》："失其操守之人，附声附和，不敢坚持己见，故其辞屈服。"

这一章，首述乾、坤二卦之德性，继而叙六十四卦筮占之功用。明则谋之于人，幽则谋之于鬼神。知往察来，趋吉避凶，成其事业而就其美德。

【小结】 依朱熹之见，《系辞下》也分十二章。第一章，言说卦爻吉凶的占筮功用。时变的思想，是卦爻吉凶之说的主旨，所谓“变通者，趣（趋）时者也”。与时义相契，在于宣说“天地之大德曰生，圣人之大宝曰位”。第二章，宣述圣人仰观俯察而制器尚象的作为。先言伏羲氏始作八卦，进而举六十四卦中的十三个卦例，逐一推论圣人由取象而立种种制度、器用。第三章，由第二章论观象制器进而归纳为“易者，象也。象也者，像也”的关于象之思的经典定义。第四章，称述阴卦、阳卦，象喻君子、小人之道。第五章，引述孔子所言，发挥十一爻义，阐析“穷神知化”“君子安而不忘危，存而不忘亡，治而不忘乱”的易理思想，尤其重视“知几其神”以及“天地絪缊，万物化醇；男女构精，万物化生”的关于《周易》算卦和从天地到男女生命、生殖之思的根本之义。第六章，主题是“乾坤，其易之门邪”，申说《易》之大用在于断吉凶以决疑，阐明“其称名也小，其取类也大”的类比推理思想。第七章，三陈九卦以宣说人生忧患之道。先述作《易》始于忧患，继而以忧患为主题，反复阐明道德修为。第八章，续说忧患之道，提出学易、悟易不可拘泥，即不可以为典常要领，唯变所适的思想。第九章，专论六爻爻位的时的动态联系，简明扼要地解读初、上两爻与中间四爻的象喻意义。第十章，论述一卦六爻悉备天、地、人三才之道，而文者，阴阳错杂，即多样的整一、整一的多样思想。第十一章，称述作《易》“当殷之末世、周之盛德”，“当文王与纣之事”。易道之功用，在于“危者使平，易者使倾”，而教人“惧以终始，其要无咎”，其要在于警惧。第十二章，归纳《系辞》上下的总体思想，从重提乾坤易简之德到总括撰作《系辞》之大略，最后阐明以情（实际）立言之不同及各种系辞之差异。

《系辞》上下，是《易传》的重要篇章，内容丰富，哲学与仁学思想深邃而突出，影响深巨。从总体结构分析，正如朱熹所言：“或言造化以及易，或言易以及造化。”(《朱子语类》) 此易，指易理而非《周易》。当然，无《周易》则易理无以言述。易理具有彼此相系的两项大义：一是太极思想，二是几的思想。太极与几，都关系到《周易》的象、数、占、理，生、变、时、气、阴阳。本书《系辞上》以“易有太极”、《系辞下》以“知几其神”为标题，用意即在此。《系辞》上下，是两篇重要的易学概论，其中充满了深刻而富于中国文化特色的哲学思想及思辨。然而笔者以为，《系辞》上下不是中国哲学的专论，如果仅从哲学角度加以解读，显然有悖于整体意义的《系辞》大义。平实而言，《系辞》上下的主要内容，一是哲学，二是伦理学，三是巫学遗存。其阐言，尤宗象数学的爻位说与变爻说。其巫学思想，是哲学、伦理学的人文、历史基石。《系辞》上下还关涉于文字学、文学与美学等思想因素；同时值得注意的，是关于类比的逻辑思辨。

《说卦》精讲

第一章

昔者圣人之作《易》也，幽赞于神明而生蓍，参天两地而倚数，观变于阴阳而立卦，发挥于刚柔而生爻，和顺于道德而理于义，穷理尽性以至于命。

【讲解】 古时候圣人创构《周易》，得到幽微、神秘之神灵的佑助，从而发明蓍筮的方法，依靠生数一、三、五这三个奇数之和与二、四这两个偶数之和来建立天地之数，成为大衍之数的揲筮文化，仰观俯察天地阴阳的运变，从而创立筮卦的符号，观象立卦，发挥它的刚柔德性，生发爻符的运化意义，使道德伦理严谨、和悦而顺畅，依凭时宜治理天下，穷尽物理、人性以至于把握人的命运。

赞，助。蓍，蓍草，占筮之具，此泛指揲蓍方法。参天两地而倚数，指演卦的大衍之数，自一至十的十个数字皆参与演卦。据马融、王肃之说，一、三、五、七、九为奇，二、四、六、八、十为偶。一、二、三、四、五为生数，其中一、三、五为奇（天）数，其和为九：二、四为偶（地）数，其和为六，参（三）天两地之谓。五为生数之终。以六、七、八、九、十为成数，十为成数之终。一加五为六、二加五为七、三加五为八、四加五为九、五加五为十，称倚数。古人筮算以七、八、九、六之数解读。《周易正义》："七、九为奇，天数也；六、八为耦，地数也。故取奇于天，取耦于地。""理于义"的理，治理义，本指玉石纹理。义，宜，指时宜。《周易本义》："和顺从容，无所乖逆，统言之也。理，谓随事得其条理，析言之也。穷天下之理，尽人物之性，而合于天道，此圣人作《易》之极功也。"朱熹此言甚是。然儒家之道德伦理作为礼乐结构，有理之因素在，故本书这里释"理于义"一句，在和悦而顺畅之前，添严谨一词。穷理尽性以至于命，尚秉和《周易尚氏学》云："以乾推坤，谓之穷理；以坤变乾，谓之尽性；性尽理穷，故至于命。"

第二章

昔者圣人之作《易》也，将以顺性命之理。是以立天之道曰阴与阳，立地之道曰柔与刚，立人之道曰仁与义。兼三才而两之，故《易》六画而成卦。分阴分阳，迭用柔刚，故《易》六位而成章。

【讲解】 古时候圣人创构《周易》，为的是用来顺随、成就人性与遵循天命运化之常理。所以阴、阳两大概念，体现天道存在与运化的对立统一；柔、刚两大概念，体现地道存在与运化的对立统一；仁、义两大概念，体现人道存在与运化的对立统一。一卦六爻，上两爻象喻天道，下两爻象喻地道，中两爻象喻人道。因而，《周易》六十四卦以六个爻符为一卦。六个爻符居在六个爻位上，分出阴位与阳位，交替运用柔爻、刚爻，因此，《周易》六十四卦每卦具有六个爻位，从而使得巫筮与人生顺理成章。

性命，与前文所言"各正性命"的性命同义，人性、物命之谓。立，对立，因对立而互补。吴澄《易纂言》：“立者，两相对之谓。天、地、人之道无独而有对。”

这里并非阴阳仅对于天道，柔刚仅对于地道，仁义仅对于人道而言。《说卦》这样表述，仅为修辞所需。从天人合一角度分析，无论天道、地道、人道，都是阴阳、刚柔、仁义同时兼具的。韩康伯注云：“在天成象，在地成形。阴阳者言其气，刚柔者言其形。变化始于气象，而后成形。万物资始乎天，成形乎地，故天曰阴阳，地曰柔刚也。或有在形而言阴阳者，本其始也；在气而言柔刚者，要其终也。”又云：“设六爻以效三才之动，故六画而成卦也。六位，爻所处之位也。二、四为阴，三、五为阳，故曰‘分阴分阳’。六爻升降，或柔或刚，故曰‘迭用柔刚’也。”

第三章

天地定位，山泽通气，雷风相薄，水火不相射，八卦相错。数往者顺，知来者逆，是故《易》，逆数也。

【讲解】 伏羲八卦方位，乾南、坤北设定了卦位；艮西北、兑东南互通气息；震东北、巽西南相应亲近；坎西、离东不相厌离。这便是伏羲八卦方位图八个卦符错综的方位。顺着推算，可以知道往昔的命运；逆着推算，可以知道未来的前程。但是《周易》算卦重点是预测未来，所以，《周易》的数算是逆推。

乾为天，坤为地，艮为山，兑为泽，震为雷，巽为风，坎为水，离为火，这是八卦的象喻。薄，接近，《周易姚氏学》释为迫，亦通。射，音 yì，厌。水火相通，故“不相射”。数往者顺，知来者逆，《周易本义》称先天方位“起震而历离、兑以至于乾，数已生之卦也。自巽而历坎、艮以至于坤，推未生之卦也。易之生卦，则以乾、兑、离、震、巽、坎、艮、坤为次，故皆逆数也”。可参。

第四章

雷以动之，风以散之。雨以润之，日以烜之。艮以止之，兑以说之。乾以君之，坤以藏之。

【讲解】 震雷以振奋使万物萌动，巽风以播撒使万物舒起。坎雨以滋润使万物含育，离日以阳华使万物生长。艮山以静止使万物节制，兑泽以和悦使万物成熟。乾天以主宰使万物勃发，坤地以含藏使万物蓄养。

之，这里可指天地万物。烜，音 xuān，《经典释文》引京房云：“干也。”日照而使水分蒸发。说，悦。君，引申为主。藏，含藏。来知德《周易集注》：“坤则为养物之府，而于物无所不容。”

第五章

帝出乎震，齐乎巽，相见乎离，致役乎坤，说言乎兑，战乎乾，劳乎坎，成言乎艮。万物出乎震，震东方也。齐乎巽，巽东南也。齐也者，言万物之絜齐也。离也者，明也，万物皆相见，南方之卦也。圣人南面而听天下，向明而治，盖取诸此也。坤也者，地也，万物皆致养焉，故曰“致役乎坤”。兑，正秋也，万物之所说也，故曰“说言乎兑”。战乎乾，乾，西北之卦也，言

阴阳相薄也。坎者，水也，正北方之卦也，劳卦也，万物之所归也，故曰“劳乎坎”。艮，东北之卦也，万物之所成终而所成始也，故曰“成言乎艮”。

【讲解】 关于天地万类的生命主宰，震卦象喻其始萌，生命元气，与巽卦所象喻的生命齐长，同离卦所象喻的生命共现，致养于坤卦的生命趋于成熟，兑卦象喻成熟的喜悦，乾卦象喻阳刚之气的交合功能，坎卦象喻劳倦衰颓，艮卦象喻生命的终止，又重新孕育新的生命因素。天地万类生于震，震卦象征东方，齐长共荣于巽，巽卦象征东南方。所谓齐长共荣，是说一切生命都合于时宜而长势整齐一致。离卦象征明丽，天地万类的美相互映对，一片辉煌灿烂。它是位于南方的卦，圣人朝南而坐，理政于天下，象丽日朗照，以清明之仁智治理天下，都是因为取之于离卦的喻义。坤卦象征大地，万物生命都孕育于大地，因此说，万物生命都从大地取得了充足的生命养分。兑卦，象征生命正逢秋熟这一大好时光，万物成熟所以令人喜悦，因此兑卦象喻成熟的喜悦。乾卦象征阳刚之气的交合功能。乾卦，是位于西北方位的卦，说的是乾阳与坤阴阴阳交合而亲近。坎卦象征水，它是位于正北方的卦，又是象喻生命劳倦衰颓的卦，象喻万物闭藏回归，所以说，万物经过春生、夏长、秋熟而必走向冬藏，万物劳倦衰颓于坎卦。艮卦，是位于东北方位的卦，象征万物的终了，然而终了之中又孕育生机的种子，因此说，万物生命完成了一个周期而初始于艮卦。

出，此具生义。帝，蒂之本字。《周易正义》：“帝者，生物之主，兴益之宗。”言，助词。战，《说文》：“战者，接也。”朱骏声《六十四卦经解》：“战之为言接也。阴阳交接和会，大生广生。”与坤卦上六爻辞“龙战于野”的战同义。絜，犹新也。“阴阳相薄”与“战乎乾”两句义相联系，皆指阴阳、乾坤交合。

这一章内容，言述文王（后天）八卦方位及其人文意识。它以东方为逻辑原点，依次为震东、巽东南、离南、坤西南、兑西、乾西北、坎北、艮东北。后人据此画出文王（后天）八卦方位图。此方位图配以时令，即《周易集解》引崔憬所言：“帝者，天之王气也。至春分则震王，而万物出生。”“立夏则巽王，而万物絜齐。”“夏至则离王，万物皆相见也。”“立秋则坤王，而万物致养也。”“秋分则兑王，而万物所说（悦）。”“立冬则乾王，而阴阳相薄。”“冬至则坎王，而万物之所归也。”“立春则艮王，而万物之所成终成始也。以其周王天下，故谓之帝。”

第六章

神也者，妙万物而为言者也。动万物者，莫疾乎雷。桡万物者，莫疾乎风。燥万物者，莫熯乎火。说万物者，莫说乎泽。润万物者，莫润乎水。终万物始万物者，莫盛乎艮。故水火相逮，雷风不相悖，山泽通气，然后能变化，既成万物也。

【讲解】 乾坤，阴阳不测的神妙变化，妙育于天地万类；能够用言语表述的，只是它们的功用。使万物振奋、发动的，没有比雷震更迅烈；吹拂而使万物长养的，没有比巽风更迅疾；使万物过多水汽蒸发不使潮腐的，没有比离火更炎热；使万物和悦地生长的，没有比兑泽更愉快；使万物滋润兴盛的，没有比坎水更润湿；使万物终而复始的，没有比艮山在静止之中隐寓发动之机更根本的。因此，水性润下而火性炎上，相互滋养而为功用；雷震与巽风互为迫急而不相背悖违逆；艮山与兑泽一高一下，气息交通。乾坤为体，坎离、震巽、艮兑为用，八卦才能象喻天地万类的生成与运化。

神，李道平《周易集解纂疏》：“‘阴阳不测之谓神’，阴阳谓乾坤也。”言，此指言说，指乾坤为变化之体，其功难言，而坎离、震巽、艮兑六子为用，故能言。乾坤为体，故难言，此即“妙万物”之妙义。妙，微也。桡，挠字之借。吴澄《易纂言》：“桡者，吹拂长养。”《周易集解》引崔憬：“言风能鼓桡万物。”此指春风吹拂而草木舒长。熯，音 hàn，同暵，日照炎热而使水汽蒸发。终万物始万物者，此句与前文“成言乎艮”同义，指居于东北方位的艮卦象喻“万物以之始而为今岁首，以之终而为去岁末”(《周易集解》引崔憬）义。东北艮，时令正值大寒、立春，在去岁、今岁交替之际。逮，《周易集解》引孔颖达，以为“水火相逮”者，“明性虽不相入，而气相逮及”。山泽通气，《周易集解》引崔憬：“言山泽虽相县（悬）远，而气交通。”变化，此指乾变而坤化。

第七章

乾，健也。坤，顺也。震，动也。巽，入也。坎，陷也。离，丽也。艮，止也。兑，说也。

【讲解】 乾卦象征刚健，坤卦象征顺随，震卦象征震动，巽卦象征隐入，坎卦象征坎陷，离卦象征附丽，艮卦象征静止，兑卦象征和悦。

这一章言说八卦的主要象征意义。《周易浅述》云：“此节言八卦之性情……性者，其本体；情者，其作用也。乾纯阳刚，故健；坤纯阴柔，故顺；震一阳生二阴之下，刚而进，故动；坎一阳在二阴之中，刚为阴所掩，故陷；艮一阳出于二阴之上，无所往矣，故止；巽一阴藏于二阳之下，顺而伏，故入；离一阴在二阳之中，顺而附，故丽；兑一阴在二阳之上，顺而见，故说。然乾健坤顺，震、坎、艮三阳卦皆从健，巽、离、兑三阴卦皆从顺。”体现了乾坤为体、六子为用的人文思维模式。

第八章

乾为马，坤为牛，震为龙，巽为鸡，坎为豕，离为雉，艮为狗，兑为羊。

【讲解】 乾卦取象于马，坤卦取象于牛，震卦取象于龙，巽卦取象于鸡，坎卦取象于小猪，离卦取象于野雉，艮卦取象于狗，兑卦取象于羊。

这里从远取诸物角度说八卦的喻义。马健行不息，故乾为马；牛负重而脚踏实地，故坤为牛；龙潜于渊却具有见于田、飞于天的动势，故震为龙；鸡司晨而善鸣，与风相应，故巽为鸡；小猪其性沾湿，喜陷于污泥，故坎为豕；野雉之羽文章灿烂，故离为雉；狗性外刚而内媚，止随于人，故艮为狗；羊者，祥也，羊外柔而悦群，故兑为羊。

第九章

乾为首，坤为腹，震为足，巽为股，坎为耳，离为目，艮为手，兑为口。

【讲解】 乾卦取象于人的头，坤卦取象于人的腹，震卦取象于人的脚，巽卦取象于人的大腿，坎卦取象于人的耳朵，离卦取象于人的眼睛，艮卦取象于人的手，兑卦取象于人的嘴。

这里从近取诸身角度说八卦的喻义。《周易浅述》云，“首会诸阳，尊而在上”，故乾；“腹藏诸阴，大而容物”，故坤；“足在下而动”，故震；“股两垂而下”，故巽；“耳轮内陷，阳在内而聪”，故坎；“目睛附外，阳在外而明”，故离；“手动在前”，而手持能使物止，故艮；“口开于上”，主言语而能悦物也，故兑。“此一身之合于八卦者也。近取诸身者，六子皆反对；远取诸物者，六子皆以序对。”是矣。

第十章

乾，天也，故称乎父。坤，地也，故称乎母。震一索而得男，故谓之长男。巽一索而得女，故谓之长女。坎再索而得男，故谓之中男。离再索而得女，故谓之中女。艮三索而得男，故谓之少男。兑三索而得女，故谓之少女。

【讲解】 乾为天，因此称为父；坤为地，因此称为母。乾卦一阳来交于坤卦初爻而为震卦，成为三男之一的长男；坤卦一阴来就于乾卦初爻而为巽卦，成为三女之一的长女。乾卦一阳来交于坤卦第二爻而为坎卦，成为三男之一的中男；坤卦一阴来就于乾卦第二爻而为离卦，成为三女之一的中女。乾卦一阳来交于坤卦第三爻而为艮卦，成为三男之一的少男；坤卦一阴来就于乾卦第三爻而为兑卦，成为三女之一的少女。

这里，又从远取诸物言八卦的取象比喻，宣说家庭伦理。索，求也。

第十一章

乾为天，为圜。为君，为父。为玉，为金。为寒，为冰。为大赤。为良马，为老马，为瘠马，为驳马。为木果。

【讲解】 乾卦象征天，象圆。象君主，象父亲。象美玉，象金属。象寒冷，象冻冰。象大红之色。象良马，象老马，象瘦马，象毛色驳杂的马。象树木的果实。

这里以乾卦纯阳明十四喻义。这些喻象，都具有阳刚之性。《周易集解》引崔憬："天体清明而刚，故'为玉，为金'。""乾主立冬已后，冬至已前，故'为寒，为冰'也。""（乾）纯阳之卦，故取盛阳，色为大赤。"乾善，喻良马；气衰息至，喻老马；骨为阳，乾纯阳骨多，喻瘠马；天有五行之色，喻驳马。引宋衷："群星着天，似果实着木，故'为木果'。"

坤为地。为母。为布。为釜。为吝啬。为均。为子母牛。为大舆。为文。为众。为柄。其于地也，为黑。

【讲解】 坤卦象征大地。象母亲。象遍布。象锅釜。象吝啬、小气。象均平。象子牛的母牛。象大车。象文采章美。象众庶。象万物之本。象大地的黑土。

这里以坤卦纯阴明十二喻义。这些喻象，都归于阴柔之性。布，《周易集解》引崔憬："遍布万物于致养，故坤'为布'。"可从。有的易解，以布为货币，亦可备一说。釜，烧煮食物的锅，取其化生而成熟之义。吝啬，《周易尚氏学》："坤闭，故吝啬。"此解与坤卦象喻"坤厚载物"有背悖之处。均，均平，《周易正义》释为"以其地道平均也"。子母牛，牛性驯顺，《周易正义》：

“取其多蕃育而顺之也。”舆，车，大地载物与车子载物类同，故有此喻。柄，《周易集解》引崔憬：“万物依之为本。”柄，本也。黑，赤为天之正色，黑（玄）为地之正色。

震为雷。为龙。为玄黄。为旉。为大途。为长子。为决躁。为苍筤竹。为萑苇。其于马也，为善鸣，为馵足，为作足，为的颡。其于稼也，为反生。其究为健，为蕃鲜。

【**讲解**】震卦象征雷。象龙。象青黄杂色。象花朵。象通衢大路。象长子。象刚决躁急。象根坚而枝干青嫩的幼竹。象根茎丛生的芦苇。象马善于嘶鸣，象其左后足长着白毛，奋双蹄而奔驰，马面额为白色。象稼植根系下生。象雷动而极为刚健。象草木逢春，蕃育鲜茂。

旉，音fū，花朵通称。筤，音láng，《周易集解》引《九家易》：“苍筤，青也。震阳在下，根长坚刚，阴爻在中（引者按：应为阴爻在上），使外苍筤也。”这是从震卦卦象释义。萑苇，蒹葭，芦类植物。《周易集解》引《九家易》：“萑苇，蒹葭也。根茎丛生，蔓衍相连，有似雷行也。”馵足，左后长白毛的马足。馵，音zhù。作足，奔腾的马蹄。作，此为起之义。的，白。颡，音sǎng，额也。反生，从震卦卦象看，阳爻初在下，二阴爻在上，故喻反生。究，究竟，终了。《易纬·乾凿度》：“物有始，有壮，有究。”蕃鲜，《周易浅述》：“蕃，生；鲜，美。春生之草，下一根而开叶于上也。”

巽为木。为风。为长女。为绳直。为工。为白。为长，为高。为进退。为不果。为臭。其于人也，为寡发，为广颡，为多白眼。为近利市三倍。其究为躁卦。

【**讲解**】巽卦象征木。象风。象长女。象准绳绷直。象巫祝。象白色。象物之长、物之高。象有进有退。象不果断。象气味、嗅觉。对于人而言，象头发白多黑少、黑白相杂，象额头广宽，象白眼傲视。象获利近于三倍。巽卦发展至极，风势极盛，为躁急之卦。

工，巫祝。巫从工，甲骨文写作[illegible]（一期合二六八），本义指古代卜筮活动之执掌者与祭祀者。臭，气也。寡发，《周易集解》作宣发，并解云：“为白，故宣发。马（融）君以宣为寡发，非也。”可参。《经典释文》：“黑白杂为宣发。”《周易尚氏学》：“巽陨落，故寡发。震为发，反巽故寡发。广颡取上二阳象。多白眼，按离为目，中爻阴，黑睛，上下阳目中之白，今二阳皆在上，睛伏在下，故多白眼。”为近利市三倍，《周易正义》：“取其木生蕃盛，于市则三倍之宜利也。”其究为躁卦，《周易正义》：“取其风之近极于躁急也。”《周易浅述》：“三爻皆变，则为震之决躁。”所谓三爻皆变，指巽卦初阴变阳、二阳与三阳皆变阴而成震卦。震，雷而动也，故巽卦其究为躁卦。

坎为水。为沟渎。为隐伏。为矫輮，为弓轮。其于人也，为加忧，为心病，为耳痛。为血卦。为赤。其于马也，为美脊，为亟心，为下首，为薄蹄，为曳。其于舆也，为多眚。为通。为月。为盗。其于木也，为坚多心。

【讲解】 坎卦象征水。象沟渠。象水的隐伏。象曲者直、直者曲，曲弓与圆轮。对于人而言，象忧心忡忡，象情志有病，象耳有疼痛。坎是象征沟洫险陷的卦。象红色。对于马来说，象美丽的马的脊背，象马躁急的脾性，象马的低头，象马的踢地，象马因疲劳而腿足拖地而行。对于车辆而言，象大车载重而损坏。

象抵达。对于夜而言，象月色。象隐匿的盗贼。对于木植而言，象刚质、柔皮而内坚外软。

矫輮，《周易正义》：“使曲者直为矫，使直者曲为輮。”加忧，忧上又忧，《周易集解》引虞翻：“两阴失心为多眚，故‘加忧’。”心病，坎为心。坎二爻变为坤，喻心病。耳痛，《周易正义》：“坎为劳卦也。又北方主听，听劳则耳痛也。”血卦，卦为水，水为陷下。血，洫，沟洫也，坎为洫卦，喻陷险之义。美脊，坎卦阳爻居中，喻马脊。亟心，急心，内心躁急。下首，指马头下垂。薄蹄，薄为近义。眚，灾变。舆，大车，大地。《周易集解》引虞翻释“其于舆也，为多眚”云：“眚，败也。坤为大车，坎折坤体，故为车‘多眚’也。”为月，月为水之精，坎为水，故喻月。为盗，水性坎陷，盗贼隐伏，故喻盗。坚多心，坎卦中为阳，象心在中，故有此喻。

离为火。为日，为电。为中女。为甲胄，为戈兵。其于人也，为大腹。为干卦。为鳖，为蟹，为蠃，为蚌，为龟。其于木也，为科上槁。

【讲解】 离卦象征火。象太阳，象闪电。象中女。象盔甲，象兵器。象妇人怀孕。象火性之卦义。象鳖，象蟹，象螺，象蚌，象龟。对于木植来说，象枝干中空而从其上端开始枯萎。

为干卦，非乾卦。《周易集解》引虞翻认为“为干卦”者，“火日熯燥物，故‘为干卦’也”。大腹，虞翻云：“如妊身妇。”

艮为山。为径路。为小石。为门阙。为果蓏。为阍寺。为指。为狗，为鼠，为黔喙之属。其于木也，为坚多节。

【讲解】 艮卦象征山岳。象小路。象小石。象宫殿、坛庙的高门崇阙。象草木果实。象禁止出入的阍人、寺人。象手指。象狗，象鼠，象具有黑色坚利嘴喙的禽类。对于木植而言，象树木衰老、坚硬而多生枝节。

果蓏，《经典释文》引应劭："木实曰果，草实曰蓏。"蓏，音 luǒ。阍，音 hūn，指守持宫门或巷路的人。阍寺，《周易集解》引宋衷："阍人主门，寺人主巷。艮为止，此职皆掌禁止者也。"黔喙，《周易集解》引马融："肉食之兽，谓豺狼之属。黔，黑也。阳玄在前也。"然喙为鸟喙之义，故未宜取马氏之解。《周易尚氏学》："马、郑皆谓为虎豹之属，实虎豹无黔喙者。"此指猛禽："鸟之刚在喙，艮刚在上，故为黔喙。"其说是。坚多节，《周易正义》："取其山之所生，其坚劲，故多节也。"李道平《周易集解纂疏》："艮为木之终，故多节。"木之终即木之老，木老而必多节。

兑为泽。为少女。为巫。为口舌。为毁折。为附决。其于地也，为刚卤。为妾。为羊。

【讲解】 兑卦象征泽水。象少女。象女巫。象能言善辩。象损毁、挫折。象附丽而果实脱落。对于大地而言，象田土坚硬、多碱而草木不生。象小妾。象羊。

为巫，与前文为工一语意义相连。《周易正义》："兑，西方之卦，又兑主秋也，取秋物成熟，槁秆之属则毁折也，果蓏之属则附决也。"《周易浅述》："泽者水之聚。二阳沉于下，一阴见于上，坎壅成泽也。巫，以言语说神者。兑上折，口象，故为巫为口舌。金气始杀，条枯实落，故为毁折。柔附于刚，刚乃决柔，故为附决。"又说："阳在下为刚，阴在上为卤，则卤之地不生物。卤者，水之死气也。""少女从娣故为妾，内狠外说（悦）故为羊。"

这一章，总说八卦各卦喻义。其人文思路，为类比。

【小结】 依《周易本义》,《说卦》分十一章。每章主题：第一章从圣人作《易》，总说圣人因象数之本而立揲蓍求卦之法，指明生蓍、倚数、立卦、生爻、穷理尽性以至于命的意义。第二章从六十四卦每卦六爻，说天、地、人三才（三极）之寓义，承接第一章，阐性命之理，指明每卦六爻为两个八卦上下相重。第三章说八卦结构。天地、雷风、水火、山泽两相映对。第四章以乾坤为体，六子为用，续说先天八卦方位、六子之用统于乾坤之体，称述造化流行具生长收藏之功。第五章详述文王后天八卦方位理念，以八卦配八方，又配四时，将万物的生成、运化，纳入八卦方位这一人文思维模式。第六章专述震巽、坎离、艮兑六子的功用。第七章正如《周易本义》所言，此章简述八卦喻义，指明其基本属性。第八章远取诸物，明八卦的基本取象。第九章近取诸身，言八卦的基本取象。第十章以八卦比拟家庭血亲伦理。第十一章详述八卦之每一卦的象喻之义。以乾天、坤地、震雷、巽木、坎水、离火、艮山、兑泽为本喻，逐一解说各卦属类的分喻。其解说次序，先乾坤，后六子，且三男居前，三女随后。

总之，正如《周易正义》所言：“《说卦》者，陈说八卦之德业变化及法象所为也。”《周易浅述》也说：“《说卦传》十一章，备言卦象卦位。”

《序卦》精讲

上经三十：以乾坤、坎离为上经之始终，主言“天道”

有天地，然后万物生焉。

【讲解】 先有天与地，然后万物得以产生。

《序卦》，述今本《周易》六十四卦次序，揭卦序前后相承、相应意义，明六十四卦次序何以如此排列。依今本分上经、下经体例而亦分为两部分。第一部分始于乾坤终于坎离；第二部分始于咸恒终于既济未济。《周易正义》：“六十四卦分为上、下二篇，其先后之次，其理不见，故孔子就上、下二经，各序其相次之义，故谓之《序卦》焉。”孔颖达以为《序卦》为孔子所撰，今人多未持此说。《序卦》文字简洁，概述卦与卦之间的排序意义。

这里所说天地，兼指乾、坤两卦。乾为天，坤为地。以乾坤、天地为万物发生的本因，为《序卦》的总体人文思维与理念。《序卦》第二部分开头也说“有天地然后有万物”，取自同一思维、理念与逻辑。《系辞上》云“是故易有太极，是生两仪……”，虽然太极本指古筮法“大衍之数五十，其用四十有九”之留下不用的那一策，然太极在《系辞》万物生成论中已具本因、本原意义。因此，这里以天地称说万物本因，在哲学思想与思维上是与《系辞》不同的，它的生成论可能比《系辞》更古朴。《易纬·乾凿度》：“乾坤者，阴阳之根本，万物之祖宗也。”阴阳之根本，是说乾天、坤地，为大阴、大阳即原阴、原阳之谓。

盈天地之间者唯万物，故受之以屯。屯者，盈也；屯者，物之始生也。物生必蒙，故受之以蒙。蒙者，蒙也，物之稚也。

【讲解】充满、运化于天地之间的，是除天地之外的万事万物，使天地充盈的，是细缊之气。因此在乾卦、坤卦之后紧接着的，便是象喻事物初生于屯难的屯卦。屯的意思，阴阳二气交合，天造草昧，充满了生命之力。屯象喻万物始萌。万物初始，必然蒙稚，因此紧接的便是蒙卦。蒙卦象喻蒙昧、蒙暗与蒙稚，指万物幼稚。

受，继也。项安世《周易玩辞》："天地细缊，雷雨（引者按：屯卦震下坎上，震为雷，坎为水，故有雷雨之象）动荡，见其气之充塞也，是故谓之盈尔。故谓之盈者，其气也。谓之物之始生者，其时也。谓之难者，其事也。"蒙者，萌也，愚也，开蒙以筮，筮者指迷也。

物稚不可不养也，故受之以需。需者，饮食之道也。饮食必有讼，故受之以讼。

【讲解】人与万物幼稚蒙昧，不可以不去养育，因此紧接的是需卦。需是需待的意思，需待于饮食是蒙养的根本道理。饮食决定生存。有吃饭问题，必有争讼，因此紧接的便是讼卦。

需，需待于饮食。

讼必有众起，故受之以师。师者，众也。众必有所比，故受之以比。比者，比也。

【讲解】争讼必然群起，因此紧接的是师卦。师的意思，象喻兵众。聚众在一起，必然有所亲比，因此紧接的是比卦。比的意思，亲比，比辅。

《彖辞》："师，众也。"师卦坎下坤上，坎险坤众，故兴师而克伐。比卦坤下坎上，《象辞》："地上有水，比。"《程氏易传》："夫物相亲比而无间者，莫如水在地上。"韩康伯《周易》注："众起而不比，则争无由息。必相亲比，而后得宁也。"

比必有所畜，故受之以小畜。物畜然后有礼，故受之以履。履者，礼也。

【讲解】 亲比必然有所蓄养、蓄聚，因此紧接的是小畜卦。人与人、物与物相蓄养、蓄聚，必有等级、序次，然后才有礼制、规范，因此紧接的是履卦。履卦的意思即礼。

履，礼。今本《周易》履卦之履，帛书本《周易》写作礼。

履而泰，然后安，故受之以泰。泰者，通也。物不可以终通，故受之以否。

【讲解】 以礼制践行，便是人生通泰之途，然后天下平安，因此紧接的是泰卦。泰的意思，天地相交而万物亨通。万物不可能永远、绝对地通泰，因此紧接的是否卦。

泰次于履，正如《周易浅述》所云："盖履得其所，乃得安舒。"而否次于泰，是通极必塞、气化之常的缘故。

物不可以终否，故受之以同人。与人同者，物必归焉，故受之以大有。

【讲解】 人与物不可能永远、绝对地否闭、倒运，因此紧接的是同人卦。与人志同道合，做事及境遇便顺遂人心，因此紧接的是大有卦。

归，指做事及境遇皆遂人愿。《周易浅述》："众物所归，所有乃大，大有所以次同人也。"大有卦乾下离上，火在天上，有光明普照，盛大丰有之喻。

有大者不可以盈，故受之以谦。有大而能谦必豫，故受之以豫。

【讲解】 盛大丰有之时，不可以自满，因此紧接的是谦卦。盛大丰有却能谦虚，必然愉悦，因此紧接的是豫卦。

《周易浅述》："大则易于满盈，道在谦损，谦所以次大有也。""大而能谦，则有豫乐，豫所以次谦也。"

豫必有随，故受之以随。以喜随人者必有事，故受之以蛊。

【讲解】 太自鸣得意的人，必然随心所欲，因此紧接的是随卦。喜欢随从于人，一定会遭遇令人倒运的事，因此紧接的是象喻蛊坏的蛊卦。

朱震《汉上易传》："臣事君，子事父，妇事夫，弟子事师，非乐于所事者，其肯随乎？"可备一说。蛊卦有蛊坏之象喻。《左传》释蛊卦，有"风落山，女惑男"之说。以长女与少男惑乱其情，为蛊坏之喻。《周易浅述》："喜悦随人，过中失正，则蛊惑坏乱之事自此起，蛊所以次随也。"

蛊者，事也。有事而后可大，故受之以临。临者，大也。物大然后可观，故受之以观。

【讲解】 蛊卦的另一喻义是治蛊之事，治蛊则促成事业盛大，因此紧接的是临卦。临的意思，居高临下，目光远大。物事宏大，然后可以观瞻，因此紧接的是观卦。

可观而后有所合，故受之以噬嗑。嗑者，合也。物不可以苟合而已，故受之以贲。

【讲解】 可以观瞻然后法度修明，刑罚普施而上下应合，因此紧接的是噬嗑卦。嗑的意思，由啮合而引申为应合。事物之间不可能老是苟且相合，因此紧接的是有文饰之喻的贲卦。

噬嗑，口颐之中有物。噬，啮；嗑，合。《周易集解》引崔憬："言可观政于人，则有所合于刑矣，故曰可观而有所合。"又云："言物不可苟合于刑，当须以文饰之，故'受之以贲'。"相合有刑罚与文饰两类。仅以刑而强为合，称苟合；以文为饰（贲），才是真正的应合。因而《周易浅述》云："人物合聚，必有次序行列，威仪上下，而文饰生焉。贲所以次噬嗑也。"

贲者，饰也。致饰然后亨则尽矣，故受之以剥。剥者，剥也。物不可以终尽，剥穷上反下，故受之以复。

【讲解】 贲的意思为文饰。文饰恰到好处然后万事亨通，文饰过度则亨通就会终止，因此紧接的是剥卦。剥的意思，剥落穷尽而复起。事物不可能永远、绝对地处于穷尽之时，剥尽之极必回复于初，因此紧接的是复卦。

《周易集解》引崔憬："以文致饰，则上下情通，故曰致饰然后通也。文者致理，极而无救则尽矣。尽犹剥也。"又云："夫易穷则有变，物极则反于初，故剥之为道，不可终尽，而受之于复也。"

复则不妄矣，故受之以无妄。有无妄然后可畜，故受之以大畜。

【讲解】 回复于正道，便是人格与践行真实而不虚妄，因此紧接的是无妄卦。道德行为真实而不虚妄，然后崇高人格可以蓄聚、蓄止，"刚健，笃实，辉光，日新其德"，因此紧接的是大畜卦。

项安世《周易玩辞》："大畜者，畜之终，天地之间物莫不备，故养道足。"

物畜然后可养，故受之以颐。颐者，养也。不养则不可动，故受之以大过。

【讲解】 事物大为蓄聚、蓄止，就可供滋养，因此紧接的是颐卦。颐的意思，颐养口腹，象喻颐养德性。如果不颐养口腹与德性，那就不可能强健振作，因此紧接的是大过卦。

《周易折中》：“无所养则其体不立，不可举动以应大事。惟养充而动，动必有大过人者矣。”《周易浅述》：“凡物养成，而后所动者大。非常之事，大过于人。由于所养者大，大过所以次颐也。”

物不可以终过，故受之以坎。**坎者，陷也**。**陷必有所丽，故受之以离**。**离者，丽也**。

【讲解】 事物不可能永远、绝对地超过极限而必有坎缺，因此紧接的是坎卦。坎的意思是险陷。坎陷发展到极端，必然变而为附丽。离卦，象喻附丽。

大过，刚而过甚，不可终久。过甚则如过涉灭顶，因而坎陷。而穷极必变，坎极离来。坎一阳陷于二阴，离一阴附丽于二阳，坎陷之极则化变为离，此乃本然之趋势。

下经三十四：以咸恒为始，终以既济未济，概述“人事”

有天地然后有万物，有万物然后有男女。有男女然后有夫妇，有夫妇然后有父子。有父子然后有君臣，有君臣然后有上下。有上下然后礼义有所错。

【讲解】 先有天地然后万物产生，万物产生然后有男女两性。有男女两性，然后配成夫妇而建立家庭。有夫妇家庭，然后生儿育女随之产生父子人伦。有父子人伦，然后建立国家，出现君臣关系。有君臣关系，然后分尊卑上下。有尊卑上下，然后有礼义、等级，于是名分有所错落。

下经三十四卦，这里概述三十四卦次序。《程氏易传》：“天地，万物之本；夫妇，人伦之始。所以上经首乾坤，下经首咸继以恒也。”《说卦》云：“天地定位，山泽通气。”位，对待而立义，故而上经首乾而继坤。阴阳二气大化流行而合，因而山泽相合为咸卦（艮下兑上）。然而，这里不明言咸卦，仅说天地、万物、男女、父子、君臣、礼义之关系，体例同于上经次序。而《序卦》开头，仅说天地不明言乾坤两卦，因天地即乾坤之故。韩康伯《周易》注：“先儒以乾至离为上经，天道也；咸至未济为下经，人事也。……错综天人，以效变化。”

夫妇之道，不可以不久也，故受之以恒。恒者，久也。

【讲解】 咸卦所象喻的男女交感而成的夫妇之道，不可以不恒久，因此紧接咸卦的是恒卦。恒的意思，人伦恒久。

恒卦所以次于咸卦，是因为一旦男女相感，成为夫妇，便一生厮守，夫妇人伦，终身不变。这里，表达了严肃、严正的儒家家庭伦理观念。

物不可以久居其所，故受之以遁。遁者，退也。物不可以终遁，故受之以大壮。

【讲解】事物不可能恒久地安处在一个地方，因而紧接的是遁卦。遁的意思，退隐远避。事物不可能老是退隐远避，因此紧接的是大壮卦。

韩康伯《周易》注："夫妇之道，以恒为贵，而物之所居，不可以恒，宜与世（时）升降，有时而遁也。"《杂卦》："大壮则止。"壮有止义。《周易玩辞》："遁于义为退，则大壮似于进矣。而《杂卦》曰'大壮则止'，何也？盖大壮之义，似进而未进，似止而非止，蓄材待事（时），养锐积力，以止为进者也。"

物不可以终壮，故受之以晋。晋者，进也。进必有所伤，故受之以明夷。夷者，伤也。

【讲解】事物不可能老是处在健壮之时，因此紧接的是晋卦。晋的意思，旭日高升、上进。高升、上进不止必然有所毁伤，因此紧接的是明夷卦。夷的意思，毁伤。

伤于外者，必反其家，故受之以家人。家道穷必乖，故受之以睽。睽者，乖也。

【讲解】人在外受到伤害，必然返家以求身心的庇护，因此紧接的是家人卦。家人之间不讲亲情规矩，治家不严，必然相互乖离、悖睽，因此紧接的是睽卦。睽的意思，乖违。

《周易集解纂疏》引韩康伯："伤于外者，必反诸内也。"又引崔憬："妇子嘻嘻，过在失节。失节则穷，穷则乖，故曰'家道穷必乖'。"

乖必有难，故受之以蹇。蹇者，难也。物不可以终难，故受之以解。解者，缓也。

【讲解】家道穷乖，必然招致灾难，因此紧接的是蹇卦。蹇的意思，苦难困顿。事物不可能老是处在困难之时，因此紧接的是解卦。解的意思，舒解、缓和。

《彖辞》："蹇，难也，险在前也。"蹇卦艮下坎上，艮为止而坎为险，象险止于此，故处境危难。解卦坎下震上，坎险而震动，象坎险得以缓解。

缓必有所失，故受之以损。损而不已必益，故受之以益。

【讲解】事情缓解之时，必然有所懈怠失误，因此紧接的是损卦。损卦象征减损，不断减损自己以助益于人，必然使他人受益，因此紧接的是益卦。

《周易浅述》："损卦下兑上艮，取损下益上之义。其说有四：山体高泽体深，下深而上益高，一也；泽在山下，其气上通，润及草木，二也；下为兑说，三爻皆上应，说以奉上，三也；损下乾刚而益柔，益上坤柔而成刚，四也。损上益下谓之益，损下益上谓之损。"损卦所以次于解卦，是因为人事懈怠必遭损害。而减损之极，必寓转机，有所增益。

益而不已必决，故受之以夬。夬者，决也。决必有遇，故受之以姤。姤者，遇也。

【讲解】增益总不能无休无止，必然满盈而溃决，因此紧接的是夬卦。夬的意思，溃决。事物一旦处于溃决之时与分离之中，必然一转而有遇合，因此紧接的是姤卦。姤的意思，遇合。

韩康伯《周易》注："益而不已则盈，故'必决'也"。韩注又以祛除邪恶释姤，称"以正决邪，必有喜遇也"。可备一解。

物相遇而后聚，故受之以萃。萃者，聚也。聚而上者谓之升，故受之以升。

【讲解】 天地、阴阳相互遇合，万物生息，然后精华会聚在一起，因此紧接的是萃卦。萃的意思，精华会聚。精华会聚而有主宰，称为事物之上升，因此紧接的是升卦。

《周易集解》引崔憬："天地相遇，品物咸章，故言'物相遇而后聚'。"遇合、会聚，指阴阳之气聚而荟萃。又以"故顺天子而升为王"释升义，可参。

升而不已必困，故受之以困。困乎上者必反下，故受之以井。

【讲解】 事物上升不止，必然陷入困穷之时，因此紧接的是困卦。困穷之极而处境危厉的，必然返归于下而求平安，因此紧接的是象喻润下的井卦。

升卦巽下坤上，象木生地中，长而益高，上升之时。困卦坎下兑上，有陷落于泥水之象，故困。井卦巽下坎上，风生于水下，下为源泉，有水井之象。困、井互综。困时已寓源泉之象。值得注意的是，在《周易》本经中，井卦所说的井，实为井田，有卦辞"改邑不改井"一语为证。然《易传》说到井卦意义，都仅说井卦象喻水井、井泉，引申为人格意义上的井养、井德，此为本经、《易传》不一之处。

井道不可不革，故受之以革。革物者莫若鼎，故受之以鼎。

【讲解】 道德人格意义上的井德、井养，不可能不祛除浊秽而重革新，因此紧接的是革卦。革变事物，就像鼎器煮食那般化生为熟、去故取新，因此紧接的是鼎卦。

井道，指道德人格意义上的井德、井养。韩康伯《周易》注：“井久则浊秽，宜革易其故。”又云：“革去故，鼎取新。既以去故，则宜制器立法以治新也。鼎，所以和齐生物成新之器也，故取象焉。”

主器者莫若长子，故受之以震。震者，动也。物不可以终动，止也，故受之以艮。艮者，止也。

【讲解】 用鼎器盛物祭祖的人，没有比长子作为祭主更合适的，因此紧接的是震卦，震为长男。震的意思，指雷动。事物的发展不可能绝对地奋动而无静止，必有终止之时，因此紧接的是艮卦。艮的意思，静止。

《周易集解》引崔憬：“鼎所以烹饪，享（祭）于上帝。主此器者，莫若冢嫡，以其为祭主也。”震、艮互综，动、止互应。因而，释震动义应不忘动中有止；释艮止义应不忘止而有动。

物不可以终止，故受之以渐。渐者，进也。进必有所归，故受之以归妹。

【讲解】 事物不可能老是处在静止之时，它是静中有动、有变的，因此紧接的是渐卦。渐的意思，渐变、渐进。渐变、渐进，必然有所归宿，因此紧接的是归妹卦。

《彖辞》：“渐之进也，女归吉也。”《周易浅述》：“渐者，进也。止必有进，消长自然之理，渐所以次艮也。”又说渐有女归之象。女归，喻事物渐变之极而必突变之理。

得其所归者必大，故受之以丰。丰者，大也。穷大者必失其居，故受之以旅。

【讲解】 事物发展到突变之时，必然丰大，因此紧接的是丰卦。丰的意思，丰大而明动。事物发展到丰大、明动之时，必然丧失其平安、静居的处境，因此紧接的是旅卦。

《彖辞》：“丰，大也。明以动（引者按：丰卦离下震上，离为明，震为动），故丰。”旅卦喻人生漂泊，居无定所。

旅而无所容，故受之以巽。巽者，入也。入而后说之，故受之以兑。兑者，说也。

【讲解】 人生漂泊，无处容身，因此紧接的是巽卦。巽的意思，随顺、进入。随顺、进入而令人喜悦，因此紧接的是兑卦。兑的意思，愉悦。

巽卦全卦喻风，喻顺从。《周易集解》引崔憬：“旅寄于外而无所容，则必入矣。”《周易浅述》：“羁旅亲寡，非巽顺无以取容，巽所以次旅也。”“物相入则相说，兑所以次巽也。”

说而后散之，故受之以涣。涣者，离也。物不可以终离，故受之以节。

【讲解】 人生喜乐，终有一别，必会有令人感伤的离散，因此紧接的是涣卦。涣的意思为涣散。事物不可能老是处于离散之时，因此紧接的是象喻以节制为中和的节卦。

《周易浅述》：“人心忧则结聚，说则舒散，涣所以次兑也。”《周易集解》引崔憬：“离散之道，不可终行，当宜节止之。”

节而信之，故受之以中孚。有其信者必行之，故受之以小过。

【讲解】 节卦所象喻的节制，指守持诚信之道，因此紧接的是中孚卦。守持诚信的人必然身体力行，但有时守持过甚，因此紧接的是小过卦。

《周易玩辞》：“自恃其信，其行必果，而过于中。”因而中孚卦之后是小过卦。

有过物者必济，故受之以既济。物不可穷也，故受之以未济，终焉。

【讲解】 做事稍有过越，愈加努力，必获成功，因此紧接的是象征事业有成的既济卦。但事物的发展不可穷尽，因此在既济卦之后，紧接的便是象征事物没有穷尽、终了的未济卦。未济是六十四卦的最后一卦。

济，《尔雅·释言》释为成。《彖辞》释终为不续终也，即终而不终之义。

【小结】《序卦》是关于《周易》六十四卦次序的一篇专论，阐明卦与卦之间相继、相承而“必然”的文脉联系，而这联系是逻辑意义上的。全篇以卦名释义。《序卦》成篇较晚，文字好读。易学界关于该篇的意义，历来有所争论。《周易浅述》引双湖胡氏云：“文王序卦，大抵本先天图。以东西南北四方正卦乾、坤、坎、离为上经之始终。以西北隅艮、东南隅兑合而为咸；西南隅巽、东北隅震合而为恒。四隅反卦为下经之始，而终之以既未济，则亦坎、离之交不交也。故乾、坤、坎、离四纯卦皆居上经，震、巽、艮、兑四纯卦皆居下经，又以反对为次，虽非伏羲之旧，而先天之图大旨则备见焉。”此说不无道理。又说：“《序卦》之意，有以相因为序，乾、坤、屯、蒙是也；有以相反为序，泰、否、剥、复是也。天地间不出相因相反二者，始则相因，极必相反也。”是。然而综观整篇《序卦》，六十四卦系统中卦与卦之间，并无逻辑上的必然联系。实际上今本《周易》六十四卦序，体现的是“二二相耦，非覆即变”的联系，即相邻两卦，不是错卦，便是综卦或错综卦。

《杂卦》精讲

乾刚坤柔。比乐师忧。临、观之义，或与或求。屯见而不失其居。蒙杂而著。震，起也。艮，止也。损、益，盛衰之始也。大畜，时也。无妄，灾也。萃聚而升不来也。谦轻而豫怠也。噬嗑，食也。贲，无色也。兑见而巽伏也。随，无故也。蛊则饬也。剥，烂也。复，反也。晋，昼也。明夷，诛也。井通，而困相遇也。咸，速也。恒，久也。涣，离也。节，止也。解，缓也。蹇，难也。睽，外也。家人，内也。否、泰，反其类也。大壮则止。遁则退也。大有，众也。同人，亲也。革，去故也。鼎，取新也。小过，过也。中孚，信也。丰，多故也。亲寡，旅也。离上而坎下也。小畜，寡也。履，不处也。需，不进也。讼，不亲也。大过，颠也。姤，遇也，柔遇刚也。渐，女归待男行也。颐，养正也。既济，定也。归妹，女之终也。未济，男之穷也。夬，决也，刚决柔也，君子道长，小人道忧也。

【讲解】 乾卦象喻天道阳刚，坤卦象喻地道阴柔。比卦的喻义是因亲比而快乐，师卦之义为兴师动众而令人忧患。临卦、观卦的意义，是赐予，是诉求。屯卦体现了屯难之时、事物初始的生机，而不丧失它的时位。蒙卦以爻性、爻位错杂，喻蒙昧童智因启蒙而开明。震卦奋起。艮卦静止。损卦与益卦，损极而益始，益极而损始，盛衰互逆互应、互动互转。大畜卦，讲蓄聚的时机。无妄卦说的是谨防飞来横祸。萃卦喻积聚精华，升卦象人格提升而不堕落。谦卦喻谦退，先人而后已。豫卦自我满足而精神懈怠。噬嗑卦，象征饮食之道。贲卦，喻示无色之美。兑卦显现愉悦，而巽卦卑退隐伏。随卦说随机应变，不滞累于事物。蛊卦，则是整治弊乱的意思。剥卦指事物如果实一般自然剥落而其种子却隐伏生机。复卦是生机的回返。晋卦象喻旭日东升、白天到来。明夷卦象示太阳下山，是光明的毁灭。井卦喻道德有源、情志亨通，而困卦象喻时遇不利、处境困穷，这两卦的意义，所谓井养而不穷与处境困穷两相抵遇。咸卦指少男、少女相感，情投意合而神速无比。恒卦称夫妇伦理关系恒固而弥久。涣卦象喻离散。节卦象喻节制。解卦的意思是缓解。蹇卦象征险难。睽卦言两相乖离而必疏远。家人卦，意在血亲至情而内部和同。否卦与泰卦，前者天地不交，后者天地交；前者闭塞，后者亨通，在事类上是背反的。大壮卦因壮盛易受戕害而应止时则止。遁卦的意蕴，在于因时机不利而隐遁。大有卦上下相应，为和众之象。同人卦，同人于野，所以象喻亲和。革卦，去故而革新。鼎卦，家国鼎盛，气象更新。小过卦，指稍稍过越中和之时。中孚卦，守中正而喻诚信。丰卦，因事物丰大而万事忧心。旅卦，旅居在外，亲人寡少。离卦象征火性炎上，坎卦象征水性陷下。小畜卦稍有积蓄、寡少而不能兼济。履卦的喻义是循中道而践履，不尚道德空谈。需卦指险难在前，不使冒进，须待时机。讼卦相互争讼，不相亲和。大过卦大有过越，颠覆正道。姤卦，相遇的喻义，一柔爻相遇五阳爻。渐卦是渐进的意思，好比女子待嫁而趋归，等待男子迎娶。颐卦，由口颐饮食，喻人格的守中养正之道。既济卦，六爻皆为得位之爻，象人生与事业有成、有定。归妹卦，喻女子出嫁，有了归宿。未济卦，六爻都是失位之爻，而三阳爻尤痛失其位，象喻男子处在困穷之时。夬卦有果断从事义，从卦象看，是五阳爻夬一阴爻，象喻君子之道生生不息，小人之道因困穷而令人忧虑。

《杂卦》总体不依六十四卦卦序讲述卦义，其开篇，还是先说乾坤刚柔，这有冠表全篇的意义。黄寿祺、张善文《周易译注》引《郭氏传家易说》："卦中之刚柔，皆乾之刚、坤之柔也。是以独乾、坤为刚柔。"此言是矣。按：《周易译注》一书，凡言六十四卦每一卦名，皆在卦名上用书名号，比如此乾刚坤柔，写成《乾》刚《坤》柔，未妥。刘大钧《周易概论》等先误于前。

"或与或求"，《周易浅述》："以我临物曰与，物来观我曰求。"此是。

"屯见而不失其居。蒙杂而著"，屯卦震下坎上，震动在下而坎险在上，所以为居。居为不行义。初爻阳刚，为二阴所覆，象物之难生，故曰居也。九五阳爻在天位，故称见（现）。蒙卦坎下艮上，九二阳爻居下卦中位阴而幽，蒙暗而杂也，上九一阳在坎险之极，喻光明、昭著。《周易尚氏学》："屯二阳皆当位，故不失其居。蒙二阳皆失位，故曰杂。物相杂则文生，故曰著。"可参。

"谦轻而豫怠也"，来知德《周易集注》："谦心虚，故自轻；豫志满，故自肆。"

"噬嗑，食也。贲，无色也"，《周易浅述》："颐中有物，故曰食。贲以'白贲，无咎'，无色而天下之贲莫尚焉。"

"随，无故也。蛊则饬也"，故，《广雅·释诂》解读为事之义，可从。饬，韩注为整治，可从。《周易浅述》："随时行止，前无故也；蛊坏已极，后当饬也。"

七日来复，故曰反。在十二消息卦中，从一阳始生于下，到一阳消尽，凡七为反。

“晋，昼也”，晋卦坤下离上，坤为地而离为日，旭日东升之象，白昼之象。“明夷，诛也”，明夷卦离下坤上，所谓“明入地中”，光明毁伤之谓。

“井通而困，相遇也”，《彖辞》：“井养而不穷也。”故曰井通。困卦坎下兑上，《象辞》：“泽无水，困。”指泽上无水、水反在下之象，故象困。《经典释文》：“困，穷也，穷悴掩蔽之义。”因而，此言通与困相抵遇。

“咸，速也”，《周易集解》引虞翻：“相感者，不行而至，故‘速也’。”

“睽，外也。家人，内也”，《周易集解》引虞翻：“离女在上，故‘外也’。家人，女正位乎内，故‘内’者也。”

“否泰，反其类也”，《彖辞》称否卦“大往小来”，“则是天地不交而万物不通也”；泰卦“小往大来”，“则是天地交而万物通也”，故曰“反其类”。

“大壮则止。遁则退也”，《周易浅述》认为大壮卦四阳爻在下，二阴在上，有恃壮而“不欲九四之进而欲其止”之象；遁卦四阳爻在上二阴爻在下，“前阳之不及，故不欲六二之进，欲其退也。阳进而消，阴者慎之；阴进而消，阳者抑之也”。

“小畜，寡也。履，不处也”，小畜卦乾下巽上，一阴畜五阳，一阴爻象寡；履卦兑下乾上，兑下象和悦，乾上象刚健。《周易尚氏学》：“小畜巽为寡。履者，行也，故不处。”

“需，不进也”，《周易集解》引虞翻：“险在前（引者按：需卦乾上坎下，乾性刚进而遇坎险）也，故‘不进’。”“讼，不亲也”，讼卦坎下乾上，坎水乾天，《周易集解》引虞翻云：“天水违行，故‘不亲也’。”

“大过，颠也”，颠，殒。大过卦巽下兑上，全卦初、上为阴，中间四爻为阳，为本末柔弱之象。《周易浅述》：“大过，本末弱，故颠。”

“渐，女归待男行也”，《周易尚氏学》：“渐，阴皆居阳后，故待男行。”“颐，养正也”，颐卦象口食。人之本欲，食色也。渐卦重男女礼制，而颐卦崇人性本欲，所以称“养正”。

“既济，定也”，《周易集解》引虞翻：“济成（既济之义），六爻得位，定也。”“未济，男之穷也”，未济卦六爻皆失位，以初、三、五阳位居阴爻，阳之失也；以二、四、上阴位反居阳爻，另一意义的阳之失，阳喻男，失喻穷，故“男之穷”。

“夬，决也，刚决柔也”，《周易集解》引虞翻：“以乾决坤，故‘刚决柔也’。”夬卦乾下兑上，五刚决一柔。

【小结】《杂卦》阐说卦义，不依六十四卦卦序，故云杂。韩康伯《周易》注：“杂糅众卦，错综其义。”然并非随意编排，杂乱无序。全篇六十四卦的组合，为两卦一组，共三十二对。一般而言，前后两卦，比如乾坤、比师等，有错、综卦关系。其两卦一组的前、后喻义，亦为相反。《周易浅述》云：“《序卦》所以言易道之常，《杂卦》所以言易道之变。《杂卦》但要取反对之义。反复其卦，则吉凶、祸福、动静、刚柔皆相反也。《序卦》自乾坤而下三十卦、咸恒而下三十四，《杂卦》亦然。《序卦》反对，《杂卦》亦多反对。此其所同也。《序卦》以乾、坤，颐、大过，坎、离在上篇，中孚、小过在下篇，故二篇反对，皆成十八卦。《杂卦》但以乾、坤在上篇，余尽在下篇，又自大过以下，不复反对。此其所异也。以其序次错综，故谓之杂。然自乾至困，当上经三十卦，实杂下经十二卦于其中；咸至夬，当下经三十四卦，又杂上经十二卦于其中：则杂之中又有不杂者存焉。又卦以乾为首而终之以夬，盖夬以五阳决一阴，决去则又为纯乾矣，故曰‘君子道长，小人道消’，是又圣人扶阳抑阴之意也。”又引胡云峰称：“《易》终于《杂卦》，而交易、变易之义，愈可见矣。”这里，陈梦雷比较了《杂卦》与《序卦》体例上的不同，所言是。此所言“反对”，出自三国易学家虞翻，即指综卦。晋韩康伯《周易》注中“以同相类”的对立卦关系，即指互为颠倒的两卦，如屯、蒙。除乾、坤，离、坎，小过、中孚，大过、颐四对卦不相综而为错卦，以及泰、否与既济、未济四卦为错综卦外，《周易》六十四卦，有五十二卦凡二十六对相综。亦称倒象、反易。《杂卦》自大过卦以下八卦，确实“不复反对”。朱熹《周易本义》云：“自大过以下，卦不反对，或疑其错简。今以韵协之，又似非误，未详何义。”高亨云：“《杂卦》虽不依六十四卦之顺序，但每一偶卦相连作解，则当为全篇之通例。前五十六卦皆然，独此八卦不然，其有错乱，明矣。宋人蔡渊加以改定，元吴澄、明何楷皆从之。”高亨又说：“如此改定，既合偶卦相连作解之例，又不失其韵，盖是也。”(《周易大传今注》) 这里所言八卦为：大过与颐，既济与未济，归妹与渐，姤与夬。宋儒蔡渊依“协韵”重新编排，证明其“杂中不杂”之义，可备一说。《周易尚氏学》指出，该八卦虽不对举，而义仍反对。《杂卦》全篇的编排，从乾、坤卦始，到困卦终，正好是三十卦，与今本《周易》上经三十相合；从咸、恒卦始，到夬卦终，又正好是三十四卦，与下经三十四相合。项安世《周易玩辞》云：“(《杂卦》) 自乾、坤至此三十卦，正与上经之数相当，而下经亦以咸、恒为始，以此见卦虽以杂名，而乾、坤，咸、恒，上下经之首，则未尝杂也。”此言是。

主要参考文献

［魏］王弼《周易注》《周易略例》，楼宇烈《王弼集校释》，中华书局，1980 年

［唐］李鼎祚《周易集解》，中华书局，2016 年

［宋］朱熹《周易本义》，中华书局，2009 年

［清］陈梦雷《周易浅述》，四库全书影印本，上海古籍出版社，1983 年

尚秉和《周易尚氏学》，中华书局，2016 年

高亨《周易大传今注》，齐鲁书社，1979 年

徐志锐《周易大传新注》，齐鲁书社，1986 年

李镜池《周易探源》，中华书局，1978 年

张政烺《张政烺论易丛稿》，李零等整理，中华书局，2011 年

黄寿祺、张善文《周易译注》，中华书局，2016年

林忠军《周易象数学史》，上海古籍出版社，2022年

马承源主编《上海博物馆藏战国楚竹书》(三)，上海古籍出版社，2003年

李学勤主编《清华大学藏战国竹简》(肆)，中西书局，2017年

马王堆汉墓帛书整理小组《马王堆帛书〈六十四卦〉释文》，《文物》1984年第3期

蔡运章、董延寿、张应桥主编《易学考古论集》，中华书局，2016年

[日]安居香山、中村璋八辑《纬书集成》，河北人民出版社，1994年

《四库术数类丛书》，上海古籍出版社，1990、1991年

[汉]许慎《说文解字》，中华书局，1963年

于省吾主编，姚孝遂按语编撰《甲骨文字诂林》，中华书局，1996年

《王国维遗书》，上海古籍书店，1983年

王振复《巫术:〈周易〉的文化智慧》，浙江古籍出版社，1990年

王振复《周易的美学智慧》，湖南出版社，1991年

王振复《周知万物的智慧——〈周易〉文化百问》，复旦大学出版社，2011年

蔡尚思主编《中华易学大辞典》，上海古籍出版社，2008年

后　记

作为复旦大学中文系原典精读系列之一，我曾撰有《周易精读》一书，逐一解读今本《周易》全文。现应中华书局邀约，再度对全书进行认真修订增补，易书名为《周易精讲》。

古往今来，先哲、时贤笺注、阐发今本《周易》者难计其数，两千余载“探赜索隐，钩深致远”的研究，留存的诸多易学著作彪炳千古。易学，一直是一门显学。可以说，如欲深谙中国文化、哲学与伦理学等的真谛，离开对于《周易》的研习，是不可能的。然而，易学史上的不少著作，仅以《易传》伦理教化之言，或仅从哲学角度识读本经，未能顾及《周易》本经为“占筮之书”这一点，遂使关于《易传》义理的解读，成了所谓“无根”的研究，有违梁启超“以复古为解放”之治学宗要。

明来知德《周易集注·系辞下》曰：“舍象不可以言易矣。”象数乃易理之根因根性。易本于巫性象数。本书试以文化学关于巫学的治学理念、方法治《易》，努力运用巫之象数学尤其是有关爻位与变爻诸说，讲解本经卦爻辞与《易传》精义，进而阐说其哲理、伦理等。恐津路之迷失而有轻忽之憾，唯祈识者指教。

易学为中华“第一国学”。学《易》之门径，首在研习象、数、占、理；要在了悟气、时、生、阴阳。凡此，可归结为一个字：变。易乃变之文化，变之哲学，变之仁学。是为记。

王振复　癸卯初冬